孟子的故事

劉瑛——著

導讀　孟子和《孟子》

一、孟子的生平

孟子名軻，字子輿。《孔叢子》的〈雜訓〉篇中說：「字子車。」註云：「一作子居。居貧坎軻，故名軻。字子居。亦稱字子輿。」王應麟所著《困學紀聞》卷八十八〈孟子〉篇中說：「疑皆附會。」

孟子是魯桓公第十三世裔孫。三桓中，老大孟孫的後代。曾祖父名敬子。曾受業於曾子。父親名廖。或云名激。字公宜。早卒。母親仉氏，獨力撫養孟子。她是歷史上有名的賢母。漢劉向所著《列女傳》卷一中，有敘述她為了孟子三遷居所的故事。孟子剛懂事的時候，他們家離墓地很近，孟子常和鄰居兒童「嬉戲為墓間之事。」孟母因而遷居市區。之後，孟子又開始和鄰居兒童嬉戲作攤販叫賣的遊戲。孟母於是又搬家，搬遷到一所學舍旁居住。孟子受到學舍的影響，經常和鄰居兒童作「俎豆揖讓進退之事。」孟母見了，才安下心，住下來。

《史記》卷十四〈孟子．荀卿列傳〉中，有關孟子的敘述，不到兩百字。只說他「受業於子思的門人，遊事齊宣王，宣王不能用。適梁，說魏惠王，也沒見用。因此退隱。和一班門徒『序詩書，述仲尼之意，著孟子七篇。』」然後就沒有了。實在太過簡短，短得難以「列傳」稱之。

據《韓非子》第五十篇〈顯學〉中說：「自孔子之死也，有子張之儒，有子思之儒，有顏氏之儒，有孟氏之儒，有漆雕氏之儒，有仲良氏之儒，有樂正氏之儒，有孫氏之儒。」即是說：孔子之後，儒家已分成了八派。《漢書．藝文志》中，列有《子思子》二十三篇。《漆雕子》十三篇。《宓子》十六篇，《景子》三篇。《孟子》十一篇，《孫卿子》三十三篇。上列諸書，除了《孟子》和《孫卿子》（即《荀子》）外，都沒流傳下來。

晁公武《郡齋讀書志》卷三上〈儒家類〉，列有《曾子》二卷，《子思子》一卷。此二書宋代可能還存在，其後便不見於書傳了。

在孟子的時代，秦國用商鞅變法，國富兵強。楚．魏用名將吳起，戰勝齊、秦，平百越，併陳蔡，齊威王、和齊宣王用孫子和田忌，使各國諸侯，東面朝齊。其時，天下諸侯全務合縱連橫，以攻伐為尚。孟軻卻高唱唐虞三代之德，當然難為各國君主接受。但他一生遊歷宋、薛、滕、魯、魏、齊各國，也很受到尊敬。聲譽日隆，生活日裕。據說他所到之處，後面常跟著幾十輛車，隨從數百人。「以傳食於諸侯。」比起孔老夫子的一車兩馬，那是氣派得多了。

但是，他的聲望雖然日隆，在政治上的成就卻很少。在齊國，汪中的《經義新知記》中說他「處賓師之位，以道見敬。」崔述的《孟子事實錄》中說他：「在齊為客卿，與居官任職者不同。」而狄子奇的《孟子編年譜》卻說：「孟子在齊，開始時是『賓師』，只受供養之禮，不受祿。其後為卿，受粟十萬。」蕭公權的《中國政治思想史》則說他：「宣王時在齊為卿，致祿萬鍾。視孔子為魯司寇尤為尊顯。」蕭氏還說：「（孟子）仁義之言，終無以易富強之說。」是以，不久，孟子致仕離開了齊國，專心授徒，不再出山了。

孟子大約生於周安王十七年（西元前三八五年），卒於周赧王十二或十三年（西元前三〇三或三〇四年）。享壽八十四歲。（參閱蕭公權《中國政治思想史》一篇三章）但各家的說法不盡相同。有的說孟子活了九十多歲。總之，他享高壽，大概是事實。他只有一個兒子，叫孟睪。孟睪的生平事蹟無可考。

二、《孟子》

余六歲啟蒙，由《三字經》、《龍文鞭影》、《幼學瓊林》，到七歲時，開始讀《孟子》。所謂讀，只不過是死背章句，不涉涵義。雖然當時是餛飩吞棗，其後年事日長，漸漸也能了解章句中的意旨。讀大學時，熱愛盛成教授所授的「中國政治思想史」。對儒家的入世思想，尤其情有獨鍾。千方百計，買了薩孟武先生的《儒家政論衍義》、《中國政治思想史》、和張其昀先生寫的許多有關孔子的書、論文。民國九十五年，撰成《論語新探》一書。若干讀者讀後或要求我再撰「孟子」有關的書。此書竟花了我三年功夫。送到出版社要付印了，又要了回來重新修訂。字斟句酌，又花了不少功夫。最後總算定了稿，雖然仍不十分滿意，但確已花了不少功夫，盡了最大的努力。

按《孟子》一書，《漢書‧藝文志》列十一篇。東漢應劭《風俗通‧窮通篇》也說：「（孟子）作中外十一篇。」東漢趙岐《孟子》篇序曰：

孟子以為聖王之盛，惟有堯、舜。堯、舜之道，仁義為上。故梁惠王問利國，對以仁義，為首篇也。仁義根心，然後可以大行其政，故次之以公孫丑問管晏之政。答以曾西之羞也。政莫美於反古之道。滕文公樂反古，故次以文公為世子。始有從善思禮之心也。奉禮之謂明，明莫甚於離婁。故次之以離婁之明也。明者、當明其所行。行莫大於孝，故次以萬章問舜往於田號泣也。孝道之本在於情性，故次以告子論情性也。情性在內而立於心，故次以盡心也。盡己之心與天道通，道之極者也。是以終於盡心也。

趙岐還說：

又有外篇四篇：性善、辨文、說孝經、為政。其文不能宏深，不與內篇相似。似非孟子本真，後世依放而記也。

可見東漢之世，《孟子》尚有十一篇本。只是趙岐認為外篇四篇係後人彷効而作的。在《孟子題辭》中，他說：「（《孟子》）七篇，二百六十一章，三萬四千六百八十三字。」

孫奭《音義》中說：「〈梁惠王〉上七章，下十六章。〈公孫丑〉上九章，下十四章。〈滕文公〉上五章，下十章。〈離婁〉上二十八章，下三十二章。〈萬章〉上九章，下七章。〈告子〉上二十章，下十六章。〈盡心〉上四十七章，下三十九章。共為二百五十九章。而以章指計之，〈盡心〉篇只得三十八章。則共為二百五十八章。較〈題辭〉所云少三章。又〈梁惠王〉共五千二百六十四字。〈公孫丑〉共五千一百四十二字。〈滕文公〉共四千九百八十字。〈離婁〉共四千七百八十九字。〈萬章〉共五千一百五十四字。〈告子〉共五千二百二十三字。〈盡心〉共四千六百七十四字。七篇，共三萬五千二百二十六字。」

《經義考》載：「陳士良曰：『（《孟子》）七篇，二百六十章，三萬五千四百一十字。』」

孫說較趙說多五百四十一字。陳說又較孫說多一百八十四字。錢基博的《四書解題及讀法》中說：「古書舊簡，脫漏居多。唐、宋後之版本，應減於漢。若否，也不可能加多。今茲字贍字，得毋有後人所羼入者乎？」大有可能。

《孟子》一書的章、字，竟有不同的統計。《孟子》一書究竟是誰人所撰，學者也有不同的說法。

《史記・孟子孫卿列傳》，司馬遷認為：「（孟子）序詩書，述仲尼之意，作《孟子》七篇。」趙岐《孟子題辭》中說：「孟子以儒道游於諸侯，莫能聽納其說。於是退而論集所與高弟弟子公孫丑、萬章之徒，難疑答問，又自撰其法度之言，著書七篇。」應劭的《風俗通・窮通篇》中也說：「（孟子）退與萬章之徒，序詩書仲尼之意，作書中外十一篇。」（惟趙岐認為：外篇四篇，性善、辨文、說孝經、為政，其文不能宏深，不與內篇相似。似非孟子本真，後世依放而託者也。《題辭》）

但到了唐代，韓愈便認為《孟子》一書，並非孟子自作。他的〈答張籍書〉中說：「孟軻之書，非軻自著，其徒萬章、公孫丑相與記軻所言焉。」

宋儒撰《孟子正義》，引唐林慎思《續孟子書》二卷，以為「孟子七篇，非軻所著，乃弟子共記其言。」

宋晁公武《昭德先生郡齋讀書志》卷三上〈孟子十四卷〉條下注云：

右魯孟軻撰。漢趙岐注。自為章指，析十四篇：序云：「軻、鄒人。戰國時以儒術干諸侯，不用，退與公孫丑、萬章之徒，難疑答問，著書七篇，三萬四千六百八十五言。」按此書，韓愈以為弟子所會集，非軻自作。今考於軻之書，則知愈之言非妄發也。其書載孟子所見諸侯，皆稱謚。如齊宣王、梁惠王、滕定公、滕文公、魯平公是也。夫死，然後有謚，軻著書時，所見諸侯不應皆死。且惠王元年至平公之卒，凡七十七年。孟子見惠王，王目之曰「叟」，必已老矣，決不見平公之卒也。故予以愈言為然。

（按：《孟子》七篇，每篇又分上下，總共為十四篇。）

晁子止的說法，較之韓昌黎更為肯定，認為《孟子》係門人所著，但肯定《孟子》乃孟軻自撰者，也有一套說法。宋王應麟《困學紀聞》卷八〈孟子〉篇載：

孟子集註序說，引《史記．列傳》，以為《孟子》之書，孟子自作。韓子曰：「軻之書非自著。」謂《史記》近是，而〈滕文公〉首章，道性善注，則曰：「門人不能盡記其辭。」又第四章：決汝漢注曰「記者之誤。」吳伯豐以問朱文公。文公答曰：「前說是。後兩處失之。熟讀七篇，觀其筆勢，如鎔鑄而成，非綴緝所就也。」

我們讀張伯行輯的《朱子語類》，朱子說：「《論語》多門弟子所集，故言語時有長短不類處。《孟子》首尾文字一體，無些子瑕疵。不是自下手、安得如此？」說得很有道理。

關於書中對諸王侯均謚名一節，清閻若璩深明經史，他所著《孟子生卒年月考》中說：（孟子）卒後，書為門人所敘定，故諸侯王皆加謚焉。錢基博的《四書解題及讀法》一書中更予申論：

則有當分別論者，何以言之？蓋書中有王而加謚者：曰梁惠王、梁宣王、齊宣王，先孟子而卒者也。有王而不謚者，事皆繫齊。疑曰「湣王？」後孟子而亡者也。至滕亡於孟子未卒之前，則孟子及見文公之死，而稱其謚、亦無足怪。獨魯平公卒於孟子之後。鄒穆公無考。儻穆公之卒，亦如魯平之在孟子後？吾意孟子所記，必俱如湣王之公而不謚。厥後門人淆誤是懼，乃援滕文公之例，就其可知者，一體加謚以為識別焉耳。然則以時君之皆舉謚，而證孟子之非自作者，固未為知言也！或者謂「書中於孟子門人多於子稱之：樂正子、公都子、屋廬子、徐子、陳子皆然，不稱子者無幾。果孟子所自著，恐未必自稱其門人皆曰子。」此又不然。（按：魯平公將出章，「樂子入見。」趙岐注：「樂正、姓。子、通稱，孟子弟子也。」〈梁惠王下〉然則子者，自如趙岐所云：「男子之通稱。」不必弟子之於師。公孫丑問曰：「夫子當路於齊。」孟子曰：「子誠齊人也。」此則孟子自稱其門人曰「子」之證一矣。孟子去齊，有欲為王留行者。客自稱曰「弟子」。而應之曰：「我明語子。」此則孟子自稱其門人曰「子」之證二矣。如此之類，難以悉數。何得以此證《孟子》之非自作哉？）

我們贊同《孟子》一書為孟子自撰的說法。由朱熹、閻若璩和錢基博幾位的論證，說得十分明白了。

但今人張其昀卻認為《孟子》一書，有一部分是孟子自撰，有一些是門人所記。他說：

《孟子》七篇之文，其中部分為孟子晚年之回憶錄，否則寫答問時君之言詞神情，不會若此之逼真，文章之一氣呵成也。但「孟子道性善，言必稱堯舜」，顯係門弟子所記之語也。而孟子所言時君，如魯平公、齊宣王、梁惠王之卒，均在周赧王十幾年間，恐非孟子所及見也。故《孟子》七篇之文章，有自撰作，亦有再傳弟子之敘定也。（〈民主宗師的孟子〉，華學月刊第八十五期。）

今人朱廷獻的〈孟子源流考〉（見《孔孟月刊》第十六卷第七期第一頁）也持同樣的看法。

三、孟子的「性善論」

天生萬物，各有本性。《中庸》中說：「天命之謂性。」《中庸》是子思著的。孟子受業於子思的門人，自然也信奉這一句話。《中庸》接著說：「率性之謂道，修道之為教。」「率性」而為便是道。性若不善，便不可率「性」而行。所以，孟子假定人性都是善的。只要聽從性之所之，便算是領會什麼是道了。

先秦諸子談論政治，莫不由人性出發，而後發展出一套說法，制定政制。

孟子主張性善，認為人生而便都具有良知良能、所以把個人的地位提得很高。高維昌《周秦諸子概論》中說：

孟子論性，在其全部思想中最為重要。〈告子篇〉云：「告子曰：『性無善無不善也。』或曰：『性可以為善，可以為不善。是故文武興，而民好善；幽厲興而民好暴。』或曰：『有性善，有性不善。是故以堯為君而有象；以瞽叟為父而有舜。』……『今日性善，然則彼皆非歟？』」孟子總答之曰：「乃若其情，則可以為善矣。乃所謂善也。若夫為不善，非才之罪也。惻隱之心，人皆有之。羞恥之心，人皆有之。恭敬之心，人皆有之。是非之心，人皆有之。惻隱之心，仁也。羞恥之心，義也。恭敬之心，禮也。是非之心，智也。仁義理智，非由外鑠我也。我固有之也。弗思耳矣。故曰：『求則得之。舍則失之。』或相信蓰而無算者，不能盡其才者也。」此一段，可為孟子說性善的總論。〈滕文公篇〉謂：「孟子道性善，言必稱堯舜。」此可見性善論實為孟子學說之中心問題也。

孔子只說：「性相近也。」認為人性受諸天，人的本性相去不遠。並無善惡之分。古人談人性，發展出四種不同的意見：一是性善。二是性惡。三是性是可以為善，可以為不善。四是有性善，有性不善。

古書之中，只有孟子言性善。荀子言性惡。楊雄言人之性善惡混，意謂人之本性，善惡雜處於心。「修其善，則為善人。修其惡，則為惡人。」（《法言》義疏五修身卷第三）

王充《論衡》第十三篇〈本性〉中，認人性善惡混之說創自周人世碩：

周人世碩以為人性有善有惡，舉人之善性養而致之，則善長。性惡養而致之，則惡長……宓子賤、漆雕開、公孫尼子之徒亦論情形，與世子（世碩）相出入。皆言性有善有惡。……自孟子以下至劉子政（劉向），鴻儒博生聞見多矣。然而論情性竟無定是。唯世碩、公孫尼子之徒頗得其正……余固以孟軻言人性善者，中人以上者也。孫卿言人性惡者，中人以下者也。楊雄言人性善惡混者，中人也。

王充之前董仲舒說：

性比於禾，善比於米。米出禾中，而禾未可全為米也。善出性中，而性未可全為善也。……性如繭如卵。卵待覆而為雛，繭待繅而為絲。性待教而為善……或曰：性有善端，心有善質。尚安非善。應之曰：非也。繭有絲，而繭非絲也。卵有雛，而卵非雛也。比類率然，有何疑焉？（《春秋繁露》第三十五篇〈深察名號〉。）

性善性惡之說，學者各持己見，爭論不休。是以後世便有非難孟子的言論出，包括主張「人性本惡」的荀卿。高維昌《周秦諸子概論》中說：

孟子窮詰人甚，故後世對之每有反感，最初荀子〈非十二子篇〉及〈性惡篇〉駁孟子之說。繼之者王充《論衡・刺孟篇》復難之。林思慎不慊於孟子，自著《續孟子》，以暢其意。馮休著《刪孟子》。司馬光著《疑孟》。其他如李覯《常語》、鄭厚叔《藝圃折衷》、蘇軾《論語說》，皆嘗攻擊孟子。明太祖命儒臣刪其言之涉於詭激者，作《孟子節文》。然他方面幸有為之辯護者：余允文作《孟辯》，及程、朱二子列入四書中，後遂尊重於學者之間而莫有異論者矣。注釋：有趙岐：《孟子注》、郝敬《孟子說解》、焦循《孟子正義》、周廣業《孟子四考》等。批評文法者，有依託蘇老泉之《蘇批孟子》。清趙大浣增補。

雖然爭辯者常有，對於《孟子》受學者與一般士人尊崇，似乎影響不大。張其昀便說：「《孟子》是一本閎遠微妙的哲學書。」其識見的閎達，議論的精深，規模的橫闊，氣象的嚴正，立意的純厚，無一不在警人救世。孔子之後，然紹其傳者，一人而已。韓文公即曾說過：「欲觀聖人之道，必自孟子始。」而該書的文采華贍，氣勢澎湃，辭鋒犀利，也是文學上的一顆巨星。朱子說：

「讀《孟子》，非惟看它義理，熟讀之，便曉作文之法。首尾照應，血脈貫通，語意反覆，明白峻潔。無一字閑入。若能如此作文，便是第一等文章。」（《朱子語類》卷十九）

總之，《孟子》七篇，「序詩書，述仲尼。」（《史記》《論語》之言，無所不包。而其所以示人者，莫非操存涵養之要。七篇之旨，無所不究。而其所以示人者，類多體念擴充之功。）（朱熹：《論孟精義自序》「揆敘民物，本之性善。所以佐明六藝之文義，崇宣先聖之指務，王制拂邪之隱栝，立德立言之程式也。」）趙岐《孟子篇敘》其所以傳誦千古，實非偶然。

（按：我的老師薩孟武先生最反對「性善論」。他的《儒家政論衍義》第二章有近萬字的批駁。他引用了倫理學、心理學、邏輯、古人的言論，西方學者的言論等。讀者可以參閱。）

目次

梁惠王篇（上）

一

孟子見梁惠王❶。王曰：「叟！不遠千里而來，亦將有以利吾國乎？」

孟子對曰：「王何必曰『利』？亦有『仁義❷』而已矣。」

「王曰『何以利吾國』？大夫曰『何以利吾家』？士庶人曰『何以利吾身』？上下交征利，而國危矣。萬乘之國，弒其君者，必千乘之家；千乘之國，弒其君者，必百乘之家。萬取千焉，千取百焉，不為不多矣。苟為後義而先利，不奪不饜。

「未有『仁』而遺其親者也；未有『義』而後其君者也。」

王亦曰：『仁義』而已矣，何必曰『利』？」

註釋

❶周武王討伐殷商，統一天下。武王把他一個兒子封於畢，稱畢公高。以畢為姓。畢公高的裔孫之一畢萬，隨晉獻公伐滅了霍、耿、魏，獻公將畢萬封於魏，為晉國的大夫。晉國原有六位大夫：智、范、中行、韓、趙、魏。先是范氏和中行氏為四家所滅。四家中，智氏最強。智氏常欺侮其他三家，有併吞三家的野心。智氏乃連絡韓、魏，欲先滅趙。結果趙襄子反而說服了韓、魏，滅了智氏。三家又瓜分了智氏的地盤。三家日趨強大。晉烈公十九年，周威烈王封韓、趙、魏為諸侯。二十五年後，三家滅了晉，瓜分晉地。梁惠王便是畢萬的後代。

戰國時，諸侯互相攻伐兼併，周室衰微，無力過問。當時，兼併結果，只剩下齊、楚、燕、韓、趙、魏、秦。本來，只有周天子才能稱王。此時，七國的君主都僭稱王了。

梁惠王名子罃，其實是魏侯。僭稱王。魏建都大梁，故稱梁惠王。《史記・六國年表》：「魏惠王三十五年（西元前三三六年）孟子來。王問利國。」

❷孔子講「仁」，孟子講「仁義」。仁、積極作仁人應作之事。義、消極的限制自己不作與仁人不相合的事。子思作「中庸」。「中庸」中說：「天命之謂性，率性之謂道，修道之謂教。」孟子是子思的門人所教出來的，他相信人性都是善的，所以，「率性」而為便是道，也就是

「仁」。但，萬一作過了頭呢？那就要「修」，要「節制」了。這節制就是「修」，「修道」就是「教」。也就是「義」。

語譯

孟子到了魏的首府大梁，拜見魏惠王。

惠王（早聽說過孟子是了不起的有道之士，便）脫口而出，問孟子：「你老人家旅行了上千里路來到敝國，將要帶給敝國什麼利益呢？」

孟子說：「大王何必開口便說利呢？只要有『仁』『義』便足夠了。

「假如大王說『如何對我的國有利。』大夫說：『如何對我的家有利。』一般人民說：『如何對我個人有利。』上下都只求有利，那國家就危險了。

「一個有一萬輛兵車的大國，弒害他的國君的，必須是具有一千輛兵車的家臣。一個有一千輛兵車的公卿，要想弒害他，必定要是擁有一百輛兵車的家臣。從一萬輛兵車中取得一千輛，從一千輛中擁有了一百輛，數目已經很大了。若是還把「義」拋在腦後，只想得到更多的利，不再爭奪，永遠也不會滿足呢？

「一個人若懂得仁，知道仁，他絕不會遺棄他的父母或親人。一個人如果知道什麼是「義」，他也絕不會把國君放在第二位，置之不理！」

惠王聽了，覺得孟子的話很有道理。他說：「你老人家說得對，我們只要談仁義，不必提到利字。」

分析

在《論語註疏》〈里仁篇〉中，朱熹說：「義者天理之所宜，利者人情之所欲。」二者看起來是互相衝突的，但我們認為，二者是相通的。孔子說：「見得思義。」得便是利。荀子說得很好，他說：「義者，宜也。」在《荀子》第四篇〈榮辱〉中，他說：「先王制禮義，（旨在）使人……各得其宜。」也就是管子所說的：「義者、謂各處其宜也。」（《管子》〈心術〉）「見得思義」，也就是顯示孔子的「不反對人情之所欲。」而是要求合於義而取之。

在《春秋繁露》中，董仲舒說：「天之生人也，使之生利與義。利以養其體，義以養其心。心不得義不能樂。體不得利不能安。義者、心之養也。利者，體之養也。體莫貴於心，顧養莫貴於義。義之養生人，大於利矣。」（第三十一篇）董仲舒明白義和利都存在、對人都重要。宋朝時候的李覯，著有《李直講文集》。他說得非常坦直：「利可言乎？曰：人非利不生，曷為不可言。欲可言乎？曰：欲者人之情，曷為不可言？言而不以禮，是貪與淫，罪矣。不貪不淫，而曰不可言，無乃賊人之生，反人之情。孟子謂『何必曰利』，激也。焉有仁義而不利者乎？」（卷二十九）武王誅滅紂王，義也。立即發粟、散財，利天下也。百姓取之，宜也。所以我們對利、義的看法是：義就是利。利是合於義的得。合於禮的得。今人競選總統、競選議員，若他們不能端出有「牛肉」的政見，也就是有利於人民的意見，誰會投他一票？

只是：有人對於「義」「利」的看法有若干差異。茲舉一個實例：在南斐，外交官進口一般人民須付百之二三百關稅的豪華汽車，如法拉利，保時捷，兩年後賣出，不必補稅，可賺上萬、甚至兩三萬美元。完全合法。一位外交官在南斐一任作了十二年，他每兩年換一次車，而且都是法拉利、馬色拉地等級的車，著實賺了不少錢。但是不義。一位外交官好福特野馬跑車，他買了野馬。四年後離任，他才賣去。我們認為合法，也合乎義。

這便是義、利的分別。

二

孟子見梁惠王。王立於沼上，顧鴻❶雁麋❷鹿，曰：「賢者亦樂此乎？」

孟子對曰：「賢者而後樂此，不賢者雖有此，不樂也。詩云：『經始靈臺❸，經之、營之；庶民攻之，不日成之；經始勿亟，庶民子來。王在靈囿，麀❹鹿攸伏❺，麀鹿濯濯❻，白鳥鶴鶴❼。王在靈沼，於牣魚躍。』文王以民力為臺為沼，而民歡樂之，謂其臺曰靈臺❽，謂其沼曰靈沼，樂其有麋鹿魚鱉。古之人與民偕樂，故能樂也。湯誓曰：『時日害喪，予及女偕亡！』民欲與之偕亡，雖有臺池鳥獸，豈能獨樂哉！」

註釋

❶鴻——大雁鵝。
❷麋——大鹿，較鹿為大。
❸經始靈臺——開始規劃興建靈臺。經始勿亟——開始經營時，並不急迫。庶民子來——老百姓好像兒子供奉父母一般來工作。
❹麀——母鹿。
❺攸伏——很馴的臥在地上。
❻濯濯——毛光水滑的樣子。
❼鶴鶴——潔白肥壯貌，像健壯的白鶴。
❽靈臺——見《詩經》〈大雅〉第八首。歌頌文王之德澤化民，民樂為之興建花園。

語譯

孟子再度晉見魏惠王。惠王站在他御花園的魚池旁，觀賞他所畜養的大雁、小雁、大鹿、小鹿。很得意的向孟子說：「有道君子也享受這些吧！」孟子說：「有道君子，在推行德政後，也能享受這種樂趣。無道國君，雖然有這些設施，也快樂不起來。《詩經》中〈靈臺〉一詩說：『開始規劃興建靈臺，規劃、興工。老百姓好像兒子來協助父親一般。雖然文王並不亟亟要剋日竣工。但在老百姓協助之下，很快就興建好。文王在靈囿的花園裡，公鹿母鹿都很馴服的躺在一邊。鹿的毛色光滑可愛，白色的鳥白白肥肥的像白鶴一般自在，文王站在魚池旁，滿池的魚都快快樂樂的游著水。』文王利用老百姓的力量築臺開池，老百姓都很樂意。稱呼高臺曰靈臺。稱呼魚池曰靈池。古之賢君與民同樂，所以能享受樂趣。《尚書》〈湯誓篇〉中引人民咒罵暴君夏桀的話說：『太陽為什麼不滅亡？我情願同你（指夏桀）一起去死！』若老百姓都希望和不賢的暴君一齊去死，暴君雖有臺、池、鳥、獸，他一個人怎麼樣也無法享受到樂趣的！」

三

梁惠王曰：「寡人之於國也，盡心焉耳矣！河內凶，則移其民於河東，移其粟於河內；河東凶，亦然❶。察鄰國之政，無如寡人之用心者。鄰國之民不加少，寡人之民不加多❷，何也？」

孟子對曰：「王好戰，請以戰喻：填然鼓之❸，兵刃既接，棄甲曳兵而走，或百步而後止，或五十步而後止。以五十步笑百步，則何如？」

曰：「不可，直不百步耳！是亦走也。」

曰：「王如知此，則無望民之多於鄰國也。」

「不違農時❹，穀不可勝食也；數罟不入洿池❺，魚鱉不可勝食也；斧斤以時入山林，材木不可勝用也。穀與魚鱉不可勝食，材木不可勝用，是使民養生喪死無憾也。養生喪死無憾，王道之始也。

「五畝之宅，樹之以桑，五十者可以衣帛矣；雞豚狗彘❻之畜，無失其時，七十者可以食肉矣；百畝之田，勿奪其時，數口之家，可以無饑矣；謹庠序❼之教，申之以孝悌之義❽，頒白者❾不負戴於道路矣。七十者衣帛食肉，黎民不饑不寒，然而不王者，未之有也。

「狗彘食人食而不知檢；野有餓莩⑩而不知發。人死，則曰：『非我也，歲也。』是何異於刺人而殺之，曰：『非我也，兵也。』王無罪歲，斯天下之民至焉。」

註釋

❶河內凶，則移其民於河東，移其粟於河內；河東凶亦然——這是文學上有名的例句。古文之所以發達，原因在省字。「河東凶亦然」五個字，應該是說：「河東凶，則移其民於河內，移其粟於河東。」

❷鄰國之民不加少，寡人之民不加多——上句不用減少，而一體用加字，也是文章的一項突破。

❸填然——填，鼓聲。填然，鼓聲咚咚。

❹不違農時——農忙之時，不可把老百姓叫去築長城，造宮闕。我國古來以農立國，是以「毋違民時」是當政者必須遵守的原則。否則，農忙時勞力不足，穀物欠收，人民要餓肚子。引起饑荒，後果將十分嚴重。

❺數罟不入洿池——數罟、非常細密的網。大魚小魚，一入網中，全跑不掉。洿池，不與外面相通的池塘。細密的網用在封閉式的池塘中捕魚，大魚固然被捕了，小魚還沒來得及長大也被捕了，結果是：池塘中再也無魚可捕了！

❻彘——豬。
❼庠序——鄉學。殷朝稱序。周代稱庠。
❽孝悌——善事父母稱孝，善事兄長曰悌。孝悌。孝順父母，敬愛兄長。
❾頒白者——老人頭髮半黑半白者。頒亦作斑。兩字古時可通用。
❿餓莩——餓死者叫莩。野有餓莩而不知發：野外餓死的人很多，當政的人卻不知道開倉發糧賑災！

語譯

梁惠王對孟子說：「我對於治國，非常盡心。河內收成不好，我把人民遷去河東，把粟米運到河內。若河東是凶年饑歲，我也比照辦理。（意即移民河內，輸粟河東。）看看鄰近國家，他們治國遠不如我的用心，他們的人民並不減少，我的人民又不增加，這是什麼道理？」

孟子答道：「大王是喜歡研究用兵作戰的，我現在拿兩國交戰來作譬喻：戰鼓咚咚響了，兩邊人馬近身以刀、刃接戰了，一方的人馬打敗了，丟掉盔甲（減輕重量，可以跑得快些。），拖著兵刃敗逃，有的人逃了一百步才停止。有的人逃了五十步便停住了。跑五十步停止的人譏笑跑了一百步才停步的人（不夠勇敢），怎麼樣？」

惠王說：「不可以。都逃跑啦，只是他們沒有跑一百步而已！」

孟子說：「大王懂得這個道理，那就不能希望自己國家的人民會比鄰國多了。

「不在農忙的時候徵調民工，那農民生產的米是吃不完的。不用細密的網在池塘裡捕魚，魚鱉也是吃不盡的。大小斧頭按時序入山伐木，材木也是用不完的。米和魚鱉吃不盡，竹木用不盡，那麼人民生的時候不愁吃，死也沒有遺憾。如此一來，正是王道的開始。

「每家都分到五畝多的土地蓋房宅，四圍遍植桑樹（以供飼蠶），五十歲的人便可以穿綢緞的衣服了。雞、狗、小豬、母豬，由他們順時生長、配種，七十歲的老者就有肉可吃了。一百畝田，依時播種採收，數口的家庭，便可以夠吃了。而後謹慎的辦理鄉校的教育，延伸到教孝、教悌，頭髮花白的人便可在家中享福，不必負戴重物奔走於道路上了。七十歲的人可以穿絲綢吃獸肉，一般老百姓不至於挨凍受餓，國家還能不成為王道之國嗎？

「狗、豬吃人食，而不自檢察。野外有很多餓死的人民，卻不知道開倉發放糧米賑濟。有人死了，卻說：『同我無關，要怪只能怪年歲不佳！』這就好譬用刀刺死人，卻說『人不是我殺的，是刀殺的。』大王不把罪惡推給凶年饑歲，那天下的人自然會來歸順大王了。」

分析

一、對於文學系學生而言，這是一篇絕妙佳作。「河內凶」一段，計十六字。下句「河東凶亦然」，便把上面十六個字的意思全包涵了！「不加多」，和「不加少」相對，對得十分美妙自然。若用「不減少」那就平淡無趣了。

二、以「五十步笑百步」，是多麼巧妙的譬喻！不但寫作文的人要學，辦外交、任公關的朋友更要學。

三、談到政治思想，各家——包括孔子——都是談理論。孟子的「不違民時」以下三段，卻是給予統治者正確的作法，言淺意深，人人能懂。實在了不起。前兩段是「仁」，最後一段是義。仁，是要積極推行德政。義，非所宜的行為一定要改過，要自律。

四

梁惠王曰：「寡人願安承教。」

孟子對曰：「殺人以梃❶與刃，有以異乎？」曰：「無以異也。」「以刃與政，有以異乎？」曰：「無以異也。」

曰：「庖❷有肥肉，廄有肥馬，民有飢色，野有餓莩，此率獸而食人也。獸相食，且人惡之；為民父母行政，不免於率獸而食人，惡在其為民父母也？仲尼曰：『始作俑者❸，其無後乎！』為其象人而用之也。如之何其使斯民飢而死也？」

註釋

❶梃——木杖。
❷庖——廚房。
❸俑——用木材或泥土作成之人形，作為殉葬之用。

語譯

梁惠王說：「我願安安靜靜的向您求教。」
孟子說：「以木杖殺人致死，以刀刃殺人致死，有什麼不同嗎？」
「沒有分別。」
「以刀殺人，以政治殺人，有不同嗎？」
惠王說：「也沒有不同。」
於是孟子說：「廚房裡堆滿了魚肉，馬廄中養了大批又壯又肥的馬。但人民卻都因吃不飽而面有饑色。野外時常可看到有餓死的人。這不是帶領野獸吃人嗎？野獸相食，人人都厭惡。為人民的父母官，不能施行德政，而帶領野獸吃人。這些行政官員怎麼能稱之為『民之父母』呢？孔夫子說：『發明用木雕成人形用以殉葬的人，他們應該會絕子絕孫。』因為俑是依照人的形狀而製作的，（連木頭製作的人形殉葬都不可以）怎麼可以使自己的人民活活餓死呢?!」

五

梁惠王曰：「晉國，天下莫強焉❶，叟之所知也。及寡人之身，東敗於齊，長子死焉；西喪地於秦七百里；南辱於楚。寡人恥之，願比死者一洒之❷，如之何則可？」

孟子對曰：「地方百里，而可以王。王如施仁政於民，省刑罰，薄稅斂❸，深耕易耨；壯者以暇日修其孝悌忠信，入以事其父兄，出以事其長上；可使制梃以撻秦楚之堅甲利兵矣。彼奪其民時，使不得耕耨❹，以養其父母；父母凍餓，兄弟妻子離散。彼陷溺其民，王往而征之，夫誰與王敵？故曰：『仁者無敵。』王請勿疑！」

註釋

❶晉國，天下莫強焉——戰國七雄中之趙、韓、魏、都原來是晉的一部分。在三家未分晉之前，晉

確實是非常強的大國。

❷比——代也。「比死者一洒之」，代死者一洗前恥之意。

❸斂——賦稅。

❹耨——一種耘田用的農具。

語譯

梁惠王對孟子說：「從前，我們晉國是天下最強的國家，您老人家是知道的。我當政之後，東邊被齊國打敗了。長子也在那場戰役中陣亡了。西邊輸給秦國七百里土地。南邊又受到楚國的侮辱。我深以為恥。很想替死者一雪恥。要如何才可以呢？」

孟子說：「地方只要有一百里便可以行王政，立王國。大王若能對人民實施仁政：減少刑罰，薄收稅賦，田地都能受到深耕，去除雜草。壯丁們農閒時可以勤習孝、悌、忠、信，在家能侍奉兄長，出外能事奉長輩。這麼一來，製造木質的木棍都能撻伐秦國和楚國的堅甲利兵。他們在農忙的時候讓壯丁們不得耕田耘地，來養活父母。父母凍餓，兄弟妻子都無法團聚一起。大王若去征伐他們，誰也不是大王的對手。所以說：『仁者無敵』。大王請不要懷疑。」

分析

孟子的政治思想，雖則號稱以仁義為主軸，但他能說到細節，令人「一目瞭然」。在本章書裡，他提綱挈領的說：要施仁政，便是省刑罰、薄稅賦，不違農時，使農人們能及時深耕易耨，而且壯丁們都要在農閒時接受教育，以了解孝悌忠信，在家事父兄，在外事長上。條理分明，作起來清清楚楚，一點也不拖泥帶水。比什麼「道可道，非常道」之類的說法，最明白不過了！

六

孟子見梁襄王，出語人曰：「望之不似人君，就之而不見所畏焉。卒然❶問曰：『天下惡乎定❷？』吾對曰：『定於一。』『孰能一之❸？』對曰，『不嗜殺人者能一之。』『孰能與之？』對曰：『天下莫不與也。王知夫苗乎？七八月之間，旱，則苗槁矣。天油然❹作雲，沛然下雨❺，則苗浡然❻興之矣。其如是，孰能御之？今夫天下之人牧❼，未有不嗜殺人者也；如有不嗜殺人者，則天下之民，皆引領而望之矣。誠如是也，民歸之，由水之就下，沛然誰能御之？』」

註釋

❶卒然——突然。

❷惡乎定——惡，音烏。惡乎定，如何能安定下來。

❸孰能一之——誰能統一天下？

❹油然——烏雲興起之貌。

❺沛然——沛、豐沛。沛然下雨——雨大大的落下來。

❻浡然——浡，盛也。

❼人牧——治理人民之人。

語譯

孟子見了惠王的兒子襄王。見完後出來，告訴人說：「襄王看起來不像國君，到他跟前也沒有令人敬畏的氣勢。突然發問說：『天下如何能安定下來？』我說：『在於有人一統天下。』『誰能一統天下？』『不好殺人者，能統一天下。』（好讀去聲，音皓。）『誰能給呢？』孟子答道：

『天下的人都會給。大王知道禾苗吧？七八月之間天旱不雨，那麼，禾苗便要枯死了。老天爺在天上興起層層烏雲，大雨沛然而下，禾苗也就得救了，立刻茂盛起來。如此這般，誰能抵擋得住？現今天下為民父母官的人，沒有不喜歡殺人的。若有不喜歡殺人者出，那麼，天下百姓還不翹首盼望他來作父母官嗎？果然如是，人民歸向他，就好像高處的水奔向下方，聲勢浩大，誰能擋得住呢？』」

七

齊宣王問曰：「齊桓晉文之事❶，可得聞乎？」孟子對曰：「仲尼之徒，無道桓文之事者，是以後世無傳焉，臣未之聞也。無以，則王乎！」

曰：「德何如，則可以王矣？」曰：「保民而王，莫之能禦也。」曰：「若寡人者，可以保民乎哉？」曰：「可。」曰：「何由知吾可也？」曰：「臣聞之胡齕曰：『王坐於堂上，有牽牛而過堂下者，王見之，曰：「牛何之。」對曰：「將以釁鐘❷。」王曰：「舍之，吾不忍其觳觫❸，若無罪而就死地。」對曰：「然則廢釁鐘與？」曰：「何可廢也？以羊易之。」』不識有諸？」曰：「有之。」曰：「是心足以王矣。百姓皆以王為愛❹也。臣固知王之不忍也。」王曰：「然！誠有百姓者，齊國雖褊小❺，吾何愛一牛？即不忍其觳觫，若無罪而就死地，故以羊易之也。」曰：「王無異於百姓之以王為愛也。以小易大，彼惡知之？王若隱其無罪而就死地，則牛羊何擇焉？」王笑曰：「是誠何心哉？我非愛其財，而易之以羊也，宜乎百姓之謂我愛也。」曰：「無傷也，是乃仁術也。見牛未見羊也。君子之於禽獸也，見其生，不忍見其死；聞其聲，不忍食其肉。是以『君子遠庖廚也。❻』」

王說曰❼：「詩云：『他人有心，予忖度之❽。』夫子之謂也。夫我乃行之，反而求之，不得吾心；夫子言之，於我心有戚戚焉❾。此心之所以合於王者，何也❿？」曰：「有復於王者曰：『吾力足以舉百鈞⓫，而不足以舉一羽；明足以察秋毫之末，而不見輿薪⓬。』則王許之乎？」曰：「否。」「今恩足以及禽獸，而功不至於百姓者，獨何與？然則一羽之不舉，為不用力焉；輿薪之不見，為不用明焉；百姓之不見保，為不用恩焉。故王之不王，不為也，非不能也。」曰：「不為者與不能者之形，何以異？」曰：「挾太山以超北海，語人曰『我不能。』是誠不能也；為長者折枝，語人曰『我不能。』是不為也，非不能也。故王之不王，非挾太山以超北海之類也；王之不王，是折枝之類也。老吾老，以及人之老；幼吾幼，以及人之幼⓭；天下可運於掌。詩云：『刑於寡妻，至於兄弟，以御於家邦⓮。』言舉斯心，加諸彼而已⓯。故推恩，足以保四海；不推恩，無以保妻子。古之人所以大過人者，無他焉，善推其所為而已矣。今恩足以及禽獸，而功不至於百姓者，獨何與？權，然後知輕重；度，然後知長短⓰。物皆然。心為甚。王請度之⓱！抑王興甲兵，危士臣，構怨於諸侯，然後快於心與⑱？」王曰：「否！吾何快於是？將以求吾所大欲也⑲。」

曰：「王之所大欲，可得聞與？」王笑而不言。曰：「為肥甘不足於口與？輕煖不足於體與？抑為采色不足視於目與？聲音不足聽於耳與？便嬖不足使令於前與⑳？王之諸臣，皆足以供之；而王豈為是哉？」曰：「否！吾不為是也。」曰：「然則王之所大欲，可知已，欲辟土地，朝秦楚，蒞中國，而撫四夷也㉑。以若所為，求若所欲，猶緣木而求魚也㉒。」王曰：「若是其甚與！」曰：「殆有甚焉！緣木求魚，雖不得魚，無後災；以若所為，求若所欲，盡心力而為之，後必有災。」曰：「可得聞與？」曰：「鄒人與楚人戰，則王以為孰勝？」曰：「楚人勝。」曰：「然則小固不可以敵大，寡固不可以敵眾，弱固不可以敵彊。海內之地，方千里者九，齊集有其一；以一服八，何以異於鄒敵楚哉？蓋亦反其本矣㉓！今王發政施仁，使天下仕者，皆欲立於王之朝，耕者皆欲耕於王之野，商賈皆欲藏於王之市，行旅皆欲出於王之塗。天下之欲疾其君者，皆欲赴愬於王。其若是，孰能禦之㉔？」

王曰：「吾惛，不能進於是矣㉕。願夫子輔吾志，明以教我，我雖不敏，請嘗試之。」曰：「無恆產而有恆心者，惟士為能㉖。若民，則無恆產，因無恆心。苟無恆心，放辟邪侈，無不為已㉗。及陷於罪，然後從而刑之，是罔民也㉘。焉有仁人在位，罔民而可為也？是故明君制民之產，必使仰足以事父母，俯足以畜妻子；樂歲終身飽，凶年免於死亡，然後驅而之善，故民之從之也輕㉙。今也，制民之產，仰不足以事父母，俯不足以畜妻子；樂歲終身苦，凶年不免於死亡，此惟救死而恐不贍，奚暇治禮義哉㉚？王欲行之，則盍反其本矣。五畝之宅，樹之以桑，五十者可以衣帛矣。雞豚狗彘之畜，無失其時，七十者可以食肉矣。百畝之田，勿奪其時，八口之家，可以無飢矣。謹庠序之教，申之以孝悌之義，頒白者不負戴於道路矣。老者衣帛食肉，黎民不飢不寒，然而不王者，未之有也。」

註釋

❶齊桓公、晉文公——戰國時，齊桓、晉文都稱過霸。以德服人者王，以力假人者霸。他們都是因為國家強大，其他國家不得不以他們的馬首是瞻。孔子是主張王道的，是以孟子說：「孔夫子的學生沒有述說桓、文事蹟的。」是以「後世便沒傳下來。」

❷胡齕。釁鐘——胡齕、宣王的近臣。釁鐘、新鑄的鐘，古時要用牛或羊的血來塗抹，叫釁鐘。

❸觳觫——ㄏㄨˊㄙㄨˋ。害怕的樣子。

❹愛——在此，愛為「捨不得」的意思。牛大，羊小。人民以為王捨不得牛，只捨得一條羊。

❺褊小——狹小。褊：狹隘。

❻遠庖廚——「遠」在此是動詞。「離得遠遠的」意思。

❼王說曰——說音悅，高興。

❽「他人有心」二句——見詩經小雅小旻之什巧言：他人有什麼心事，我可以推測而知。
❾於我心有戚戚焉——心中十分感動。
❿「此心」二句——這種想法，如何和行王道相吻合呢？
⓫鈞——三十斤。
⓬明察秋毫，不見輿薪——眼睛明亮到可以看見秋天毛的尖端，卻看不到整車的柴薪！朱熹注：毛至秋而末銳，小而難見也。
⓭老吾老，以及人之老，幼吾幼，以及人之幼——上一個老字、幼字，是動詞。意思是說：侍候自己家的老人長者，有餘力，也同樣的尊敬別人家的老人。疼愛自己家的幼童幼女，有餘力，也疼愛別人家的孩童。
⓮「刑於寡妻」三句——《詩經‧大雅‧文王之什》〈思齊〉：刑即型。寡妻、文王的妻子。御、音亞，普及之意。「作為妻子的模範，也是兄弟的典型，從而普及到整個國家。」
⓯「言舉斯心」二句——就是說：把這種想法，推廣到其他事物而已。
⓰「權，然後知輕重」二句——用秤稱一下，便能知道輕重。用尺量一下，便能知道長短。
⓱王請度之——大王請好好的衡量（度）一下。
⓲「興甲兵」四句——難道大王要興兵作戰，讓將士冒生命的危險，結怨諸侯，然後才心中快樂嗎？
⓳求吾所大欲也——想追求我的大願望。

⑳便嬖不足使令於前與——大王左右受寵幸的人還不能聽從使喚嗎？

㉑「辟土地」四句——開辟疆土，臣服秦國、楚國（使他們來朝貢），君臨中國而撫服四方的蠻夷。

㉒「以若所為」三句——以大王現在的作為，要實現這麼一個大心願，實在有一點像爬到樹上去抓魚。

㉓蓋亦反其本矣——還是反過頭來從根本作起吧。

㉔「今王發政施仁」九句——「如今大王開始實施仁政，使天下出仕之人都願到大王的朝廷為官，耕田的人都想到大夫的郊野中耕作，作買賣的人都想到大王的市區中營業，旅行郊遊的人都想到大王的道途上旅遊，天下對他們主君不滿的人都願向大王控訴，若如是，誰能抵擋得住？」

㉕「吾惛」二句——我糊塗。不能達到這種程度。

㉖無恆產而有恆心者，惟士為能——沒有不動產而仍有持續向上的心，只有士人可以做得到。

㉗放辟邪侈，無不為已——放蕩、乖僻、邪道、揮霍、沒有不作的。

㉘及陷於罪，然後從而刑之，是罔民也——一般老百姓因為沒有不動產，因之沒有經常向上的心意，放蕩乖僻，無所不為，因而陷於罪，政府因罪施以刑罰，則是坑害老百姓的行為！

㉙「是故明君制民之產」七句——所以仁君制定百姓的恆產，必須使他能仰事父母，俯食妻子。豐年全家溫飽。凶年也能勉強渡過，不致餓死凍斃。然後鞭策他們向善，老百姓便會輕而易舉服從了。

㉚救死而恐不贍，奚暇治禮義——想避免因饑寒而死都沒法，哪還有功夫去學習禮義！

分析

齊宣公想知道當年齊桓公、晉文公等稱霸的轟轟烈烈的事蹟，孟子以「仲尼之徒不說桓、文之事」。予以拒絕回答。然後因勢利導，把齊宣王的缺點往好處解說。最後勸導宣王行仁政。他不但說觀點，而且教以「明君制民之產」等實用的方法。簡單明瞭。可惜齊宣王不能採行。若然，他的功績將超過齊桓、晉文了。王、在此為動詞。「王天下」，以王道治理天下的意思。讀去聲，音望。

梁惠王篇（下）

八

莊暴❶見孟子曰：「暴見於王，王語暴以好樂，暴未有以對也。」曰：「好樂何如？」

孟子曰：「王之好樂甚，則齊國其庶幾乎❷？」

他日見於王曰：「王嘗語莊子以好樂，有諸？」王變乎色，曰：「寡人非能好先王之樂也，直好世俗之樂耳。」曰：「王之好樂甚，則齊國其庶幾乎！今之樂，由古之樂也。」

曰：「可得聞與？」曰：「獨樂樂❸，與人樂樂，孰樂？」曰：「不若與人。」曰：「與少樂樂，與衆樂樂，孰樂？」曰：「不若與衆。」

「臣請為王言樂：

「今王鼓樂於此，百姓聞王鐘鼓之聲，管籥之音❹，舉疾首蹙頞而相告曰❺：『吾王之好鼓樂，夫何使我至於此極也❻？父子不相見，兄弟妻子離散！』今王田獵於此，百姓聞王車馬之音，見羽旄之美❼，舉疾首蹙頞而相告曰：『吾王之好田獵，夫何使我至於此極也？父子不相見，兄弟妻子離散。』此無他，不與民同樂也。

「今王鼓樂於此，百姓聞王鐘鼓之聲，管籥之音，舉欣欣然有喜色而相告曰：『吾王庶幾無疾病與！何以能鼓樂也？』今王田獵於此，百姓聞王車馬之音，見羽旄之美，舉欣欣然有喜色而相告曰：『吾王庶幾無疾病與！何以能田獵也？』此無他，與民同樂也。

「今王與百姓同樂，則王矣。」

註釋

❶莊暴——齊國的大夫。

❷其庶幾乎——那就差不多了吧！這是一句正面的話。

❸獨樂樂——上一個樂是動詞。「以……為樂」之意。下一個樂是「音樂」。獨樂樂，意為獨自享受音樂以為樂。

❹管籥——籥、音樂、樂器，似笛，只有三孔。管也是樂器，六孔，像篪。

❺舉疾首蹙頞而相告曰——大家都感覺頭痛、皺眉，互相奔走訴苦。

❻使我至於此極也——使我到了這樣極苦的處境。

❼羽旄之美——旄、音毛，幢也。旌旗一類的東西。羽旄、以彩色鳥羽裝飾的旌旗。

分析

以上兩章書，十足顯示了孟子因勢利導、引導國君實施王政的功夫。齊王愛牛，以羊易牛去血祭新鐘，他便解釋為「聞其聲而不忍食其肉。」是「仁心」的表現。王能愛獸，當然更能愛人了。王好音樂，孟子又以「與百姓同樂」相勉。專制時代，忠臣要向皇帝進諫，「忠言逆耳」，很難奏效。孟子的實例，使聽諫勸的人「心有戚戚焉」，提供了順水推舟的好榜樣。實在令人佩服。

九

齊宣王問曰：「文王之囿❶方七十里，有諸？」

孟子對曰：「於傳有之❷。」

曰：「若是其大乎？」

曰：「民猶以為小也。」

曰：「寡人之囿，方四十里，民猶以為大，何也？」

曰：「文王之囿，方七十里，芻蕘者❸往焉，雉兔者❹往焉，與民同之，民以為小，不亦宜乎！臣始至於境，問國之大禁，然後敢入；臣聞郊關之內，有囿方四十里；殺其麋鹿者，如殺人之罪。則是方四十里，為阱❺於國中，民以為大，不亦宜乎？」

註釋

❶囿——花園。
❷於傳有之——記載上是有的。
❸芻蕘者——採薪的樵夫。
❹雉兔者——打野雞、捉兔子的獵人。
❺阱——陷阱。

分析

文王與庶民共用，七十里的囿等於沒有限。宣王的囿，若人民獵殺其中麋鹿，即視為殺人犯！四十里等於一個大陷阱。孟子的解說，清楚明白。

十

齊宣王問曰：「交鄰國有道乎？」

孟子對曰：「有。惟仁者為能以大事小，是故湯事葛❶，文王事昆夷❷。惟智者為能以小事大，故太王事獯鬻❸，勾踐❹事吳。以大事小者，樂天者也；以小事大者，畏天者也。樂天者，保天下；畏天者，保其國。詩云：『畏天之威，於時保之。』」

王曰：「大哉言矣！寡人有疾，寡人好勇。」

對曰：「王請無好小勇。夫撫劍疾視❺曰，『彼惡敢當我哉❻？』此匹夫之勇，敵一人者也。王請大之，詩云：『王赫斯怒，爰整其旅，以遏徂莒，以篤周祜，以對於天下❼。』此文王之勇也。文王一怒而安天下之民。書曰：『天降下民，作之君，作之師，惟曰其助上帝，寵之四方。有罪無罪，惟我在，天下曷敢有越厥志❽？』一人衡行於天下❾，武王恥之，此武王之勇也；而武王一怒而安天下之民，民惟恐王之不好勇也。」

註釋

❶葛——《孟子》〈滕文公〉湯居亳，與葛為鄰。葛為古時一個小國。

❷昆夷——古代西戎種族名。

❸獯鬻——古種族名。秦、漢之時名匈奴。

❹勾踐——春秋時，越國國王名句踐。

❺撫劍疾視——按劍怒目而視。

❻彼惡敢當我？——他如何敢面對我？惡，讀去聲，音烏。

❼王赫斯怒，爰整其旅，以遏徂莒，以篤周祜，以對於天下——《詩經》〈大雅〉文王之什的〈皇矣〉篇。文王赫然震怒，乃整軍肅旅，以遏阻徂國和莒國的軍隊。（他本作「以按徂旅」。）以鞏固（篤）周國的福祉。以揚名於天下。

❽書曰——上天降生人民，為他們立了國君，立了師長。上天說：「國君師長要協助上天，寵愛四方人民。有犯罪的和無罪的人，由我處分。天下誰敢有越軌的企圖？」

❾一人衡行於天下——指紂王一人橫行天下。

十一

齊宣王見孟子於雪宮❶。王曰：「賢者亦有此樂乎？」

孟子對曰：「有。人不得，則非其上矣❷。不得而非其上者，非也；為民上而不與民同樂者，亦非也。樂民之樂者，民亦樂其樂；憂民之憂者，民亦憂其憂。樂以天下，憂以天下；然而不王者，未之有也。昔者齊景公問於晏子曰：『吾欲觀於轉附朝儛❸，遵海而南，放於琅邪❹；吾何修而可以比於先王觀也？』晏子對曰：『善哉，問也！天子適諸侯曰巡狩❺。巡狩者，巡所守也。諸侯朝於天子曰述職❻；述職者，述所職也，無非事者❼。春省耕而補不足，秋省斂而助不給❽。夏諺曰❾：『吾王不遊，吾何以休？吾王不豫，吾何以助？一遊一豫，為諸侯度❿。』今也不然。師行而糧食；飢者弗食，勞者弗息⓫；睊睊胥讒，民乃作慝⓬；方命虐民，飲食若流⓭；流連荒亡，為諸侯憂。從流下而忘反，謂之流；從流上而忘反，謂之連；從獸無厭，謂之荒；樂酒無厭，謂之亡；先王無流連之樂，荒亡之行，惟君所行也⓮。』景公說⓯，大戒於國，出舍於郊⓰，於是始興發補不足⓱。召大師曰：『為我作君臣相說之樂⓲。』蓋徵招角招是也⓳。其詩曰：『畜君何尤！』畜君者，好君也⓴。」

註釋

❶雪宮——齊國宮殿名。

❷人不得，則非其上矣——老百姓若得不到這種快樂，便會認為上面（為國君、為長官）的不是。

❸轉附、朝儛——兩座山的名字。

❹「遵海」二句——沿海向南，直到琅邪。琅邪，山名。在山東。秦、漢固其地而置琅邪郡。今諸城縣。又作瑯邪、瑯琊。

❺巡狩——又作巡守，巡所守也。

❻述職——諸侯回到朝廷，向王報告他的一應工作情形，叫述職。現今駐外大使每一年或於必要時回國向政府報告駐在國各種情形，便叫述職。

❼無非事者——沒有一件不是「公事」。並非無事也。

❽「春省耕」二句——春天省視耕作的情形，輔助不足者。秋天察看收成（斂）而輔助歉收者。省也是察。

❾夏諺——夏朝時，老百姓有一個歌謠說：「我們的大王不出來遊省，我們何以來慶祝呢？吾王不出來遊樂，我們何以來盡一分力呢！」遊，遊樂。豫，快樂，悠遊。休，美好，慶祝。唐詩云：

「六龍（指皇帝）西幸萬民歡。」所以，我們認為：「休」在此是「慶」的意思，而不是「休息」，或「得到好處」的意思。

⑩ 一遊一豫，為諸侯度——出遊或臨幸，都可以作諸侯的榜樣。「度、然後知長短。」度是標尺，此地用來作「標準」、「準則」的意思。

⑪「師行」三句——軍隊經過向老百姓徵糧食。老百姓，肚子餓了沒得吃。勞動太久了也沒得休息。

⑫ 睊睊胥讒，民乃作慝——（老百姓）側目相視，盡發讒言，謗言四起，因而便作起壞事（慝）來了。

⑬「方命」二句——方、違反。違反天命，虐待人民，吃喝像流水，毫不節制。

⑭「先王」三句——先王，指古之賢君。古時聖君不樂而忘反，不迷田獵，不酗酒。現在看大王您的作法了。

⑮ 景公說——景公大悦。古「說」與「悦」通用。讀去聲，音越。

⑯「大戒」兩句——全國戒備，舍居郊外。

⑰ 始興發、補不足——開始行開倉發粟的行動，補助收成不足的百姓。

⑱ 召大師作君臣相說之樂——大師，樂師。作君臣相悦的樂曲。

⑲ 蓋「徵招」「角招」是也——就是「徵韶」「角韶」兩首曲。我國古代五音：徵、商、角、宮、羽，有如今日的A調B調。招同韶，古代歌曲名。意思是「能夠紹承堯、舜之道。如「韶濩」是

般湯時的樂曲名，表彰「般湯能紹承大禹、防護下民」之曲。

⓴「畜君何尤？」三句——阻止國君（作不該作的事）有什麼不對（尤）呢？其所以阻止國君，實是愛護其君。畜、止也。

十二

齊宣王問曰：「人皆謂我毀明堂，毀諸？已乎？❶」

孟子對曰：「夫明堂者，王者之堂也；王欲行王政，則勿毀之矣。」

王曰：「王政可得聞與？」

對曰：「昔者文王之治岐也：耕者九一，仕者世祿，關市譏而不征，澤梁無禁，罪人不孥❷。老而無妻曰鰥，老而無夫曰寡，老而無子曰獨，幼而無父曰孤：此四者，天下之窮民而無告者；文王發政施仁，必先斯四者❸。詩云，『哿矣富人，哀此煢獨❹。』」

王曰：「善哉言乎！」

曰：「王如善之，則何為不行？」

王曰：「寡人有疾，寡人好貨。」

對曰：「昔者公劉好貨；詩云：『乃積乃倉，乃裹餱糧；於橐於囊，思戢用光；弓矢斯張，干戈戚揚；爰方啓行❺。』故居者有積倉，行者有裹糧也；然後可以爰方啓行❻。王如好貨，與百姓同之，於王何有！」

王曰：「寡人有疾，寡人好色。」

對曰：「昔者大王好色，愛厥妃❼；詩云：『古公亶父，來朝走馬；率西水滸，至於岐下；爰及姜女，聿來胥宇❽。』當是時也，內無怨女，外無曠夫❾；王如好色，與百姓同之，於王何有！」

註釋

❶「人皆謂我毀明堂」三句——人都叫我折毀明堂。拆掉嗎？還是讓它去？（按：明堂在泰山。是周天子東巡時，供諸侯朝見而建築的。）

❷「耕者九一」五句——耕田的人，九分之一的田租，作官的，世世代代都給予俸祿，關口、市區，只稽查有無不法之事，但不徵稅；溪澤中網魚，不予禁止。犯罪的人，處罰不到他的妻子兒女。

❸文王發政施仁，必先斯四者——文王實施仁政，首先便要想到這四種人。

❹哿矣富人，哀此煢獨——見詩經小雅祈父之什正月詩：哿音可。歡樂之意。「富人們是歡樂了，這些窮苦無告的孤獨的人們是多麼可憐悲哀呀！

❺「乃積乃倉」七句——見詩經大雅生民之什公劉篇。積、積貯。餱、乾糧。橐囊、小袋大袋。思、語助詞。輯、和。光、光大。干、戈、戚、揚：四種武器。即盾、戈、斧、鉞。意譯為：把穀倉積貯得滿滿的，又讓人民準備乾糧，裝在大小袋子中。輯和百姓，光大國家，弓箭張開了，武器準備了，而後才動身。（同人民遷往新都）

❻「居者」三句——（公劉遷都，當然有不願背離本土的。）留下來的人倉中有滿滿的穀子。出行人有大袋小袋的乾糧，然後（遷都）才可以動身。行，音杭。

❼愛厥妃——喜愛那個妃子。

❽「古公亶父」六句——見《詩經・大雅・文王之什》緜：（周文王的祖父周太王）古公亶父，一大早驅馬奔走（遠離恐狄人入侵的邠）沿著水邊，來到岐山之下。那麼同姜姓美女（太王之妃太姜）共居一處。水滸，水邊。率西、沿著西邊水岸。聿、語詞。胥宇：同居的意思。

❾內無怨女，外無曠夫——屋內沒有未出嫁的老處女。外面沒有娶不到妻子的單身漢。

十三

孟子謂齊宣王曰：「王之臣，有託其妻子於其友，而之楚遊者❶；比其反也❷，則凍餒❸其妻子：則如之何？」

王曰：「棄之。❹」

曰：「士師不能治士❺，則如之何？」

王曰：「已之。」

曰：「四境之內不治，則如之何？」

王顧左右而言他❻。

註釋

❶之楚遊——赴楚國遊玩。

❷比其反也——比、及也。及其返回。

❸凍餒——凍、冷死。餒、餓死。

❹棄之——斷絕往來。

❺士師不能治士——士師是掌獄之官。他的部下有鄉士，有遂士。士師不能治士，意思是說：士師管不動他的部下。

❻王顧左右而言他——（宣王知道是說他，有點尷尬，所以他假裝）東看看，西看看，岔開話題，說別的事。

十四

孟子謂齊宣王，曰：「所謂故國者，非謂有喬木之謂也；有世臣之謂也❶。王無親臣矣！昔者所進，今日不知其亡也。」

王曰：「吾何以識其不才而舍之？」

曰：「國君進賢，如不得已，將使卑踰尊，疏踰戚❷，可不愼與？——左右皆曰賢，未可也；諸大夫皆曰賢，未可也；國人皆曰賢，然後察之；見賢焉，然後用之。左右皆曰不可，勿聽；諸大夫皆曰不可，勿聽；國人皆曰不可。然後察之；見不可焉，然後去之。左右皆曰可殺，勿聽；諸大夫皆曰可殺，勿聽；國人皆曰可殺，然後察之；見可殺焉，然後殺之。故曰：『國人殺之也』如此，然後可以為民父母。」

註釋

❶「故國」三句——故國，有如我們稱某人出身世家。所謂故國，不是說那個國家有許多高大的樹（喬木），而是有累世功勳的意思。

❷卑踰尊，疏踰戚——國君任用賢人，如果不得已，將會使低階者超過高階者，使毫無關係的人超過親近的人。

分析

孟子這章話的意思，實際上是民主的主張。以民意（國人皆曰）為依歸。可還要進一步的「然後察之」，比民主還要高一著呢！

十五

齊宣王問曰：「湯放桀❶，武王伐紂❷，有諸？」

孟子對曰：「於傳有之。」

曰：「臣弒其君，可乎？」

曰：「賊仁者，謂之賊；賊義者，謂之殘。殘賊之人，謂之一夫。聞誅一夫紂矣，未聞弒君也。」

註釋

❶ 湯放桀——商湯王把夏代的君主桀流放到南巢（今安徽省巢縣）。

❷ 武王伐紂——周武王率仁義之師，伐滅無道的紂王。紂王自焚而死。

分析

名儒方孝孺的《遜志齋集》卷三〈君職〉篇中說：「君主只知道人民的天職是奉上，卻不知君主的天職是養民。對人民十分苛刻。對自己卻怠而不修。人民若稅賦不依時，力役不供應，誅責是必然的事。政教不舉，禮樂不修，貧富不均，強凌弱，大欺小，君主也不置理。難道他不想想自己的職責嗎？……倘若立了君，卻無益於民，哪為什麼要立君呢？公卿大夫不盡職，小則削職，大則誅死。君職遠大於公卿大夫，若不修其職，雖不能加以誅削，難道不怕天？受命於天者，君也。受命於臣者，君也。臣不能供職，則君以為不臣。君不能修其職，天會如何呢？」（本人語譯。）

孝孺的論說，可說是革命的理論。可能便是從孟子的這番話演繹而來。孟子認為不能盡職的君主，不過一介匹夫。武王伐紂，正所謂代天行道，殺一匹夫而已。不得稱為「弒君」！

十六

孟子見齊宣王曰：「為巨室，則必使工師求大木；工師得大木，則王喜，以為能勝其任也；匠人斲而小之，則王怒，以為不勝其任矣❶。夫人幼而學之，壯而欲行之；王曰：『姑舍女所學而從我，』則何如？今有璞玉於此，雖萬鎰必使玉人雕琢之❷。至於治國家，則曰：『姑舍女所學而從我，』則何以異於教玉人雕琢玉哉！」

註釋

❶「匠人斲而小之」三句——要蓋大房子，當然要找大的木頭。因為要蓋房子，大的木頭當然要鋸、削，比原來的尺寸會小很多。國王不高興，以為工匠不能勝任！

❷今有璞玉於此，雖萬鎰，必使玉人雕琢之——若有一塊價值萬鎰的璞玉，玉匠還是要把它雕削，成小塊小塊。鎰、二十兩。或云二十四兩。

分析

戰國時代有名的醫生扁鵲為秦武王看病，武王把患處指給扁鵲看。扁鵲說：「沒有問題，我可以為大王割治。」

武王左右的人卻背地裡討好武王說：「大王的病，在耳之前，目之下。割治未必有用，還可能讓您耳朵聽不清，眼睛看不見！」

扁鵲把一切應用的刀石都準備好了，來為武王治病。武王把左右的話告訴他。扁鵲氣極了，把刀石都摔掉了。他說：「大王同專家商討好了，卻找一些無知之人來破壞！要是像這樣來治理國家，國家不亡才怪！」

孟子這章書的目的，似乎是強調專家的重要。現代科學昌明，社會分工精細。即以醫學而論，小女是腫瘤科專科醫生，有友人向她討教婦科疾病。她說：「妳得找婦產科大夫。」殊不知，醫學分工也十分細密，即以心臟病為例，成人心臟醫師和小兒心臟專科便差的相當遙遠！

十七

齊人伐燕，勝之。宣王問曰：「或謂寡人勿取，或謂寡人取之。以萬乘之國，五旬而舉之，人力不至於此。不取，必有天殃。取之何如？」

孟子對曰：「取之則燕民悅，則取之；古之人有行之者，武王是也。取之而燕民不悅，則勿取；古之人有行之者，文王是也。以萬乘之國，伐萬乘之國，簞食壺漿以迎王師❶，豈有他哉？避水火也❷。如水益深，如火益熱，亦運而已矣。❸」

註釋

❶簞食壺漿以迎王師——用竹編的大筐裝滿了飯，用大壺裝滿了湯，來迎接大王的軍隊。

❷避水火也——自水深火熱之中逃避出來。水深火熱，譬喻苛政的殘酷。

❸如水益深，如火益熱，亦運而已矣——假如百姓感到水更深了，火更熱了（喻政治更壞了），他們必定會轉而尋求能解救他們的人了。

十八

齊人伐燕，取之。諸侯將謀救燕。宣王曰：「諸侯多謀伐寡人者，何以待之？」

孟子對曰：「臣聞七十里為政於天下者，湯是也。未聞以千里畏人者也。書曰：『湯一征，自葛始。』天下信之❶。『東面而征，西夷怨；南面而征，北狄怨。曰：「奚為後我？」』民望之，若大旱之望雲霓也❷。歸市者不止，耕者不變。誅其君而弔其民❸，若時雨降，民大悅。書曰：『徯我后，后來其蘇。』

今燕虐其民，王往而征之，民以為將拯己於水火之中也，簞食壺漿以迎王師。若殺其父兄，係累其子弟，毀其宗廟，遷其重器，如之何其可也❹？天下固畏齊之彊也，今又倍地，而不行仁政，是動天下之兵也❻。王速出令，反其旄倪，止其重器；謀於燕眾，置君而後去之❼，則猶可及止也❽。」

註釋

❶湯一征，自葛始。天下信之——商湯王之有天下，係從征伐葛國開始。天下便都相信湯王，把希

望都寄託在他身上。

❷「東面而征」七句——湯討伐東邊，則西邊的夷人怨歎。征伐南邊，北邊的狄人又失望。都說：「為什麼把我們的福祉放在後面？」人民盼望他去征伐，改變他們的惡運。好像大旱時盼望滿天黑黑的雨雲。

❸「歸市者不止」三句——在市區裡作買賣的不停止。在田裡耕作的人也不歇。湯王只把他們的暴君給誅殺掉，而安撫他們的人民。（意思是：雖是征伐作戰，而雞犬不驚。）

❹徯我后，后來其蘇——徯、等待。后，君也。這兩句話來自尚書。意思是說：等待我們的君王。君王來了，我們也就得救了！

❺「若殺其父兄」五句——（「若」有「你」的意思。也有「假定」的意思。孟子對齊王說話，似乎不可說「你」。是以我們採行第二個意義。）假如殘害他們的父親、兄長，捆綁他們的子弟，毀去他們的宗廟，移走他們的國寶，這樣怎麼能行呢？（意思是說燕君虐民，齊國這種行為，不是和燕君一樣？）

❻「天下畏齊之疆」三句——（戰國時，七雄對峙。餘六國都怕齊國太強。）現在，齊又佔領了燕國，土地加了一倍，而和燕一樣，不施行仁政，等於是挑動全天下的兵來和他們作對了。

❼「王速出令」五句——大王儘快下令：歸還燕國的老人和小孩（旄音毛，長者。倪、小兒。）停止搬移他們的珍貴的東西，和燕人商議，給他們另立新君，而後離開燕國。

❽則猶可及止也——這樣作，還來得及阻止災禍。（如諸侯群起攻伐齊國。）

十九

鄒與魯鬨❶。穆公❷問曰：「吾有司死者三十三人，而民莫之死也。誅之，則不可勝誅；不誅，則疾視其長上之死而不救❸，如之何則可也？」

孟子對曰：「凶年饑歲，君之民，老弱轉乎溝壑❹，壯者散而之四方者，幾千人矣；而君之倉廩實，府庫充；有司莫以告，是上慢而殘下也❺。曾子曰：『戒之戒之！出乎爾者，反乎爾者也❻。』夫民今而後得反之也❼。君無尤焉❽。君行仁政，斯民親其上，死其長矣❾。」

註釋

❶鬨——作戰。

❷穆公——鄒國的國君鄒穆公。

❸疾視其長上之死而不救——恨他們眼巴巴的看見他們的長官死亡而不予救助！

❹老弱轉乎溝壑——老人，身體衰弱的人，輾轉餓死，身填山溝之中。
❺君之倉廩實，府庫充；有司莫以告，是上慢而殘下也——君王的倉庫裡堆滿了糧食，府庫裡充滿了財寶。有關的官員卻不把人民飢餓的情形向您報告，這是上面的長官怠慢職守，殘害下民！
❻「曾子曰」四句——「要警惕喲，要警惕喲！你怎麼對待別人，別人也會反過來同樣的對待你！」
❼民今而後得反之也——老百姓現在可說是得反過來對待他們的長官了。
❽君無尤焉——尤，在此是動詞，指責、怪罪。大王可不要怪罪（老百姓）喲！
❾民親其上，死其長矣——老百姓會親近擁護他們的長官，為他們的長官賣命！（為他們的長官犧牲。）

二十

滕文公問曰：「滕小國也，間於齊楚，事齊乎？事楚乎？」

孟子對曰：「是謀，非吾所能及也。無已，則有一焉：鑿斯池也，築斯城也，與民守之，效死而民弗去，則是可為也。」

分析

戰國之時，強欺弱，大滅小，互相攻伐，吞併，幾無寧日。滕是小國，夾在齊國和楚國兩個大國之間，究竟要偏向那一國，滕文公深感為難，因之向孟子討教。（滕後來於公元前四一四年為越所滅。不久復國。之後又為宋所滅。終於亡了國。）

孟子對滕文公的建議是：「自立自強。」目的還是希望文公能施行仁政，和人民打成一片，深溝高壘，死守城池，則猶有可為也。

二十一

滕文公問曰：「齊人將築薛❶，吾甚恐，如之何則可？」

孟子對曰：「昔者大王居邠，狄人侵之，去之岐山之下居焉❷。非擇而取之，不得已也。苟為善，後世子孫，必有王者矣❸。君子創業垂統，為可繼也。若夫成功，則天也❹。君如彼何哉！彊為善而已矣❺。」

註釋

❶齊人將築薛——薛原係小國，戰國初為齊所滅。它是戰國時名公子孟嘗君田文的封地。滕在今山東滕縣西南。薛在今山東滕縣東南。齊人修築薛城，滕文公不免害怕，怕齊國將要攻打滕國。

❷「大王居邠」三句——大王、周太王。因恐狄人入侵，不得已而遷往岐山，今陝西省岐山縣東北六十里地的箭括山。

❸苟為善，後世子孫必有王者矣——孟子借太王為例，鼓勵文公推行仁政，多作善事。庶幾能像文王武王一樣，有像他們的子孫。所以他說：

❹「君子創業垂統，為可繼也。若夫成功，則天也」——君子創業傳給子孫，世代相繼。能否成功（養育出像文王武王一樣的賢子孫），那就要看天意了。

❺君如彼何哉！彊為善而已矣——孟子也就只能勸文公多行善事，聽天由命。對於齊人的築薛，實在也莫可奈何。

二十二

滕文公問曰：「滕小國也，竭力以事大國，則不得免焉❶。如之何則可？」

孟子對曰：「昔者大王居邠，狄人侵之；事之以皮幣，不得免焉；事之以犬馬，不得免焉；事之以珠玉，不得免焉❷。乃屬其耆老而告之曰：『狄人之所欲者，吾土地也。吾聞之也：君子不以其所以養人者害人❸。二三子，何患乎無君！我將去之。』去邠，踰梁山，邑於岐山之下居焉。邠人曰：『仁人也，不可失也。』從之者如歸市❹。

「或曰：『世守也，非身之所能為也，效死勿去❺。』君請擇於斯二者。」

註釋

❶竭力以事大國，則不得免焉——滕是一個很小的國家竭盡所能巴結大國，還是免不了（受欺侮）！

❷「大王居邠」八句——從前周的太王居住於邠（音彬），敵人侵犯邠。送給他們皮裘布帛、送給他們良犬駿馬，送給他們珍珠玉石，都無法免除受他們的欺壓、迫害！註：古來玉、馬、皮、

圭、璧、帛，均稱之為幣。這段文字中既已另列出珠玉和馬、皮，餘下來只有布帛了。故我們把幣譯成布帛。

❸君子不以其所以養人者害人——土地是養人的。狄人為了要得到我們的土地而欺壓我們，我們把土地給了他們，他們也就不會再害我們了。君子不能為了保有養人的土地而讓人受害！

❹從之者如歸市——大王離開邠，越過梁山，在岐山下興建都邑居住。很多邠人追隨到岐山。好像趕集者。

❺「世守也」三句——土地是祖宗傳下來的，豈可隨意放棄？寧願犧牲性命也不離去！

分析

太王之去邠邑岐山，正是孔子所說：不作暴虎馮河。《三略》中說：「能柔能剛，其國彌光。能弱能強，其國彌彰。純柔純弱，其國必削。純剛純強，其國必亡。」湯繫夏台，文王囚羑里，晉重耳奔翟，齊小白奔莒，正如太王之去邠。是以湯與文王之能王，重耳、小白之能霸，他們的行徑，如出一轍。表現一樣，結果也相似。

二十三

魯平公將出，嬖人❶臧倉者，請曰：「他日君出，則必命有司所之❷。今乘輿已駕矣，有司未知所之，敢請。」

公曰：「將見孟子。」

曰：「何哉？君所為輕身以先於匹夫者❸，以為賢乎？禮義由賢者出，而孟子之後喪踰前喪。君無見焉❹」

公曰：「諾。」

樂正子入見，曰：「君奚為不見孟軻也？」

曰：「或告寡人曰：『孟子之後喪踰前喪。』是以不往見也。」

曰：「何哉！君所謂踰者？前以士，後以大夫，前以三鼎，而後以五鼎與❺？」

曰：「否，謂棺椁衣衾❻之美也。」

曰：「非所謂踰也，貧富不同也。」

樂正子見孟子，曰：「克告於君❼，君為來見也。嬖人有臧倉者沮君❽，君是以不果來也。」

曰：「行或使之，止或尼❾之。行止非人所能也。吾之不遇魯侯，天也。臧氏之子，焉能使予不遇哉！」

註釋

❶嬖人——國君寵愛之人。

❷必命有司所之——一定會下令有關人員所去之地。之、去。

❸輕身以先於匹夫——降低身分去拜訪一個普通人！

❹孟子之後喪踰前喪，君無見焉——孟子料理他母親的喪事，比料理先死的父親的喪事，遠為超過。

❺三鼎五鼎——禮祭所定：天子九鼎、諸侯七鼎、卿大夫五鼎、元士三鼎。所謂鼎，三足兩耳，所以裝盛祭品之用。

❻棺槨衣衾——人死了，裝殮在木器中，外層的稱槨，裡層稱棺。死者身上所穿，現今稱壽衣。

❼克告於君——樂正子名克。他對孟子說：「我樂克曾告訴魯君。」

❽沮——攔阻。

❾尼——阻止。我們讀論語述而篇：（孔）子曰：「天生德於予，桓魋其如予何？」桓魋是宋國的司馬。孔子經過宋國，和弟子在大樹下習禮。桓魋想殺孔子，將大樹砍掉。孔子說：「天生德於

予，桓魋其如予何！」這裡，孟子也說：「是上天的意思不讓我見到魯侯，姓臧的小子能阻止得了嗎？」

公孫丑（上）

一

公孫丑❶問曰：「夫子當路❷於齊，管仲、晏子之功，可復許乎？❸」

孟子曰：「子誠齊人也，知管仲、晏子而已矣！或問乎曾西❹曰：『吾子與子路，孰賢？』曾西蹴然曰：『吾先子之所畏也。』曰：『然則吾子與管仲孰賢？』曾西艴然不悅❺曰：『爾何曾比予於管仲！管仲得君，如彼其專也，行乎國政，如彼其久也，功烈❻，如彼其卑也；爾何曾比予於是！』」曰：「管仲、曾西之所不為也，而子為我願之乎？」曰：「管仲以其君霸，晏子以其君顯；管仲、晏子，猶不足為與？」曰：「以齊王，猶反手也❼。」曰：「若是，則弟子之惑滋甚！且以文王之德，百年而後崩，猶未洽於天下。武王周公繼之，然後大行。今言王若易然，則文王不足法與？」曰：「文王何可當也！由湯至於武丁，賢聖之君六七作❽。天下歸殷久矣，久則難變也。武丁朝諸侯，有天下猶運之掌也。

紂之去武丁，未久也；其故家遺俗，流風善政，猶有存者；又有微子、微仲，王子、比干，箕子、膠鬲⑨，皆賢人也，相與輔相之；故久而後失之也。尺地莫非其有也，一民莫非其臣也。然而文王猶方百里起，是以難也。齊人有言曰：『雖有智慧，不如乘勢；雖有鎡基，不如待時。⑩』今時則易然也。夏后、殷、周之盛，地未有過千里者也，而齊有其地矣。雞鳴狗吠相聞，而達乎四境，而齊有其民矣。地不改辟矣，民不改聚矣；行仁政而王，莫之能禦也！且王者之不作，未有疏於此時者也；民之憔悴於虐政，未有甚於此時者也。飢者易為食，渴者易為飲⑪。孔子曰：『德之流行，速於置郵而傳命。⑫』當今之時，萬乘之國，行仁政，民之悅之，猶解倒懸也。故事半古之人，功必倍之；惟此時為然。」

註釋

❶公孫丑——齊人。孟子的弟子。

❷當路——掌權。執政。

❸管仲、晏子之功，可復許乎？——管夷吾，字仲，曾輔佐齊桓公，一匡天下，九合諸侯。晏嬰，字平仲，仕齊三朝，人稱賢相。司馬遷甚至說「能與晏平仲為僕侍也心甘情願！許——復興。

❹曾西——曾申，字子西，曾參之子。（或謂曾子之孫。）但毛奇齡《四書賸言》考完為曾子之

子。）

❺艴然不悅——艴、音拂。艴然、勃然。慍怒色也。

❻功烈——功業。

❼以齊王，猶反手也——王在此為動詞。音旺。齊國是大國，由齊國來推行王政，易如反掌。王、行王政。

❽六七作——六七起。

❾膠鬲——紂王手下的大臣。

❿雖有智慧，不如乘勢；雖有鎡基，不如待時——鎡、農具。基、亦作錤，也是農具。這幾句諺語是說：即使你有智慧，有計劃，不如趁大好機會。譬如：你有好的行船高手和堅固的船，趁流水的方向往下游走，豈不是事半功倍。即使你有最精良的耕作器具，還不如有好的氣候。風調雨順，自然豐收。

⓫饑者易為食，渴者易為飲——飢餓的人，不會挑食，有吃就好。口渴的人，只要有水喝，不會去精選山泉、茶葉！

⓬德之流行，速於置郵而傳命——國家如實施王政，也就是仁政，德政，傳播之速，比設置驛站傳達政府的命令還快。

語譯

公孫丑問：「假若夫子您在在齊國執政，以往管子和晏子的功績，可否再度振興呢？」

孟子說：「你真是百分百的齊人，只知道管子和晏子！有人問曾西說：『您和子路相比，誰賢慧些？』曾西恭恭敬敬（蹴然）的說：『他是我的先人所敬畏的人。』『那麼，您與管仲比呢？』曾西勃然不悅。回道：『你怎麼把我和他比呢？管仲得到齊王那麼的信任，當政又那麼長久，功績卻微不足道。你怎麼把我和他相比？』孟子說：「管仲，曾西都不屑和他相提並論，你以為我會願意嗎？」

公孫丑再問：「管仲使齊桓公稱霸，晏子使齊景公顯名當世。他們兩人都不足稱許嗎？」

孟子說：「要使齊國行王政於天下，像把手掌翻轉一樣容易。」

公孫丑說：「這麼說法，弟子感到很困惑。以文王的德行修為，他去世後，天下還未大化，而後有武王和周公相繼努力，然後教化才大行。若說王天下如此容易，那麼，文王便不值得我們效法了。」

孟子說：「自湯王到武丁王，聖賢之君就有六七位。天下人心歸向殷朝已很久了。久、便難變。武丁使諸侯來朝，治理天下好似掌中握物一樣容易。紂王去武丁也並不久。傳統的家風，善良的政策，依然存在。其間更有微子、微仲、王子、比干，箕子、膠鬲等賢臣在下相輔，當時，每一寸土地，、每一個人民，都是屬於殷的。然而，文王的發跡只是從一百里的小邦開始，所以很難。齊國人的俗語說：『雖有智慧，不如有好機會。雖然有好的農具，不如有好的氣候。』現在卻大不同。夏、殷、周三朝中，盛大的國沒有超過千里的。齊卻是過千里的大國。而且人民眾多，雞鳴狗吠全國沒有一處聽不到。有了地，有了人民，行仁政而統一天下。沒有東西能抵擋！而且王政不推行，未有比現時更壞的了。老百姓受虐政而困苦，未有比現時更糟的了。常言說：飢餓的人有吃就行。口渴的人有水就行。孔子說：『德行的傳播，比驛站傳達政府的命令還要快。』當今萬乘的大國，若推行仁政，老百姓的喜悅，好似解去了倒懸之苦。雖然只作古人一半的努力，而達成的目標卻要以倍數來計。只有在此時，一定能辦到。」

二

公孫丑問曰：「夫子加齊之卿相❶得行道焉，雖由此霸王不異矣❷。如此則動心否乎？」

孟子曰：「否，我四十不動心❸」

曰：「若是，則夫子過孟賁遠矣❹」

曰：「是不難。告子先我不動心。」

曰：「不動心有道乎？」

曰：「有。北宮黝❺之養勇也❻，不膚撓❼，不目逃❽。思以一豪挫於人，若撻之於市朝❾。不受於褐寬博❿，亦不受於萬乘之君。視刺萬乘之君，若刺褐夫。無嚴諸侯⓫；惡聲至⓬必反之⓭。孟施舍⓮之所養勇也，曰：『視不勝，猶勝也⓯。量敵而後進，慮勝而後會，是畏三軍者也。舍豈能為必勝哉？能無懼而已矣。』孟施舍似曾子，北宮黝似子夏。夫二子之勇，未知其孰賢；然而孟施舍守約也⓰。昔者曾子謂子襄曰：『子好勇乎？吾嘗聞大勇於夫子矣：自反而不縮⓱，雖褐寬博，吾不惴焉⓲？自反而縮，雖千萬人，吾往矣。』孟施舍之守氣，又不如曾子之守約也。」

曰：「敢問夫子之不動心，與告子之不動心，可得聞與？」

「告子曰：『不得於言，勿求於心；不得於心，勿求於氣⓳。』不得於心，勿求於氣，可；不得於言，勿求於心，不可。夫志⓴，氣之帥也；氣㉑，體之充也。夫志，至焉；氣，次焉。故曰：「持其志，無暴其氣。」」

「既曰『志至焉，氣次焉㉒』，又曰『持其志，無暴其氣㉓』者，何也？」

曰：「志壹則動氣；氣壹則動志也㉔。今夫蹶者㉕趨者；是氣也，而反動其心。」

「敢問夫子惡乎長？㉖」

曰：「我知言㉗，我善養吾浩然之氣㉘。」

「敢問何為浩然之氣？」

曰：「難言也！其為氣也，至大至剛，以直養而無害㉙，則塞於天地之間。其為氣也，配義與道㉚；無是，餒也。是集義所生者，非義襲而取之也㉚。行有不慊於心，則餒矣㉜。我故曰：「告子未嘗知義」，以其外之也㉝。必有事焉而勿正，心勿忘，勿助長也㉞。無若宋人然：宋人有閔其苗之不長而揠㉟之者，芒芒然㊱歸，謂其人曰㊲：『今日病矣㊳！予助苗長矣！』其子趨而往視之，苗則槁矣。天下之不助苗長者寡矣！以為無益而舍之者，不耘苗者也。助之長者，揠苗者也；非徒無益，而又害之。」

「何謂知言？」

曰：「詖辭，知其所蔽㊴，淫辭，知其所陷㊵，邪辭，知其所離㊶，遁辭，知其所窮㊷。生於其心，害於其政，發於其政，害於其事㊸。聖人復起，必從吾言矣。」

「宰我、子貢，善為說辭；冉牛、閔子、顏淵，善為德行；孔子兼之，曰：『我於辭命，則不能也㊹。』然則夫子既聖矣乎？」

曰：「惡！是何言也！昔者子貢問於孔子曰：『夫子聖矣乎？』孔子曰：『聖，則吾不能；我學不厭，而教不倦也。』子貢曰：『學不厭，智也；教不倦，仁也。仁且智，夫子既聖矣。』夫聖，孔子不居，是何言也！」

「昔者，竊聞之：子夏、子游、子張，皆有聖人之一體，冉牛、閔子、顏淵，則具體而微。敢問所安？」

曰：「姑舍是[45]。」

曰：「伯夷、伊尹何如？」

曰：「不同道。非其君不事，非其民不使，治則進，亂則退，伯夷也。何事非君，何使非民，治亦進，亂亦進，伊尹也；可以仕則仕，可以止則止，可以久則久，可以速則速，孔子也。皆古聖人也。吾未能有行焉[46]，乃所願，則學孔子也。」

「伯夷、伊尹於孔子，若是班乎？[47]」

曰：「否，自有生民以來，未有孔子也！」

「然則有同與？」

曰：「有，得百里之地而君之，皆能以朝諸侯，有天下；行一不義，殺一不辜，而得天下，皆不為也。是則同。」

曰：「敢問其所以異？」

曰：「宰我、子貢、有若，智足以知聖人；汙，不至阿其所好[48]。宰我曰：『以予觀於夫子，賢於堯舜遠矣。』子貢曰：『見其禮而知其政，聞其樂而知其德，由百世之後，等百世之王，莫之能違也[49]自生民以來，未有夫子也！』有若曰：『豈惟民哉？麒麟之於走獸，鳳凰之於飛鳥，太山之於丘垤[50]，河海之於行潦[51]，類也[52]；聖人之於民，亦類也；出於其類，拔乎其萃㊿③。自生民以來，未有盛於孔子也。㊿④』」

註釋

❶加齊之卿相——加、居官。擔任。

❷雖由此霸王不異矣——雖由此、就是從此下去，達成王政、達成霸業，都不會有問題。

❸動心——趙岐注作「畏難」。我們認為：以孟子的道德修養，他的「不動心」，似乎是：一切惟「道」是遵，沒有事物能左右他的「心」。和孔子的「四十而不惑」是很接近的。

❹孟賁——齊國的勇士。

❺北宮黝——也是齊國的勇士。

❻養勇——培養勇氣。

❼不膚撓——不因皮膚肌肉受到擊刺而退縮。

❽不目逃——怒目相視時，不因對方的強烈目光而逃避。泰山崩於前眼睛都不眨一下。

❾市朝——鬧市或朝廷。公共場所。

❿褐寬博——穿著粗衣的粗壯漢子。泛指窮人。

⓫無嚴——不怕。

⑫惡聲至——不好聽的話聽到了。

⑬必友之——一定（用惡話）回敬。

⑭孟施舍——不知何許人。

⑮視不勝、猶勝也——不在乎勝敗。（生死置之度外。）

⑯守約——所守得要。能把握關鍵所在。

⑰子襄——曾子弟子。

⑱自反而不縮——自己反省。縮、直。合於正義。吾不惴焉？我能不害怕嗎？

⑲不得於言，勿求於心；不得於心，勿求於氣——不得於言，謂「未明瞭語言文字後面所表達的道理是對的，還錯的。」勿求於心，不必用心去思考這些話的道理所在，就是根本不予理會。以免為對方詞鋒所窮。不得於心、言決定行動時，感到疑惑不安，不能確知該怎麼作法。勿求於氣、不要求助於氣來作決定。及不可訴諸一種直覺式的、盲目精神力的衝動來作決定。

⑳志——心志。意志。

㉑氣——或解釋為「精神力」。

㉒志至焉。氣次焉——意思是：志第一，氣次之。先要有志，才能把氣帶出來。

㉓持其志，無暴其氣——堅守自己的意志，不要，輕易顯示出你的精神力。

㉔志壹則動氣；氣壹則動志——志是主動，氣是被動。意志堅定專一，才能帶動氣。但一旦氣動

了，也可以倒過來影響到意志。

㉕蹶、趺倒。趨、奔跑。趺倒和奔跑是生理動作，但這種動作也可能影響到心神。

㉖夫子惡乎長——惡，音烏。惡乎長？有什麼長處？擅長什麼？

㉗知言——能正確明瞭對方在說什麼。

㉘浩然之氣——簡單解釋：正氣。文天祥：「天地有正氣，雜然賦流形。下則為河嶽，上則為日星。於人曰浩然，沛乎塞蒼冥。」

㉙直養而無害——直道而行，正確培養，無使傷害。則塞於天地之間——我們常說：「義薄雲天。」浩然之氣養成，噓一口氣，長虹貫日。並不是說一個人的養氣能真正塞滿天地，而是說：這種正氣，無所恐懼，沒有東西可以攔阻得住。

㉚配義與道——這股正氣，是有義和道相伴的。無是，假如沒有義與道相配合，餒也，那就空乏消失了。

㉚是集義所生者，非義襲而取之也——這種浩然正氣是經由許多個義行所產生的，而非一些表面功夫所能僥倖達成的。

㉜行有不慊於心，則餒矣——只要行為引起衷心的不安，則所養的氣便立刻消失了。

㉝仁內義外——告子以為：仁內義外。仁是內心的情操。義是外在的行為。孟子認為：仁、義全屬內心。

㉞必有事焉而勿正，心勿忘，勿助長——這種浩然之氣，必須培養（事）而不可中止（正、止古通用）。心中莫忘記它，也不可強制助長它。（如宋人之揠苗助長。）

㉟揠——拔。

㊱芒芒然——疲倦不堪的樣子。

㊲謂其人曰——謂其家人曰。

㊳今日病矣——今天又累了。

㊴詖辭，知其所蔽——詖辭、偏激主觀的話。蔽、障蔽。知其所蔽、知道他成見之所在。

㊵淫辭知其所陷——淫辭、誇大荒誕之語。陷、沉溺迷醉之所在。

㊶邪辭知其所離——邪辭、乖僻不經的話。離、出錯。知其所離，知道他錯誤根源之所在。

㊷遁辭知其所窮——遁辭、躲避之語，知道它致命弱處之所在。

㊸生於其心，害於其政，發於其政，害於其事——這些這群從心所出，必然對施政原則上造成傷害。若從施政上付諸實踐，必然在政事上造成傷害。

㊹我於辭命則不能也——我對於辭令卻不行。（孔子自謙之詞。）

㊺姑舍是——姑且捨棄此一問題。

㊻吾未能有行焉——行、可以做得到。未能有行焉、沒有這種可以做到的能力。

㊼若是班乎？——是同一個等級嗎？（伯夷、伊尹，和孔子是不同一個等級的人？）

48 智足以知聖人，汙，不至阿其所好——在智慧上足可了解聖人。至低限度（汙），也不至會阿諛他們所喜愛者。

49 由百世之後，等百世之王，莫之能違也——由此下去百世之中，無論如何等級的君王，都不可能對孔子有所違背、有所修正。

50 丘垤——小山。

51 行潦——雨後路旁小坑坑的積水。

52 類也——同一族類。

53 拔乎其萃——萃、聚。原義是草聚在一起的意思。衍為「群」的意思。拔萃、超乎群類之上。

54 未有盛於孔子也——沒有比孔子更高明、更偉大的了。

語譯

公孫丑問：「夫子您若是在齊國當政掌權，能推行仁政大道，由此而建立霸業，作成王道。像這樣，您會動心嗎？」

孟子說：「不會。我四十歲便不動心。」

「那麼，您比孟賁高明多了。」

孟子說：「這沒什麼。告子便比我先不動心。」

「然則，不動心有訣竅嗎？」

「有，北宮黝培養勇氣，不因皮膚受到刺傷而退縮，也不因為對方的目光銳利而眨眼睛。被人家拔掉一根汗毛，就好像是在朝廷中或市場裡受到鞭撻，不受一般粗人的侮辱，也不忍受萬乘之君的侮辱。刺殺大國的國君，和刺殺一介匹夫也沒兩樣。不懼怕諸侯。有人罵，必反罵。而孟施舍培養勇氣的辦法又不一樣。他說：『對不能戰勝的強敵，和對付一定能勝的弱敵一樣。若先估計對方的力量再出擊，先算計勝敗而後交戰，其人對數量眾多的軍隊必懷畏懼的心理，我豈能保證必勝？但我無所畏懼。』孟施舍類似曾子。北宮黝類似子夏。此二人之勇，不知誰更強。但孟施舍簡單扼要——勇往直前。從前曾子對子襄說：『夫子曾說過，自己反躬自問覺得理屈，即使對方是卑下之人。我能不害怕嗎？若反躬自問而覺得理直，那怕對方是千軍萬馬我也不怕。』曾子的守約，把握要點，較之孟施舍那種勇往直前，似乎又高一等。」

公孫丑又問：「請問夫子的不動心和告子的不動心是如何？」

孟子說：「告子認為：不知對方是惡言相向還是苦口婆心時，不必動心。心有不得，也不必動氣。」心有不快，不必動氣是可以的。不明對方是好心還是惡意，心不稍作判斷，是不對的。（焦循《正義》中說：「告子為人勇而無慮，不原其情。有不善之言加於己，不復取其心有善也，直怒之矣。孟子以為不可也。」志，心所念慮也。氣則充滿形體，為喜，為怒。志則命令氣。志在前，氣在次。所以說：「穩定操持自己的志向，不要濫用自己的感情。」）

「敢問何謂浩然之氣？」

孟子說：「很難說清楚。這種氣，至大至剛。用正直來培養它而不妨害它，則能充滿於大地之間。它配合仁義和陰陽大道。若否，便沒有力量了。這種浩然之氣是長久躬行仁義而自然養成的。可不是勉強作表面功夫便能達成的。只要一有良心不安的行為，便會立刻消散。我常說：『告子不知道義。』因為他把義看成是外在的。必須實踐，不可中途而廢。也不可心急，勉強培養。像宋國有一位農人，他認為他播種完的稻苗長得太慢，因此到田裡把每一枝苗都向上拔高一點。而後精疲力盡的回到家中對家人說：『我今天可累壞了，我助苗長高了！』其子急忙跑去田中察看，發現所有的禾苗全死了！但天下助苗長高的人可多得不得了。不愁苗長的沒有事，拔苗助長的，不但無益於禾苗，反而將禾苗給整死了。」

「怎麼叫作『知言？』」

「偏激主觀的話，我能了解他的成見所在。誇大的謊話，我知道沉溺迷醉的原因所在、乖僻不經的話，我知道錯誤的根源所在。閃避的話，我知道他掩飾的弱點所在。一個人若心中產生這些問題，必定會在政治行為中現出毒害，如果在政治上予以實施，必會造成禍事。若是聖人復活，也會同意我這些話的。」

公孫丑再問：「孔子的諸弟子中，宰予和子貢最善於言辭。冉伯牛、閔子騫和顏淵最擅長道德理論。孔子兼而有之。但他卻說：『對於辭令，我是不擅長的。』那麼，夫子您是不是已經到達了聖人的境界了呢？」

孟子說：「這是什麼話？從前子貢曾問孔子說：『先生已經是聖人了！』孔子說：『聖人？我不敢。我只是好學不厭，教誨年輕人永遠也不覺得疲倦。如斯而已。』子貢說：『學而不厭是智。誨人不倦是仁。老師既仁且智，當然是聖人。』連孔子都不敢以聖自居。我怎麼算得上？你這是什麼話？」

三

孟子曰：「以力假仁者霸，霸必有大國；以德行仁者王❶，王不待大。湯以七十里，文王以百里。以力服人者，非心服也，力不贍也❷；以德服人者，中心悅而誠服也，如七十子之服孔子也。詩云，『自西自東，自南自北，無思不服❸。』此之謂也。」

註釋

❶以德行仁者王，以力假仁者霸——孔子、孟子，都勸人行王道。許多人都以為：不論行王道，稱

霸主，一定要大國。孟子針對這一點，予以說明。武力強大、人口眾多，假仁義為名（假、借也），大家雖然聽話，但內心並不服氣。真正有道德的國君，推行仁政，人民莫不心悅誠服。所以齊桓、晉文之所以能稱霸，他們所統治的都是萬乘大國。商湯王只有七十里地，周文王也不過一百里。他們卻能王天下。

❷力不贍——力不足。家富為贍。家富為贍。贍、足。富。

❸自西自東，自南自北，無思不服——《詩經・大雅・文王之什》：思、助詞，沒意義。全詩謂：來自東南西北的人民，無不心服。

四

孟子曰：「仁則榮，不仁則辱。今惡辱而居不仁，是猶惡溼而居下也❶。

「如惡之，莫如貴德而尊士❷。賢者在位，能者在職❸，國家閒暇，及是時明其政刑，雖大國必畏之矣。詩云：『迨天之未陰雨，徹彼桑土，綢繆牖戶。今此下民，或敢侮予❹？』孔子曰：『為此詩者其知道乎！』能治其國家，誰敢侮之！

「今國家閒暇❺，及是時般樂怠敖❻，是自求禍也，禍福無不自己求之者。詩云：『永言配命，自求多福❼。』太甲曰：『天作孽，猶可違；自作孽，不可活❽』，此之謂也。」

註釋

❶惡溼而居下也——討厭潮濕，卻住到低窪之地。白居易琵琶行：「住近湓江地低濕！」

❷貴德而尊士——尊重德行，尊重讀書人。

❸賢者在位，能者在職——孟子註疏中，趙岐注曰：「使賢者居位，官得其人。能者居職，人任其事。」孫奭注曰：「賢者居其官位，能者任期官職……能，為人所不能為。賢、長於德行者也。」朱熹注：「賢有德者使之在位，則足以正君而善俗。能有才者使之在職，則足以修政而立事。」這幾個註，我們都不太滿意。第一，賢與能如何區別？第二，位與職如何區分？有道德、卻沒有智慧的人，他如何能在位？大賢的人，智慧未必甚高。如孔子所說：「參（曾子）也魯。」沒有道德人，常十分聰明。像漢代的王莽、唐朝的李林甫。他們在職，天下大亂，我師薩孟武先生認為：漢書中說：「三公蓋參天子，坐而議政，無不總統。故不以一職為官名……舜之於堯，伊尹於湯，周公、召公於周是也。」（卷十九上）三公之位，即是位。惟現今沒有皇帝、沒有三公。從參議朝政一點來看，他們（三公）是掌握國家重大政策者。現今總統、行政院長、各部會首長及政務委員，他們是掌政策的，他們的官位便是位。至於各部會常務官，他們所佔有的，便是職。政府有了好的政策，賢者在位——事務官能迅速確實的執行——能者在職，如此，一個國家一定能國富

民強，人民安樂。但，說起來容易，實行起來，未必如此。因為：變數太多！

❹「迨天之未陰雨」五句——《詩經・豳風・鴟鴞》：迨、趁著。徹、取。桑土、桑樹根。綢繆、從早準備。（未雨綢繆，即從此詩來，意謂，大雨未來之前，先把該結紮、綑綁的東西紮好。）綢繆是結紮之意。全詩：趁著天未陰雨，（我）採取了桑樹根，把門窗都結紮好。你們老百姓，誰敢來侮辱我呢？

❺今國家閒暇——國家平安無事。

❻般、樂、怠、敖——般、享樂。樂、嬉戲。怠、懶惰。敖、遊玩。

❼永言配命，自求多福——《詩經・文王》。言、助詞，無意義。要與自己的德行，與天命相配合，以自求諸般的幸福。

❽太甲曰：『天作孽，猶可違；自作孽，不可活——天降災難（作孽），尚可逃避（違）。自己造成的災害，要逃也逃不了！

五

孟子曰：「尊賢使能，俊傑在位❶，則天下之士皆悅，而願立於其朝矣❷；市，廛而不征，法而不廛❸，則天下之商皆悅，而願藏於其市矣；關，譏而不征❹，則天下之旅皆悅，而願出於其路矣；耕者，助而不稅❺，則天下之農皆悅，而願耕於其野矣；廛，無夫里之布❻，則天下之民皆悅，而願為之氓矣❼。信能行此五者，則鄰國之民仰之若父母矣。率其子弟，攻其父母❽，自有生民以來未有能濟者也❾。如此，則無敵於天下。無敵於天下者，天吏也❿。然而不王者，未之有也。」

註釋

❶俊傑——才德出眾者。（中華辭海引淮南子泰族訓：「知過萬人者謂之英，千人者謂之俊，百人者，謂之豪，十人者謂之傑。」）

❷願立於其朝——願在他的朝廷裡作官。

❸廛而不征，法而不廛——廛、市場裡堆藏貨物的倉庫。征、徵稅。儲藏在市倉庫中的貨物不徵稅。按法規收購產品而不使貨物積壓。

❹關，譏而不征——關卡上，只查看貨物而不徵稅。譏、檢查。察看。

❺助而不稅——古來井田，八家，每人一份田。井字中間那一份田，八家協助政府耕種。因為八家都出了力，所以他們自己種的那份田便不必再交租稅了。

❻無夫里之布——古時，布即是錢。夫布、夫役錢。《周禮‧地官》：「凡無職者出夫布、里布、

空屋稅，或土地稅。」無職者。出夫布。田宅不種桑、麻者，出里布。有如今日的空地稅。〈地官〉：凡宅不毛者，（即不樹桑麻之屋）有里布。）

❼願為之氓矣——氓、外來的移民。外人願為移民，遷居其國。好似今日墨西哥人要偷渡到美國，作移民。

❽率其子弟，攻其父母——我們懷疑這兩句話的前面有脫漏。應該有：（鄰國若欲攻伐其國，則好譬是）帶領他們的子弟，攻擊他們的父母之邦。自有生民以來，沒有能成功的。

❾未有能濟者也——濟、成功。沒有能成功的。根本是作不到的。

❿天吏——奉行天命的官吏。

六

孟子曰：「人皆有不忍人之心❶。先王有不忍人之心，斯有不忍人之政矣。以不忍人之心，行不忍人之政，治天下可運之掌上。

「所以謂人皆有不忍人之心者：今人乍見孺子，將入於井，皆有怵惕惻隱之心❷；非所以內交於孺子之父母也，非所以要譽於鄉黨朋友❸，非惡其聲而然也。

「由是觀之，無惻隱之心，非人也；無羞惡之心，非人也；無辭讓之心，非人也；無是非之心，非人也；惻隱之心，仁之端也；羞惡之心，義之端也；辭讓之心，禮之端也；是非之心，智之端也。人之有是四端也，猶其有四體也；有是四端而自謂不能者，自賊者也；謂其君不能者，賊其君者也。

「凡有四端於我者，知皆擴而充之矣❹，若火之始然，泉之始達❺。苟能充之，足以保四海；苟不充之，不足以事父母。❻」

註釋

❶不忍人之心——不忍看見別人受痛苦的同情心。

❷怵惕惻隱之心——怵、恐。怵惕、驚動貌。朱熹注：「惻、傷之切也。隱、痛之深也。」見人被禍而心有所不忍也。薩孟武先生說：「此種心，就是心理學上所謂的良心。」孟子認為人性善。也就是說：良心出於人之本性。這是天賦說。有一派學者認為：人心猶如白紙，不知善惡，不辨是非。但人類都有苦、樂的感受。因自己的苦樂，推想別人也有苦樂。不知不覺中，自己感到別人的苦樂，引起同情。久而久之，這種推想和同情合而為一，成為心理上的習慣。這就是良心。這一派的學者認為良心來自經驗，也就是良心的經驗說。

❸內交於孺子之父母，要譽於鄉黨朋友——內心要想接交孺子的父母親，引起親朋好友的讚譽。

要、邀也。博取之意。音邀。

❹有四端於我者，知皆擴而充之矣——具有這四種感受、四種本能的人，知道應該要將此四種本能發揚光大。

❺火之始然，泉之始達——火剛剛開始燃燒，泉水剛剛湧出。

❻苟能充之，足以保四海。苟不充之，不足以事父母——若能發揚光大，足可使天下安定。若不發揚擴大，要事奉父母都有問題。

七

孟子曰：「矢人豈不仁於函人哉！❶矢人惟恐不傷人，函人惟恐傷人，巫匠亦然❷。故術不可不慎也❸。孔子曰：『里仁為美；擇不處仁，焉得智❹？』夫仁，天之尊爵也，人之安宅也❺。莫之禦而不仁，是不智也❻。不仁不智，無禮無義，人役也❼。人役而恥為役，由弓人而恥為弓，矢人而恥為矢也。如恥之，莫如為仁❽。仁者如射；射者正己而後發，發而不中，不怨勝己者，反求諸己而已矣。❾」

註釋

❶矢人、函人——矢人是製造箭（矢）的人。函人是製造鎧甲的人。函、鎧甲。矢要越尖銳、越能傷人為好。鎧甲，要越堅固、越能保護戰士不受傷為佳。

❷巫匠亦然——朱註：「巫者為人禱告，希望人能長生。匠者作棺槨，希望人死，便能賣出棺材賺錢。」

❸術不可不慎也——要好好的、謹慎的，選擇行業。

❹里仁為美；擇不處仁，焉得智？——見論語里仁篇：我們要「宅心仁厚。若不選擇仁來待人處事，怎麼能算得上聰明呢？」（劉瑛：《論語的故事》，頁九十四）

❺天之尊爵也，人之安宅也——仁是上天最尊貴的爵位，人間最平安的住宅。

❻莫之禦而不仁，是不智也——禦、止也。沒有人阻擋，卻不去行仁，是不聰明的。

❼不仁、不智，無禮、無義，人役也——一個人若不仁不知，又無禮無義，他不免要被人奴役了！

❽人役而恥為役，猶弓人而恥為弓，矢人而恥為矢也。如恥之，莫如為仁——人若羞於被人當奴隸使喚，製造弓的人恥為弓，製造箭的人恥為箭，那就不如修仁道了。

❾「仁者如射」五句——修仁道好比射箭，射箭的人先調準好姿勢而後發箭。沒射中，不怨恨勝過自己的那些射中的人，卻要反過頭來檢討自己。

八

孟子曰：「子路，人告之以有過則喜❶。禹聞善言則拜❷。大舜有大焉❸：善與人同，舍己從人，樂取於人以為善❹；自耕稼陶漁，以至為帝，無非取於人者。取諸人以為善，是與人為善者也❺。故君子莫大乎與人為善❻。」

註釋

❶人告之以有過則喜——伊索寓言中說：「上帝給人兩個口袋。一個裝別人的過錯，放在胸前。一個裝自己的過錯，放在背後。」所以，人總是看見別人的過錯，看不見自己的。子路有過，自己看不見。人家告訴他了，他當然喜歡。因為，從此之後，他可能不會再犯同樣的過錯了。

❷禹聞善言則拜——夏禹是聖人，他若聽到有益（於國家人民）的建言，他便會禮敬，表示感謝。

❸大舜有大焉——大舜更偉大。

❹「善與人同」三句——作善事，和大家一樣，不落人後。別人的意見較佳，他能捐棄己見而聽從別人。常樂於學習別人的善行。吸取別人的經驗。自耕稼、製陶、漁獲乃至於為天子，許多技術、經驗都是取諸他人。

❺取諸人以為善，是與人為善者也——吸取他人為善的經驗而行善，便是讚許他人的善行。

❻故君子莫大乎與人為善——是以君子要把讚許別人為善列為首要的行為。

九

孟子曰：「伯夷❶，非其君不事，非其友不友；不立於惡人之朝，不與惡人言；立於惡人之朝，與惡人言❷，如以朝衣朝冠，坐於塗炭。推惡惡之心，思與鄉人立，其冠不正，望望然去之，若將浼焉❸。是故，諸侯雖有善其辭命而至者，不受也❹。不受也者，是亦不屑就已。柳下惠❺不羞汙君，不卑小官；進不隱賢，必以其道；遺佚而不怨，阨窮而不憫❻。故曰：『爾為爾，我為我，雖袒裼裸裎於我側，爾焉能浼我哉❼！』故由由然❽與之偕，而不自失焉。援而止之而止；援而止之而止者，是亦不屑去已❾。」孟子曰：「伯夷隘，柳下惠不恭；隘與不恭，君子不由也。❿」

註釋

❶伯夷——商代孤竹君墨貽初的兒子，名元，夷是他的謚號。

❷「非其君不事」六句——伯夷認為不是他心目中的國君，他不會作他的臣子。他不認為夠格的人，他不會和他交朋友。不在惡人的朝廷作官。不同壞人交談。

❸推惡惡之心，思與鄉人立，其冠不正，望望然去之，若將浼焉——將厭惡（音務）惡人之心推而廣之，想到和鄉下人站在一起，其人衣冠不正。於是頭也不回的走開。似乎將被汙染了。望望然，不顧而去的樣子。浼、沾汙。汙染。

❹諸侯雖有善其辭命而至者，不受也——諸侯好言相招，他不肯受。

❺柳下惠——春秋時魯國大夫展無駭的兒子展獲，字禽。他食邑於柳下。死後謚號惠。故稱柳下惠。

❻「不羞汙君」六句——不以汙君而羞於立其朝。不看不起小官。（或謂是：官雖卑小仍願就任。）晉用了不隱瞞自己的能力，依照自己的直道行事。被人罷免了也不怨恨。身處艱困之中也不愁。遺佚、遺失也。此處有「未被任用。」或「去職」之意。阨、窮困。災難。憫、憂愁。

❼雖袒裼裸裎於我側，爾焉能浼我哉——袒裼、脫去上衣。裸裎、赤身露體。雖則一絲不掛的在我身旁，你何能汙染我？

❽由由然——高興自得貌。

❾援而止之而止者，是亦不屑去已——援、引，拽。為人拉住了不讓他離開，他也就不離開了。

❿伯夷隘，柳下惠不恭；隘與不恭，君子不由也——伯夷心胸狹窄，柳下惠不夠莊重。心胸狹窄與不夠莊重，君子不會這樣處世。由、行、做。

公孫丑（下）

十

孟子曰：「天時不如地利，地利不如人和。

「三里之城，七里之郭❶，環而攻之而不勝；夫環而攻之，必有得天時者矣，然而不勝者，是天時不如地利也。城非不高也，池非不深也，兵革非不堅利也，米粟非不多也，委而去之，是地利不如人和也。

「故曰：域民不以封疆之界，固國不以山谿之險，威天下不以兵革之利❷。得道者多助，失道者寡助❸。寡助之至，親戚畔之；多助之至，天下順之❹。以天下之所順，攻親戚之所畔；故君子有不戰，戰必勝矣❺。」

註釋

❶城郭——內城叫城。外城叫郭。

❷域民不以封疆之界，固國不以山谿之險，威天下不以兵革之利——一國分封下來的疆界不能限制（域，動詞。）人民（不移走）。鞏固國家也不能只靠峻嶺深谿。威震天下也不能只靠鋒利的兵器和堅固的甲冑。

❸得道者多助，失道者寡助——一個賢君若以正道行仁政，他能得到各方面的助力。他若不行仁道，他能得到的助力便很少。

❹寡助之至，親戚畔之；多助之至，天下順之——不行王道，無人擁護。其極至是眾叛（畔）親離。推行王道，結果，全天下人無不歸順他。

❺故君子有不戰，戰必勝矣——有道之君，不必打仗。他若作戰，必能取勝。

是以，雖有好的天候，但守城者山川竣險，圍城而攻也打不進去。這便是天時不如地利。但若守城的軍隊，不顧高城深池，不用堅甲利兵，不顧兵精糧足，棄（委）城而去，原因當然是失去了人和。不戰而潰。孟子本章書強調人和：國君行仁政，得道多助，則戰無不勝。天時、地利都不可靠，可靠的是君臣合作，上下一心。

十一

孟子將朝王。王使人來曰：「寡人如就見者也，有寒疾，不可以風；朝將視朝，不識可使寡人得見乎？❶」對曰：「不幸而有疾，不能造朝。」明日，出弔於東郭氏❷。公孫丑曰：「昔者辭以病，今日弔，或者不可乎？」曰：「昔者疾，今日愈，如之何不弔？」王使人問疾，醫來。孟仲子對曰❹：「昔者有王命，有采薪之憂❸，不能造朝；今病小愈，趨造於朝，我不識能至否乎？」使數人要於路❺，曰：「請必無歸，而造於朝。」不得已，而之景丑氏❻宿焉。景子曰：「內則父子，外則君臣，人之大倫也；父子主恩，君臣主敬，丑見王之敬子也，未見所以敬王也。❼」曰：「惡！是何言也❽！齊人無以仁義與王言者，豈以仁義為不美也？其心曰：『是何足與言仁義也』云爾，則不敬莫大乎是。我非堯舜之道，不敢以陳於王前，故齊人莫如我敬王也。」景子曰：「否，非此之謂也。禮曰：『父召無諾❾，君命召，不俟駕❿。』固將朝也，聞王命而遂不果，宜與夫禮⓫若不相似然。」曰：「豈謂是與？曾子曰：『晉楚之富，不可及也；彼以其富，我以吾仁；彼以其爵，我以吾義，吾何慊乎哉⓬！』夫豈不義，而曾子言之，是或一道也⓭。天下有達尊三⓮：爵一，齒一，德一；朝廷莫如爵，鄉黨莫如齒，輔世長民莫如德。惡得有其一，以慢其二哉！故將大有為之君，必有所不召之臣⓯；欲有謀焉，則就之。其尊德樂道，不如是，不足與有為也。故湯之於伊尹，學焉而後臣之；故不勞而王。桓公之於管仲，學焉而後臣之；故不勞而霸，今天下，地醜德齊，莫能相尚⓰；無他，好臣其所教，而不好臣其所受教⓱。湯之於伊尹，桓公之於管仲，則不敢召；管仲且猶不可召，而況不為管仲者乎⓲！」

註釋

❶「王使人來曰」五句——孟子將朝見齊王，齊王差人來說：「我本要來就見請教，不幸患了寒疾，不可以吹風。明天，我將臨朝，不知道你能不能來，使我見到。」這實在一段不誠實的客套話。孟子聽了，那能不知道。因之孟子也說：「對不起，（我）也不幸生了病，不能去（造）朝見。」

❷出弔於東郭氏——去東郭家弔喪，東郭氏，齊國的大夫。

❸采薪之憂——朱註：「言病不能采薪，謙辭也。」

❹孟仲子——趙岐注：孟子的從弟。

❺使數人要於路——要，攔截。擋住。仲子派了好幾個人到各通路找孟子，要他「必不能回家，要到（造）朝廷去見王。」

❻景丑氏——齊國的大夫。
❼景子曰——景子對孟子說：「君臣父子，人之大倫。父子恩，君臣敬，我看齊王敬你，卻未看到你敬齊王。」
❽惡！是何言也！——孟子善辯，從這幾句答話裡便看得出來。他說：「誰說我不敬齊王？齊人沒有一個人向王陳說仁義的，真是太不敬重齊王了！他們認為不屑向王陳說仁義、因為王不可能成為仁義之君？而只有我，我尊敬王，認為他能行仁政，成為一個重仁義的有道之君。所以，不是堯、舜的聖人之道，我不敢向王晉言。齊人都不如我的敬重王！」
❾父召無諾——《禮記．曲禮》上：「父召無諾。先生召無諾。『唯』而起。」王夢鷗老師說：「諾、漫應語，意緩，近怠慢。唯、亦答聲。意急，表敬謹。」（正中書局：《禮記選註》）
❿君命召，不俟駕——見《論語．鄉黨篇》。若國君要召見，孔子通常是不等車駕齊備便出發。
⓫「固將朝也」三句——本來要去朝見齊王的，聽到王的相召，反而取消了朝見的行動，同「禮」似乎不相合。（即不合禮）。（宜、恐怕，大概。）
⓬曾子曰——晉國楚國的財富，是比不上的。他有錢財，我有仁德。他有尊爵，我有禮義。我有什麼不滿（慊）的！
⓭夫豈不義，而曾子言之，是或一道也——難道曾子的話不合宜嗎？或者其中有一些道理。
⓮天下有達尊三——天下受人推崇的（達尊）有三樣，朝廷中的爵位，鄉黨中的壽者（齒，鄉黨序

齒，即以年齡分長幼之序），輔導君王治理（長民，即為人民之首長）人民莫如德。那可以有一樣，而看輕（慢）其他兩樣呢？

這裡，我們要特別說明：孟子主張「賢者在位，能者在職。」（公孫丑上）「唯仁者，宜居高位。」（離婁上）孟子所說的位，我們管見，認為是古代三公的地位。《尚書》卷十八周官云：「茲維三公，論道經邦。燮理陰陽。官不必備，惟其人。」論道，論治理國家之道。薩孟武老師說：「漢世三公，只有丞相一人。一人而稱三公，蓋三公不是指三種職官。凡坐而論道，燮理陰陽，均稱三公。」（《儒家政論衍義》頁三八六）舜之於堯，伊尹之於湯，周公、召公之於周，都屬三公之位。國君要向他們就教，而不是他們朝見國君。

⑮故將大有為之君，必有所不召之臣——是故將有大作為的國君，必定要有不可以召喚（即來）的臣子。若有計劃（謀），必須前往就教。

⑯今天下，地醜德齊莫能相尚——醜、類似。方今天下諸國，大小相似，德性（指風習）也差不多。誰也不比誰強。

⑰好臣其所教，而不好臣其所受教——好音浩，愛好，喜歡。動詞。喜歡聽國君話的人為臣子。（臣在此也是動詞。）不喜歡以能教導他的人為臣子。

⑱「湯之於伊尹」五句——湯不敢隨便召喚伊尹，桓公不敢召管仲。管仲這等人物齊桓公都不敢召他，何況不屑於當管仲的我呢？

語譯

孟子將見齊王。

王差人來告訴孟子說：「我本來要來拜見。得了寒病，不可以吹風。（所以未果來。）明天我將視朝，不知您可否能讓寡人見到？」

（孟子當然知道齊王的話不老實。於是他說：）「很不幸也得了病，明天不能上朝。」

次日，他卻（故意的）到東郭家弔喪。

公孫丑（應該是老實人）說：「您昨天說有病不能上朝，今天卻去弔喪，或者不太好吧？」

孟子說：「昨日說生病，今天已經好了，如何不去弔喪？」

誰知道齊王竟差了人來探病，而且帶了醫師同行。

孟子的兄弟孟仲子（只好）說：「前有王命，不巧家兄染了微疾，不克造朝。今日病稍微好了些，已經去朝廷了，不知道到不到得了！」

於是孟仲子立即派了幾批人去堵孟子，告訴孟子：「請千萬莫回家，要去上朝。」

孟子不得已，只好到景丑家借住。（躲起來。）

景丑說：「父子、君臣，人之大倫。父子主恩，君臣主敬。在下只看見齊王對您尊重，卻沒看到您敬重王！」

孟子說：「哇，這是甚麼話？齊人沒有一個向大王說仁義的，並不是不知道仁義的好處，而是他們心中認為不屑向王談仁義。（認為王不配。）說到不敬，難道還有比這更不敬的？我對齊王，不是堯舜的大道理，我不敢向大王說。所以說：「齊人都不如我敬重大王。」

景子說：「不，不是這樣的。《禮經》中說：『父召子，連應都來不及便起身。國君召，不等車駕套好便起行。』您本來是要朝見大王的。聽到王的召見，您反而打消了去朝見的意思。是不是和《禮經》中所說不太相合吧？」

孟子說：「你認為是如此嗎？曾子曾說：『晉、楚兩國的富足，無人可敵。但是，他有富，我有仁。他有爵，我有義。和他們相比，我少了什麼呢？』這些話如果不合乎禮，曾子為什麼要說呢？這裡面或許包含著某一些道理吧？天下有三樣東西最尊貴：一是爵位，一是壽命，一是道德，在朝廷中，最尊貴的是爵位。在鄉里中，最尊貴的是高壽。在輔佐君主治理百姓方面，最重要的莫過道德。怎麼可以特別尊重其中之一，而輕視其他兩點？所以，大有為的君主，必有召喚不動的臣子。國君想商量什麼大事，就必須親自去訪問臣子。要注重道德，樂行大道。若不如此，就不值得和他共同成就大事。是以湯王對於伊尹，先向他學習，再以他為臣。所以才能不勞而成功。桓公對於管仲，也是如此，才能稱霸天下。如今天下諸侯，國的大小差不多，風習相似，誰也不聽誰。不是別的，因為他們只任用聽話的人為臣子。卻不能將那些可以教導他們的人為臣子。商湯之於伊尹，桓公之於管仲，都不敢召喚。連管仲那號人物都召喚不動，何況不屑於當管仲那一樣人的我呢！」

分析

這是一篇十分精彩的對話。它不但說明了「明君要有不召之臣」，更顯出孟子的辯才。

《論語》中說：孔子不喜歡欺主的陽貨。陽貨卻想見孔子。當時，陽貨是卿，孔子是士。陽貨使了一點手段，他打探到孔子不在家時，送給孔子一大塊鹹肉。於禮，士必須於事後到卿的家中面謝。孔子也耍了一點手段，他打探出陽貨不在家的時候去回拜。誰知天不從人願，兩方人馬在路上碰到了，孔子只好拜見陽貨。

於是陽貨大辣辣的責備孔子：「自己有本領，卻聽任國家亂糟糟，你這能稱得上仁嗎？」

孔子恭恭敬敬的回答道：「不可以。」

陽貨又說：「自己想做官理民，卻屢屢錯失機會，這能叫聰明嗎？」

孔子說：「不能！」

陽貨又以長者的口氣說：「日月如梭，歲月是不會等人的！」

孔子說：「是，我要出山作官了。」

這一次遭遇，孔子是被陽貨搶白了一番，居於下風！

十二

陳臻問曰：「前日於齊，王饋兼金一百而不受❶；於宋，饋七十鎰而受❷；於薛，饋五十鎰而受。前日之不受是，則今日之受非也；今日之受是，則前日之不受非也。夫子必居一於此矣。」

孟子曰：「皆是也。當在宋也，予將有遠行；行者必以贐，辭曰『饋贐』❸，予何為不受？當在薛也，予有戒心；辭曰『聞戒』故為兵饋之❹，予何為不受？若於齊，則未有處也❺。無處而饋之，是貨之也；焉有君子而可以貨取乎？❻」

註釋

❶兼金——趙岐注：「以其價兼信於常金，故謂之兼金。」

❷鎰——二十兩為一鎰。

❸行者必以贐，辭曰『饋贐』——旅行出外的人需要旅費，也是俗謂的盤纏。送人盤纏，即是饋贐。

❹聞戒故為兵饋之——聽說有遇兵險的可能，因而送點錢供購買兵器以自衛。

❺未有處也——沒有受禮的理由。

❻是貨之也；焉有君子而可以貨取乎？——（貨、收買。動詞。）這是收買呀！哪有君子可以被收買的？

十三

孟子之平陸，謂其大夫曰：「子之持戟之士，一日而三失伍，則去之，否乎❶？」曰：「不待三。」

「然則子之失伍也亦多矣！凶年饑歲，子之民，老羸轉於溝壑❷，壯者散而之四方者幾千人矣。」曰：「此非距心之所得為也。❸」

曰：「今有受人之牛羊而為之牧之者，則必為之求牧與芻矣❹；求牧與芻而不得，則反諸其人乎？抑亦立而視其死與？」曰：「此則距心之罪也。」

他日見於王曰：「王之為都者❺，臣知五人焉。知其罪者，惟孔距心。」為王誦之❻。

王曰：「此則寡人之罪也。」

註釋

❶一日而三失伍，則去之，否乎？——孟子到了平陸，對邑宰（大夫）說：「假如你的持戟的衛士一天之內犯了三次錯，那麼，是否開除他？」
❷老羸轉於溝壑——老弱（餓）死在山溝裡。之子，指邑宰。
❸非距心之所得為也——這不是我孔距心所能處理的！平陸的邑宰名孔距心。他說此語，意思是把責任推給上司。
❹求牧與芻——（牧牛羊之地也叫牧。）尋求牧場和草料。
❺王之為都者——王所任命為都、邑宰的人。
❻為王誦之——向大王報告（講述）。

十四

孟子謂蚳鼃❶曰：「子之辭靈丘而請士師❷，似也，為其可以言也❸，今既數月矣，未可以言與？」蚳鼃諫於王而不用，致為臣而去❹。齊人曰：「所以為蚳鼃，則善矣；所以自為，則吾不知也❺。」公都子❻以告。曰：「吾聞之也：有官守者，不得其職則去；有言責者，不得其言則去。我無官守，我無言責也，則吾進退，豈不綽綽然有餘裕哉！」

註釋

❶蚳鼃——齊國的大夫。
❷辭靈丘而請士師——辭去靈丘邑宰之職而去任掌禁令、獄訟的士師。
❸似也，為其可以言也——似乎是正確的作法。因為：士師可以向大王晉言。
❹諫於王而不用，致為臣而去——向王進諫，而王不採納，（乃）致仕離去了。
❺齊人曰——（這是針對孟子說的話）齊國人說：（孟子）為蚳鼃出的主意是很好。對自己來說，我們就不知道了！意思是說：孟子說的話王不聽，是否也應該辭去呢？
❻公都子——孟子的弟子。孟子既無官守，也無言責：（他不是地方官，也不是諫官。）所以沒有責任，可以來去自如了。

十五

孟子為卿於齊，出弔於滕❶，王使蓋大夫王驩為輔行❷。王驩朝暮見，反齊滕之路，未嘗與之言行事也❸。公孫丑曰：「齊卿之位，不為小矣；齊滕之路，不為近矣，反之而未嘗與言行事，何也？」曰：「夫既或治之，予何言哉？❹」

註釋

❶出弔於滕——去滕國弔喪。

❷蓋大夫王驩為輔行——蓋、邑名。蓋大夫，蓋邑宰。王驩、齊王寵信的嬖臣。輔行，為孟子的副使。

❸反之而未嘗與之言行事——來去不曾與（齊卿）談行事，為什麼呢？

❹夫既或治之，予何言哉？——事既然有人辦好了，我還有甚麼話說？

十六

孟子自齊葬於魯❶。反於齊，止於嬴。

充虞請曰❷：「前日不知虞之不肖，使虞敦匠事，嚴，虞不敢請；今願竊有請也，木若以美然。」

曰：「古者棺槨無度，中古棺七寸，槨稱之❸；自天子達於庶人，非直為觀美也，然後盡於人心❹。不得，不可以為悅，無財，不可以為悅；得之為有財，古之人皆用之，吾何為獨不然❺？且比化者，無使土親膚，於人心獨無恔乎❻？吾聞之也：君子不以天下儉其親❼。」

註釋

❶孟子自齊葬於魯——孟子是魯人。他的母親去世了，他回魯國。安葬母親。再返回齊國，在齊南之嬴邑休息。

❷「充虞請曰」五句——充虞、孟子弟子。請、問也。「前時您不以充虞為不夠格，使我經營管理

木匠的事。當時情況嚴迫，我不敢問。今願請問，棺木是否太講究了些？」

❸「古者棺槨無度」三句——從前內棺外槨沒有一定的尺度。到了中古，內棺厚七吋，外槨和內棺相稱。

❹「自天子」三句——從天子到庶人，並不是專求（棺槨）的美觀，而後是盡（孝子的）心。

❺「不得」七句——若得不到好木料，當然會不高興。沒錢（置辦），也會不高興。能買到而又有錢可支付，古人都照辦。我為何獨獨不可以呢？

❻比化者，無使土親膚，於人心獨無恔乎？——比、近時。化者，死者。化死者，剛剛去世者。不要讓泥土沾上屍體的皮膚。對於孝子來說，這樣他獨不會不安心嗎？恔、快慰。安心。

❼君子不以天下儉其親——我們對這句話的解釋是：君子不會顧忌天下人的眼光或批評而節省於安葬父母的費用。

十七

沈同以其私問曰❶：「燕可伐與？」孟子曰：「可。子噲不得與人燕，子之不得受燕於子噲❷。有仕於此，而子悅之，不告於王，而私與之吾子之祿爵；夫士也，亦無王命，而私受之於子，則可乎？何以異於是❸！」齊人伐燕。或問曰：「勸齊伐燕，有諸？」曰：

「未也。沈同問：『燕可伐與？』吾應之曰：『可。』彼然而伐之也。彼如曰：『孰可以伐之？』則將應之曰：『為天吏，則可以伐之❹。』今有殺人者，或問之曰：『人可殺與？』則將應之曰：『可。』彼如曰：『孰可以殺之？』則將應之曰：『為士師，則可以殺之❺。』今以燕伐燕，何為勸之哉❻！」

註釋

❶沈同、齊國的大臣。以其私問曰——私下問孟子。

❷子噲、燕王。子之，燕相國。

❸「孟子曰」十二句——孟子說：「可（伐燕）。燕王子噲不該把燕國交給別人。子之不該從燕王子噲手中接受燕國。有一位官員，你喜歡他，私自把你的爵位俸祿都轉給他，而這位讀書人也在沒有王命的情形下私自接受了。如此可以嗎？這和子之私自接受燕國有什麼不同？

❹為天吏，則可以伐之——天吏、上天許可的人。

❺「今有殺人者」十句——殺人者，有國法處治，不可動私刑。殺人者死。要處死殺人者，權在士師。這便是孟子的意思。

❻今以燕伐燕，何為勸之哉——孟子譏齊國伐燕的行為，和燕國子噲子之私相授受的行為差不多。

齊攻燕，有如同類相殘。所以他說：「我為什麼會勸像燕國一樣的齊國去伐燕國呢？」

分析

本章書主旨：誅不義者，必須聖賢。禮樂征伐，必自天子出，才是真正的王道。

十八

燕人畔，王曰：「吾甚慚於孟子❶。」陳賈曰：「王無患焉。王自以為與周公，孰仁且智❷？」王曰：「惡❸！是何言也！」曰：「周公使管叔監殷，管叔以殷畔，知而使之，是不仁也；不知而使之，是不智也。仁智，周公未之盡也，而況於王乎？賈❹請見而解之。」見孟子，問曰：「周公何人也？❺」曰：「古聖人也。」曰：「使管叔監殷，管叔以殷畔也，有諸？」曰：「然。」曰：「周公知其將畔而使之與？」曰：「不知也。」「然則聖人且有過與？」曰：「周公弟也，管叔兄也，周公之過，不亦宜乎？且古之君子，過則改之；今之君子，過則順之。古之君子，其過也，如日月之食，民皆見之；及其更也，民皆仰之。今之君子，豈徒順之，又從為之辭。」

註釋

❶吾甚慚於孟子——慚、慚愧。我愧對孟子。

❷與周公，孰仁且智？——和周公比，誰較有仁心和機智。

❸惡——音烏，感嘆詞。

❹陳賈——齊國大夫。

❺周公之過，不亦宜乎？——管叔為兄，周公為弟。兄弟不相猜。宜其有過也。

分析

本章書孟子強調：知過必改。不可放任過錯。更不可文過飾非。

十九

孟子致為臣而歸❶。王就見孟子曰❷：「前日願見而不可得，得侍同朝，甚喜，今又棄寡人而歸，不識可以繼此而得見乎？」

對曰：「不敢請耳，固所願也。」

他日，王謂時子曰：「我欲中國而授孟子室，養弟子以萬鍾，使諸大夫國人，皆有所矜式，子盍為我言之。❸」時子因陳子❹而以告孟子，陳子以時子之言告孟子，

孟子曰：「然。夫時子惡知其不可也？如使予欲富，辭十萬而受萬，是為欲富乎？季孫曰：『異哉，子叔疑❺！使己為政，不用，則亦已矣，又使其子弟為卿。人亦孰不欲富貴？而獨於富貴之中，有私龍斷焉❻。』古之為市者，以其所有，易其所無者，有司者治之耳❼。有賤丈夫焉，必求龍斷而登之，以左右望，而罔市利，人皆以為賤，故從而征之，征商，自此賤丈夫始矣❽。」

註釋

❶孟子致為臣而歸——孟子致仕、即辭職，歸去。

❷王就見孟子——齊王訪見孟子。就、接近。

❸「王謂時子曰」四句——齊王對他的臣子時子說：「我想在國中給孟子房舍，給他萬鍾（即六萬四千石）粟，供養他的門弟子。使大夫、國人都能有所敬仰（矜）效法（式）的（偶像）。你不妨把我的話告訴他（指孟子）。」

❹陳子——陳臻。時子告訴陳臻。陳臻乃報告孟子。

❺季孫、子叔疑——朱熹注：「不知何時人。」趙岐注：俱為「孟子弟子。」

❻季孫曰——季孫說：「奇怪呀。子叔疑想自己從政，不被錄用。就應罷手。卻又使他的子弟為卿。人誰不想當貴？其人卻欲在富貴之中，搞私人壟斷！」

❼有司者治之耳——古來買賣，已有易無，由有關機關管理。

❽「有賤丈夫焉」五句——有個卑賤的男子，攀上壟斷高處，左右張望，想用網（罔）把所有利潤都撈過來。大家都認為他卑賤，所以向他徵稅。

（註：古時糧粟、米的量器，一豆為四升。一區有四斗。一釜有四區。一鍾為十釜。古時，市置有

司，只管爭訟，不徵稅。因為有卑賤求壟斷之賤人，才開始徵稅。）

二十

孟子去齊，宿於晝❶。有欲為王留行者，坐而言❷。不應，隱几而臥❸。客不悅曰：「弟子齊宿而後敢言❹，夫子臥而不聽，請勿復敢見矣。」

曰：「坐。我明語子：昔者魯繆公，無人乎子思之側，則不能安子思；泄柳申詳，無人乎繆公之側，則不能安其身。子為長者慮，而不及子思❺。子絕長者乎？長者絕子乎？」

註釋

❶晝——齊國西南部的一邑，孟子由齊回鄒必經之地。

❷有欲為王留行者，坐而言——有位想替齊王挽留孟子的人，嚴肅地端坐著，發言。（趙岐註：坐而言，指危坐而言。）

❸隱几而臥——靠著茶几打瞌睡。

❹齊宿而後敢言——齋、齋戒。齋戒一宿，才敢進言。（表示發言者的敬重。）

❺「昔者魯繆公」八句——從前魯繆公時，尊重孔子的孫子子思，常派人在子思身邊，伺候、致意，使子思安心留在魯國。泄柳和申洋（前者為賢人，後者為孔子弟子子張的兒子，子游的女婿。）二人，若無（賢）人在繆公左右，他們就不能安心。你只為長官憂慮，而不為子思慮。是長官跟你過不去，還是你跟長官過不去？」

（註：最後面幾句的解釋不同。讀者宜審慎研求。）

二十一

孟子去齊。

尹士❶語人曰：「不識王之不可以為湯武，則是不明也；識其不可，然且至，則是干澤也；千里而見王，不遇故去，三宿而後出晝；是何濡滯也！士則茲不悅❷。」

高子以告。

曰：「夫尹士惡知予哉！千里而見王，是予所欲也！不遇故去，豈予所欲哉！予不得已也。予三宿而後出晝，於予心猶以為速。王庶幾改之，王如改諸，則必反予。夫出晝而王不予追也，予然後浩然有歸志❸。予雖然，豈舍王哉！王由足用為善❹；王如用予，則豈徒齊民安，天下之民舉安。王庶幾改之，予日望之。予豈若是小丈夫然哉！諫於其君而不受，則怒，悻悻然❺見於其面，去則窮日之力而後宿哉！」尹士聞之曰：「士誠小人也。」

註釋

❶尹士、齊國人。

❷尹士語人曰——尹士告訴人說：「（孟子）不知道齊王不可能成為湯武一流的國君，那是不聰明。知道不可，還要來齊國，目的在於求恩澤，也就是求好處。千里之遠來見齊王，結果不投機，只好（故）離去。可又在晝邑住了三天才肯離開。是多麼的遲緩（濡滯）呀。我可不喜歡。」茲、這樣。濡（音儒）滯、淹久。遲留。尹士的意思是認為孟子故意遲留。想等待好處！

❸浩然有歸志——浩然、朱熹注：「如水之流不可止也。」

❹王由足用為善——此處「由」通「猶」。尚且。足用，足以。

❺悻悻然——怨恨、惱怒的樣子。氣量狹小的表見。見於其面、見同現。怨恨之態現於臉面。

分析

孟子此章書顯示其為「道」，希望齊王能接納他，施行仁政。所以不「窮日之力」才休息，不願走的太急、太快。

二十二

孟子去齊，充虞路問曰：「夫子若有不豫色然❶。前日，虞聞諸夫子曰：『君子不怨天，不尤人。』」

曰：「彼一時，此一時也。五百年必有王者興，其間必有名世者❷。由周而來，七百有餘歲矣，以其數，則過矣；以其時考之，則可矣。夫天未欲平治天下也；如欲平治天下，當今之世，舍我其誰也？吾何為不豫哉？」

註釋

❶夫子若有不豫色然——老師好像有不快樂的樣子。

❷五百年必有王者興，其間必有名世者——五百年必有聖王出，其間又必有舉世聞名的輔導者。

分析

孟子曾教誡他的門弟子，「不怨天，不尤人。」卻自己面有不快的表情。是以他的弟子在離開齊國的路上發問。孟子告訴他：「五百年必有聖王出，現距周武王時代已超過七百年，卻沒有聖王出現。若有，輔導行仁政王道者非我莫屬。「吾何為不豫哉？」為「上天還不想平治天下也！」

二十三

孟子去齊，居休❶。公孫丑問曰：「仕而不受祿，古之道乎？」曰：「非也。於崇❶，吾得見王，退而有去志；不欲變，故不受也❷。繼而有師命，不可以請❸；久於齊，非我志也。」

註釋

❶休、崇——俱是地名。休的故城在今山東滕縣北十五里處。距孟子老家約一百里。崇在何處，無可考。

❷於崇，吾得見王，退而有去志；不欲變，故不受也——孟子見了齊王便有離去之意，而且不想有變更，所以不受祿。

❸繼而有師命，不可以請——師命，師旅之命，意指發生戰爭，不可以請求離開。（當是怕擾亂民心。）

滕文公篇（上）

一

滕文公為世子，將之楚，過宋而見孟子❶。孟子道性善，言必稱堯舜。世子自楚反，復見孟子。孟子曰：「世子疑吾言乎？夫道，一而已矣❷。成覸❸謂齊景公曰：『彼丈夫也，我丈夫也，吾何畏彼哉？』顏淵曰：『舜何人也，予何人也，有為者，亦若是。❹』公明儀曰：『文王我師也，周公豈欺我哉？❺』

「今滕絕長補短，將五十里也，猶可以為善國❻。書曰：『若藥不瞑眩，厥疾不瘳。❼』」

註釋

❶過宋而見孟子——滕文公尚未接任之前，乃是滕國的太子。也就是世子。其時，宋受韓、魏威脅，由商邱遷都彭城（今江蘇徐州）。由滕往楚，必向南經過彭城。

❷夫道，一而已矣——《論語》：子曰：「吾道一以貫之。」孟子的話，根據孔子的話而來。

❸成覸——齊國的勇士。覸，音諫，視也。

❹顏淵曰——「舜是什麼樣的人？我是什麼樣的人？能夠有作為的人，還不都一樣。」意思是：人人努力，人人都可成為堯舜。

❺公明儀曰——公明、雙姓，名儀。他是曾子的學生。他說：「文王是我的老師，周公難道是騙人的？」

❻今滕絕長補短，將五十里也，猶可以為善國——孟子在公孫丑篇中曾過說：「王不待大——湯以七十里，文王以百里。」所以他告訴仍係太子地位的的滕文公說：「取長補短，滕國也有五十里，比湯的七十里（而王）也小不了多少。只要努力，還是（猶）可以建立一個善良行王政的國家。」

❼書曰：「若藥不瞑眩，厥疾不瘳。」——「假如一種藥物不會使服藥的患者頭昏眼花，其病也就

不會好。」瞑眩、眼昏昏，看不清楚。瘳、病痊癒。句出《尚書・商書・說命。》

語譯

滕文公為世子之時，奉命將赴楚國，途經宋國，往見孟子。孟子和他說人性善的道理。言必稱堯舜。

世子自楚返，又經過宋國。他再去見孟子。

孟子說：「世子是懷疑我說的話？夫道，一而已。成覸對齊景公說：『他是大夫，我也是大夫，我怕他什麼？』顏淵說：『舜是什麼人？我是什麼人？只要能夠有作為，還不都一樣。』公明儀說：『文王，我把他當老師看待，周公難道是騙人的？』

「今滕國截長補短，也有五十里之地。還是可以建立一個行王政的善國。《尚書・商書・說命》篇中說：『不會使人眼昏頭暈的藥，是治不了病的。』

二

滕定公薨，世子謂然友❶曰：「昔者孟子嘗與我言於宋，於心終不忘。今也不幸，至於大故，吾欲使子問於孟子，然後行事。」

然友之鄒，問於孟子❷。

孟子曰：「不亦善乎！親喪，固所自盡也❸。曾子曰：『生，事之以禮；死，葬之以禮，祭之以禮，可謂孝矣。❹』諸侯之禮，吾未之學也。雖然，吾嘗聞之矣：三年之喪，齊疏之服，飦粥之食❺，自天子達於庶人，三代共之。」

然友反命，定為三年之喪。

父兄百官皆不欲，曰：「吾宗國魯先君莫之行❻，吾先君亦莫之行也。至於子之身而反之，不可。且志曰：『喪祭從先祖。❼』」曰：「吾有所受之也❽。」

謂然友曰：「吾他日未嘗學問，好馳馬試劍。今也父兄百官不我足也，恐其不能盡於大事。子為我問孟子。❾」

然友復之鄒，問孟子。

孟子曰：「然，不可以他求者也。❿孔子曰：『君薨，聽於冢宰；歠粥面深墨，即位而哭；百官有司，莫敢不哀，先之也⓫。上有好者，下必有甚焉者矣。君子之德風也，小人之德草也；草尚之風必偃。⓬』。是在世子。」

然友反命。世子曰：「然，是誠在我。」五月居廬未有命戒⓭。百官族人，可謂曰知。及至葬，四方來觀之。顏色之戚，哭泣之哀；弔者大悅。⓮

註釋

❶然友——趙岐註：世子的老師。

❷之鄒問孟子——去鄒邑向孟子討教。

❸孟子曰：「不亦善乎！親喪，固所自盡也」——孟子說：「很好。（不是指定公死了好，是說然友奉命來求教於他一事「很好」。）父母親過世，（作兒子的）當然要盡自己的力量（辦後事）。」（「自盡」、盡其在我。不能解為自殺！）

❹曾子曰——這一段話見諸《論語•為政篇》第五條：孟孫問「孝」，孔子說：「無違。」樊遲為孔子駕車，問：「何謂無違？」子曰：「生、事之以禮。死、葬之以禮、祭之以禮。」

❺三年之喪，齊疏之服，飦粥之食——三年之喪，父母親死，兒女必須守喪三年。齊疏之服：用粗布製作、縫衣邊的喪服。齊、衣服縫邊。古代喪服叫「衰」。不縫衣邊的叫「斬衰」。縫衣邊的叫「齊衰」。疏、粗。指粗布。飦、同「饘」、糜粥。這些講研，三代以來自天子至於老百姓，都共同遵守的。

❻宗國魯先君莫之行也——魯、滕始祖都是周文王的後代。周公封於魯，後來，姬姓之國便以魯國為宗國。百官都認為：魯國國君死了，繼任者都不曾遵行過守喪三年的規定。

❼志曰：『喪祭從先祖。』——「志」、記載。可能是「史」。也可能是「文獻」。喪祭從先祖：辦理喪事或祭祀，要遵從祖先的規矩、作法。

❽曰：「吾有所受之也。」——（志）曰：「我應該沿襲承受。」朱註：「上世傳授，不可改也。」

❾「謂然友曰」五句——（世子）對然友說：「我平日不事學問，好騎馬射箭。現在父兄百官不滿意我（不我足），恐怕我無法盡力料理大事，請再為我去向孟子請教。」

❿孟子曰：「然，不可以他求者也。」——孟子說：「對。不能夠苟求他人的。」

⓫「孔子曰」七句——孔子說：「國君去世了，（薨），（政事）都聽從冢宰（丞相）。世子喝粥，臉黝黑（因為沒好好洗臉），來到國君座位前即痛哭流涕。百官和一切官吏也不敢不哀慟。因為太子領頭。」

⓬「君子之德、風也」三句——君子的德行好譬是風。一般人的德行像草。風吹過草上，草便隨風而偃臥。

⓭五月居廬，未有命戒——古禮：天子七月而葬，諸侯五月而葬。大夫三月。定公薨，世子居於喪廬中五月。（所謂喪廬，用土磚砌成不用柱、楣。以草為屏，不加修飾。稱「深闇」、「諒闇」或「諒陰」。五月之中，不曾頒佈任何命令或戒令。百官族人都稱「可」。即稱許。都說「世子」知禮、聰明。

⓮弔者大悅——參加弔喪的人莫不悅服。

語譯

滕定公薨，世子接任，便是滕文公。他對然友說：「我從前經過宋國，曾向孟子討教。心中總未忘記。今遭大故，我想派你去鄒國請教孟子，然後辦理喪事。」

然友到了鄒國，向孟子請教。

孟子說：「世子要你來問我這樣的事，世子真不錯，辦理父母的喪事，為人子者自當全力以赴。曾子曾說過：『父母在生時，為人子者，必須按禮的規定去侍奉他們。父母往生了，也要按禮的規定去安葬，去祭拜。如此，便可說是盡到了孝道。』諸侯喪葬之禮，我沒學過。但我聽說過：孝子守孝三年，穿縫了邊的粗布孝服，喝稀飯。上至天子，下至庶人，夏、商、周三代，都是如此。」

然友回到國內向世子報告。世子（核定依照孟子的意見）守喪三年。世子的父兄輩，朝中的官員，都不贊成。說：「以我們的宗主國魯國為例，魯國的先代君主都沒實行過三年之喪。我國先代的君主也沒行過。在您手中要一反先人的作風，實在不可行。志書中有說過：『喪祭從先祖。』您可以說：『我們行事是上承祖先的規矩。』」

世子乃對然友說：「我從前只喜歡騎馬射箭，不知道作學問。如今父兄百官對我的作法不滿意，請即再去向孟子請教一下，我該如何作。」
於是然友再一次到了鄒國向孟子討教。
孟子說：「是，這件事是不能藉助外人的。孔子說：『君主去世，太子將一切政事都交給首相去處理。太子喝稀飯，憂傷而面目黝黑。一臨孝子之位，便哀哭不已。百官和辦事的人員，不敢不悲哀。因為是太子開了頭，起了領導作用。在上位的人有所作為，在下位的人都會更進一步的仿效。君子之德像風，小人之德像草。風吹過，草便會隨風而倒伏。』所以，一切都由世子決定。」
然友返滕國報命。世子說：「不錯，一卻都靠我自己。」
於是世子住進木旁草蘆中，五個月，沒發布一個命令。朝中百官和世子的父兄輩都很滿意。認為世子知禮。定公安葬之日，四境的人都來觀禮，世子顏色悲傷，哭泣哀痛，弔唁的客人莫不心悅誠服。

三

滕文公問「為國」。
孟子曰：「民事不可緩也❶。詩云：『晝爾於茅，宵爾索綯。亟其乘屋，其始播百穀❷。』民之為道也；有恆產者有恆心，無恆產者無恆心；苟無恆心，放辟邪侈，無不為已。及陷乎罪，然後從而刑之，是罔民也❸。焉有仁人在位，罔民而可為也！是故賢君必恭儉禮下，取於民有制❹。陽虎曰：『為富不仁矣，為仁不富矣❺。』夏后氏五十而貢，殷人七十而助，周人百畝而徹；其實皆什一也。徹者，徹也，助者，藉也❻。龍子曰❼：『治地莫善於助，莫不善於貢。』貢者校數歲之中以為常。樂歲粒米狼戾，多取之而不為虐，則寡取之；凶年糞其田而不足，則必取盈焉。為民父母，使民盻盻然，將終歲勤動，不得以養其父母，又稱貸而益之，使老稚轉乎溝壑：惡在其為民父母也！夫世祿，滕固行之矣❽。詩云：『雨我公田，遂及我私。』❾惟助為有公田。由此觀之，雖周亦助也。設為庠序學校以教之❿；庠者養也，校者教也，序者射也；夏曰校，殷曰序，周曰庠，學則三代共之，皆所以明人倫也。人倫明於上，小民親於下。有王者起，必來取法，是為王者師也。詩云：『周雖舊邦，其命維新。⓫』文王之謂也。子力行之，亦以新子之國。⓬」

使畢戰問「井地」。

孟子曰：「子之君，將行仁政；選擇而使子，子必勉之。夫仁政必自經界始，經界不正，井地不均，穀祿不平。是故暴君汙吏，必慢其經界。經界既正，分田制祿，可坐而定也⓭。夫滕，壤地褊小；將為君子焉，將為野人焉；無君子莫治野人，無野人莫養君子⓮。請野九一而助；國中什一使自賦⓯。卿以下，必有圭田⓰；圭田五十畝，餘夫二十五畝⓱。死徙無出鄉⓲，鄉田同井；出入相友，守望相助，疾病相扶持，則百姓親睦。方里而井，井九百畝；其中為公田，八家皆私百畝，同養公田。公事畢，然後敢治私事；所以別野人也。此其大略也；若夫潤澤之，則在君與子矣。⓳」

註釋

❶民事不可緩也——人民的生產事業，是刻不容緩的。

❷詩云：「晝爾於茅」四句——《詩經・豳風・七月》：「白天弄茅草，晚上（宵）絞繩索。急急忙忙把（豳公的）房子蓋好了，便要開始播種百穀了。」晝、白天。宵、夜晚。於茅、去割茅草。索綯、搓繩子。亟、急急忙忙。乘、修理。整治。

❸「民之為道也」九句——人民一般的行為是：有土地（或職業），便有恆心工作。若沒有，也就沒有心思工作，便會放浪乖僻，從事不正當的事。一旦犯了罪，然後依罪處刑。這是陷害人民的行為。即以現代而言，人民若無田地可耕種，無工作可餬口，豈不變成了所謂的「流氓」、「街民」。他們還不從事偷雞摸狗、殺人越貨？假如政府治理得法，人人有事可作，人人得溫飽，那，這些「放辟邪侈」的事便不會發生了！

❹賢君必恭儉禮下，取於民有制——所以一個賢德的國君，必須認真節儉，對臣子和人民謙遜、平易。向人民收取稅捐，有一定的制度，有所節制。

❺陽虎——孔子時魯人。他原是季氏的家臣，居然挾持季氏，以專魯政。他說：「那些有錢的人乃是不仁道的人。要行仁道，就不應該攢錢成富人！」（我們這個解釋和若干學者相反。但我們揣測，這可能是孟子引用陽虎所說話的真正目的所在。）

❻貢、助、徹——貢、朱註：「夏時一夫授田五十畝，而每天計其五畝之入為『貢』。助：殷時規定，一夫給田一百畝，集合八家，共同幫助耕種政府的公田七十畝。這種作法叫「助」。徹：趙岐注：「耕百畝徹取十畝為賦。徹猶取也。」論語鄭玄注：「周法什一而稅，謂之徹。徹，通也。天下之通法。」助者藉也。藉、借也。（貢者，校數歲之中以為常——將幾年的收成平均取數，即以此數為每年應繳的量。）

❼龍子——古時賢人。他認為助法最好。貢法最不好。因為，豐年足歲，米谷狼籍遍地，多收一點也不為過。卻為常額所限，不能多取。凶年饑歲，若還要照常額收賦，百姓要施肥他的田都無法應付，其困難可知。為民父母者，使人民盻盻然（恨恨的）怒目相向，一年到頭的勞苦，竟無法供養父母。結果要四處告貸，湊足賦額！使老幼葬身溝壑！

❽「夫世祿以下」八句——（官兒們）都有世代的俸祿，這個辦法，滕國已經實行了。

❾詩云：『雨我公田，遂及我私。』——詩經小雅大田：公田，古時井田制，方里而井，井九百畝，其中為公田。餘八家皆私有田百畝。八家耕私田，合力耕公田。豐年收成多，上繳政府的也多。凶年收成壞，上繳的賦也就少了。大田是豐年時人民歡樂，歌頌其上之詩。「雨下到我們的

公田，也落到我們的私田。」這是周朝的詩。所以判定周朝也是行「助」法的。

❿設為庠、序、學、校以教之——庠、序、學、校，都是學校。夏代稱校。殷代稱序。周代稱庠。

⓫周雖舊邦，其命維新——見詩經大雅文王。我們認為：這首詩是歌頌文王的。說：周雖是一個古老的國家，但它的生命日日在革新中。（或謂「其命維新」是說：「文王受天命卻是新近的事。」我們不太同意此說。）

⓬子力行之，亦以新子之國——「你努力行（王道），必能賦予貴國以新的氣象、新的動力。」

⓭經界不正，井地不均，穀祿不平。是故暴君汙吏必慢其經界。經界既正，分田制祿，可坐而定也——劃分田地，必有經緯界線。經界若不正，井田劃分便不均（鈞）勻。結果是所收的穀子也不均，引起糾紛。暴君貪官便會從中牟利。經界若公正，分田制祿的辦法便能好好的實行了。

⓮為君子焉，將為野人焉——滕國雖小，也將有官吏，也將有庶民（野人）。沒有官吏，不能管理庶民，沒有庶民，不能供養官吏。

⓯請野九一而助，國中什一使自賦——請在鄉野實行九一的「助」法。在城市裡實行十分抽一的「貢」法。

⓰圭田——圭，潔。士以廉潔而升級。給予圭田五十畝作獎勵。供祭祀祖先之用。若犯錯，也就是不廉潔了，便收回圭田。

⓱餘夫二十五畝——一家之中，若有未成年的兄弟，另給五十畝地。

⑱死徙無出鄉——死亡了，要遷徙，都不離本鄉。（因為：一離開，他就沒有田地了。）

⑲若夫潤澤之，則在君與子矣——至於如何使這些辦法更臻完善健全，那就要靠你的國君和你去修正（潤澤）了。

語譯

滕文公問「如何治國」

孟子說：「人民的生產是刻不容緩的。《詩經》裡面有說：『白天找茅草，晚上絞繩索。急急忙忙把房子蓋好了，便要播種百穀了。』人民的情況一般如此：有固定的產業或工作，便有穩定的心態。若沒有固定的產業或工作，便會沒有穩定的心態。一切放浪乖僻，作奸犯科的事，都會去幹。等到他們犯了罪，官府便加以刑罰。這是設好羅網讓人民去投，陷害百姓。哪有仁人在位、作出這種陷害人民的事？所以一位賢德君主，必須恭謹將事、生活儉樸，以禮待人民。向百姓徵收賦稅，要有適當的節制。陽虎說：「富者好聚斂，仁者好施金。是以：好聚斂的富人是不仁的人。好施舍的當然也不會聚財了。」夏禹時，民耕五十畝，貢五畝。殷代人民耕七十畝，貢七畝。周時民耕百畝，徹取十畝為賦。其實都是十取一。徹、通也。助、借也。龍子說：「最好的治田的方法便是助。最壞的是貢。」所謂貢，乃是將幾年的收成量加以平均，作為每年徵收之數。豐年收成好到處都有狼籍棄捐的米粒、粟粒，國家多徵一點也不為過，卻只收平均的數。荒年卻仍然要按平均數徵收。為民父母者，讓人民恨恨的，不但不足奉養父母，還要借貸來湊足政府要徵的數目，使老弱者餓死溝壑之中，怎麼說得上是為民父母呢！

「滕國久已實行官員們世代有俸祿的制度。《詩經》中說『雨點下到公田裡，也往私田中灑。』只有實行助法才有公田。可見周代便實行助法的。

「要開辦學校，教育人民倫理道德，全國上下都懂得倫理道德，上下和睦親密無間。有賢君在上，必取法於是……」

四

有為神農❶之言者許行，自楚之滕，踵門而告文公，曰：「遠方之人，聞君行仁政，願受一廛而為氓。❷」文公與之處。其徒數十人，皆衣褐，捆屨織席以為食。❸

陳良之徒陳相，與其弟辛，負耒耜而自宋之滕❹。曰：「聞君行聖人之政，是亦聖人也，願為聖人氓。」

陳相見許行而大悅，盡棄其學而學焉。陳相見孟子，道許行之言曰：「滕君則誠賢君也。雖然，未聞道也。賢者與民並耕而食，饔飧而治。今也滕有倉廩府庫，則是厲民而以自養也，惡得賢？❺」

孟子曰：「許子必種粟而後食乎？」曰：「然。」「許子必織布而後衣乎？」曰：「否，許子衣褐。」「許子冠乎？」曰：「冠。」曰：「奚冠？❻」曰：「冠素。」曰：「自織之與？」曰：「否，以粟易之。」曰：「許子奚為不自織？」曰：「害於耕。」曰：「許子以釜甑爨、以鐵耕乎？❼」曰：「然。」「自為之與？」曰：「否，以粟易之。」

「以粟易械器者，不為厲陶冶；陶冶亦以械器易粟者，豈為厲農夫哉？且許子何不為陶冶，舍皆取諸其宮中而用之？❽何為紛紛然與百工交易？何許子之不憚煩？」曰：「百工之事？固不可耕且為也。」

「然則治天下，獨可耕且為與？有大人之事，有小人之事，且一人之身，而百工之所為備❾；如必自為而後用之，是率天下而路也❿。故曰：或勞心，或勞力。勞心者治人，勞力者治於人。治於人者食人，治人者食於人，天下之通義也。⓫

「當堯之時，天下猶未平，洪水橫流，氾濫於天下；草木暢茂，禽獸繁殖，五穀不登，禽獸偪人⓬；獸蹄鳥跡之道，交於中國。堯獨憂之，舉舜而敷治焉⓭。舜使益掌火；益烈山澤而焚之⓮，禽獸逃匿。禹疏九河，瀹濟漯而注諸海，決汝漢，排淮泗，而注之江⓯。然後中國可得而食也。當是時也，禹八年於外，三過其門而不入，雖欲耕，得乎？

「后稷教民稼穡，樹藝五穀⓰；五穀熟，而民人育。人之有道也，飽食煖衣，逸居而無教，則近於禽獸。聖人有憂之，使契為司徒，教以人倫⓱：父子有親，君臣有義，夫婦有別，長幼有序，朋友有信。放勳曰：『勞之、來之，匡之、直之，輔之、翼之，使自得之，又從而振德之⓲。』聖人之憂民如此，而暇耕乎？

「堯以不得舜為己憂；舜以不得禹皋陶⓳為己憂。夫以百畝之不易為己憂者，農夫也。分人以財謂之惠；教人以善謂之忠；為天下得人者謂之仁，是故以天下與人易，為天下得人難⓴。孔子曰：『大哉堯之為君，帷天為大，帷堯則之；蕩蕩乎民無能名焉。君哉舜也，巍巍乎有天下而不與焉！㉑』堯舜之治天下，豈無所用其心哉？亦不用於耕耳！

「吾聞用夏變夷者，未聞變於夷者也㉒。陳良，楚產也；悅周公仲尼之道，北學於中國，北方之學者，未能或之先也㉓；彼所謂豪傑之士也。子之兄弟，事之數十年，師死而遂倍之㉔。昔者孔子沒，三年之外，門人治任將歸，入揖於子貢，相嚮而哭，皆失聲，然後歸㉕。子貢反築室於場，獨居三年，然後歸。他日，子夏、子張、子游以有若似聖人，欲以所事孔子事之，彊曾子。曾子曰：『不可，江漢以濯之，秋陽以暴之，皜皜乎不可尚已㉖。』今也南蠻鴃舌之人㉗，非先王之道，子倍子之師而學之，亦異於曾子矣。吾聞出於幽谷，遷於喬木者㉘；未聞下喬木，而入於幽谷者。魯頌曰：『戎狄是膺，荊舒是懲。』周公方且膺之；子是之學，亦為不善變矣。㉙」

「從許子之道，則市賈不貳㉚，國中無偽；雖使五尺之童適市，莫之或欺，布帛長短同，則賈相若；麻縷絲絮輕重同，則賈相若；五穀多寡同，則賈相若；屨大小同，則賈相若。」

曰：「夫物之不齊，物之情也。或相倍蓰，或相什伯30，或相千萬；子比而同之，是亂天下也。巨屨小屨同賈，人豈為之哉？從許子之道，相率而為僞者也，惡能治國家？」

註釋

❶神農——上古時人。與伏羲氏、燧人氏，號稱三皇。初民以漁獵為生。據說神農氏用木材製作耒、耜一類的耕稼用器，教人從事農業。他又曾嚐百草，教人治病。春秋戰國時，百家齊鳴。重視農業的農家便抬出神農氏來作為他們的祖師爺。許行、戰國楚人。為神農之言。主君民並耕而食，饔餐而治。饔、趙岐注：朝食曰饔，夕食曰飧。詩經小雅祈父注云：熟食曰饔。

❷願受一廛而為氓——願意接受市區中一間屋，為滕之外來移民。氓，移民。

❸捆屨、織席以為食——編麻鞋、織草席為生。

❹陳良之徒陳相，與其弟辛，負耒耜而自宋之滕——陳良是楚國的儒士。陳相陳辛則是他的弟子。

❺今也，滕有倉廩府庫，則是厲民而以自養也，惡得賢——陳相認為君主要跟人民一起耕種而食，自己煮食又管理國家。現在，滕國有糧倉財庫，這是損害（厲）人民養肥自己，如何能算賢君呢？

❻「奚冠？」「冠素」——「戴什麼樣的帽子？」「白絲綢帽。」奚，什麼。素、絹之精白者曰素。漢詩上山采蘼蕪：「新人工織縑（黄絹），故人工織素。」

❼許子以釜甑爨、以鐵耕乎？——「許子用鍋甑煮飯、以鐵農具耕地嗎？」釜、金屬鍋。甑、蒸飯的瓦器。爨、燒火作飯。

❽舍皆取諸其宮中而用之——什麼東西都從家中拿來用。舍、啥，即什麼東西。宮、家。古代住宅俱可稱宮。秦、漢以後，「宮」才被用來專屬家王的居所。

❾一人之身，而百工之所為備——一個人的衣食住行，須靠各種工匠的產品來配備。（若都要用自己所做的東西，那是帶人民天天奔走道路，不可能有休息了。）

❿是率天下而路也——奔走道路，無時休息。（朱熹注）

⓫「故曰下」七句——所以說，有的人用腦筋，有的人用體力。用腦筋的統治人民。用體力的受用腦力的人統治。受人統治的，供養統治者。統治者受人供養。這是天下通行的道理。（農人拿粟換鐵匠的鐵器種田，並不是迫害鐵匠。鐵匠拿他的耒耜換農民的粟米，當然也不是迫害農人！）

⓬禽獸偪人——偪、逼。

⓭舉舜而敷治焉——堯挑選了舜來分頭治理。敷、遍。布。施。焦循正義：「敷訓布。布，散也。散亦分也。敷治即分治。堯不能一人獨治，故使舜分治之。」

⓮益烈山澤而焚之——烈、用熾烈的火焚燒山澤。

⑮禹疏九河，瀹濟漯而注諸海；決汝漢，排淮泗，而注之江——疏、疏濬。九河、尚書禹貢：「九河既導。」屈萬里先生註云：「古者，黄河下游分為九道，各有專名。即徒駭、太史、馬頰、覆釜、胡蘇、簡、潔、鉤盤、鬲津。」瀹、疏導。濟、漯、水名。決、開鑿。汝水。漢水。排淮泗、清除淮河和泗水的壅塞。注之江，使流入長江。

⑯后稷教民稼穡，樹藝五穀——后稷、相傳為周的始祖。姓姬，名棄。稼、耕種。穡、收割。五穀：稻、黍、稷、麥、菽。（五穀有好幾種說法，不贅。）

⑰使契為司徒，教以人倫——人有衣有食，若安逸而不接受教育，則將和禽獸一樣。聖人（舜帝）有鑑於此，派契作司徒，教導人民以五倫之德。（中華辭典）或謂帝堯派契作司徒。契、姓子。相傳他是殷氏的祖先。）

⑱放勳曰：『勞之來之，匡之直之，輔之翼之，使自得之，又從而振德之』——放勳、史記及馬融均以為帝堯之名。勞、讀去聲，動詞。慰勞。「慰勞他們。招徠他們，開導他們，矯正他們。輔助他們，翼護他們。使他們悠遊自得，又從而時予鼓勵，施與恩惠。」

⑲皋陶——舜時的掌刑官。造律立獄。

⑳分人以財謂之惠；教人以善謂之忠。為天下得人者謂之仁，是故以天下與人易，為天下得人難——把錢分給人家是恩惠。教人行善是忠誠為懷。為天下尋找出一個治理國家的人才是仁的表現。所以說：把天下交給人容易，為天下找得人才卻不易。

㉑孔子曰：『大哉，堯之為君六句——此處所引孔子的話，見於論語泰伯篇第十八、十九兩章。字句略有不同：子曰：「巍巍乎（偉大之貌），舜、禹之有天下也，而不與焉。（意思是：他們雖然有了天下，卻不把天下當作自己的私產。不與焉、不相涉。（上十八章）子曰：「大哉，堯之為君也！巍巍乎，唯天為大，唯堯則之。蕩蕩乎，民無能名焉。」意思是說：至高無上呀，堯這樣的聖君。高高在上呀，唯有天最偉大（無私），唯有帝堯能以天為法。這麼（胸襟）廣大，人民沒辦法用言辭來讚美他！

㉒吾聞用夏變夷者，未聞變於夷者也——我只聽說將華夏（的文明）改變蠻夷，沒聽說用蠻改變華夏。

㉓陳良，楚產也；悅周公、仲尼之道，北學於中國，北方之學者，未能或之先也——陳良是出生在楚國的人，因悅慕周公和孔子的學說，到北邊來在中原學習。北方的學者，或不能比他強呢！他實在可稱之為豪傑之士。

㉔師死而遂倍之——倍、背叛。老師死了，你們便背叛他。

㉕「昔者孔子沒」十一句——從前孔子死了，門人守喪三年。之後，才整理行裝回家。將離開時，大家向子貢行禮告別，大家相對痛哭失聲，然後才動身。子貢獨自留下，在墓場築室，獨居三年，然後才離去。（這一段話是說明孔子弟子對老師的尊敬，顯示陳相、陳辛背師的惡劣。）

㉖曾子曰：『江漢以濯之，秋陽以暴之，皜皜乎不可尚已。』——子貢、子張、子游等人覺得有若

的像貌舉止像孔子，孔子死了，大家對他懷念太深，居然想以侍奉孔子的方式來侍奉有若。曾子說：「不可以，孔子好像是用江漢的水洗濯過，秋天的烈日曝曬過，白潔無比。」（意思是沒人能比得上。）

㉗南蠻鴂舌之人——鴂、伯勞鳥。我們說人「南蠻雀舌」，是說其人口舌不清楚，有輕視之意。陳良楚人，故曰南蠻。

㉘出於幽谷、遷於喬木——賀人搬家，我們常以「喬遷之喜」祝賀。詩經小雅伐木：「伐木丁丁，鳥鳴嚶嚶，出自幽谷，遷於喬木。」是說小鳥從幽暗的山谷中遷居到高大的喬木上。

㉙魯頌曰：『戎狄是膺，荊舒是懲。』周公方且膺之；子是之學，亦為不善變矣。——詩經魯頌閟宮。膺、抵擋。荊，楚的別名。舒，楚的友邦。周公「抵擋戎狄，懲罰荊、舒兩國。」周公都要抵擋北方的戎狄懲罰南方的荊楚，你卻以學他們為是，真是不懂變通！

㉚市賈不貳——賈、價。市賈不貳、不二價。

㉚或相倍蓰，或相什伯——倍、一倍。蓰、五倍。十倍、百倍。（一顆鑽石豈能和一顆沙子同價？）

五

墨者夷之，因徐辟而求見孟子❶。

孟子曰：「吾固願見，今吾尚病；病愈，我且往見。」夷子不來❷。

他日，又求見孟子。

孟子曰：「吾今則可以見矣。不直，則道不見，我且直之❸。吾聞夷子墨者；墨之治喪也，以薄為其道也；夷子思以易天下，豈以為非是而不貴也？然而夷子葬其親厚，則是以所賤事親也❹。」

徐子以告夷子。

夷子曰：「儒者之道，古之人若保赤子❺，此言何謂也？之則以為愛無差等，施由親始。❻」

徐子以告孟子。

孟子曰：「夫夷子信以為人之親其兄之子，為若親其鄰之赤子乎？彼有取爾也。赤子匍匐將入井，非赤子之罪也❼。且天之生物也，使之一本；而夷子二本故也❽。蓋上世嘗有不葬其親者；其親死，則舉而委之於壑❾。他日過之，狐狸食之，蠅蚋姑嘬之❿。其顙有泚，睨而不視⓫。夫泚也，非為人泚，中心達於面目⓬。蓋歸，反虆梩而掩之⓭。掩之誠是也，則孝子仁人之掩其親，亦必有道矣。」

徐子以告夷子。夷子憮然為間，曰：「命之矣⓮。」

註釋

❶墨者夷之，因徐辟而求見孟子——墨子的信徒夷之經由孟子的弟子徐辟求見孟子。

❷夷子不來——夷子莫來。不要來。

❸不直，則道不見，我且直之——不直，不把話說清楚，不糾正，道理現（見）不出來。我來糾正他吧。

❹墨之治喪也，以薄為其道也；夷子思以易天下，豈以為非是而不貴也？——墨子治喪，以簡薄為貴。夷子想拿這一點來變更（易）天下的風習。豈不是說：若不簡單節儉，便不足貴？而夷子親喪，卻以隆重昂貴出名，難道他要以他所輕賤的來事親？

❺若保赤子，惟民其康乂——尚書康誥王曰：「……好像保護嬰孩一樣（對待民眾），那麼百姓便能康樂平安了。」乂、治，平安。（康誥：周成王封康叔以殷民七族的誥命。）

❻之則以為愛無差等，施由親始——之、我。我卻認為愛無差別等級，由父母親開始實行。

❼夫夷子信以為人之親其兄之子五句——夷子以為一個人喜愛他哥哥的兒子、和他喜愛他鄰居的嬰兒相同嗎？（書經上的話。）尚書中的話是有道理的。嬰兒在地上爬，快要摔入井裡。這不是嬰兒的罪，（是大人沒有好好保護他。）

❽且天之生物也，使之一本；而夷子二本故也——天生萬物，都歸根於一個本源，父母是人的本源。夷子偏認為有兩個本源：對於自己的父母要親愛，對於路人，也要像對父母一樣，豈非有兩個本源？

❾舉而委之於壑——抬起來委棄在山溝中。

❿蠅蚋姑嘬之——蚋、蚊子一類的昆蟲。姑、語助詞，姑且。嘬、叮，咬。是說屍體受到狐狸的啃嚼，又受到蒼蠅蚊蚋等昆蟲的咬、吮。

⓫其顙有泚，睨而不視——顙、前額。泚、出汗的樣子。（死者的兒子）數日之後經過棄屍之處，看到狐狸在咬食屍體。蠅蚋吸吮屍體的體液，不覺額頭出汗，斜眼瞥視，不忍多看。

⓬夫泚也，非為人泚，中心達於面目——其人前額冒汗，並不是怕人看見而出汗，實在是內心的不忍而顯現到臉面上。

⓭蓋歸反蘽梩而掩之——蘽——盛土的籠子。梩、鍬鋤一類的鏟土用的工具。因此回家拿了裝泥土的畚箕和掘土的鋤頭等，（把屍體給掩埋起來。）

⓮憮然為間，曰：「命之矣。」——憮然、茫然自失之貌。工作失意貌。悵然。為間，一會兒，說：「明白了。」

分析

墨家主張薄葬。夷子奉行墨子學說，卻用盛大的葬禮葬父母。孟子罵他：「難道要以所輕賤的厚葬父母？」夷子又認為愛無差等。孟子說：「一個人疼愛他胞兄的兒子，難道和疼愛路人的兒子一樣嗎？親愛自己的父母親，難道和親愛路人的父母親程度上相同嗎？」孟子認為夷子搞兩套標準。夷子在聽了孟子的辯說之後，才發現自己的錯誤。歎息說：「受教了。」

從這一篇論說，我們發現：儒家的「推己及人」是十分正確的。「老吾老，以及人之老。」自己的父母親吃不飽，還要去餵飽路人的父母親，在人性上是說不通的。

滕文公篇（下）

六

陳代❶曰：「不見諸侯，宜若小然。今一見之，大則以王，小則以霸。且志曰：『枉尺而直尋』，宜若可為也。❷」

孟子曰：「昔齊景公田，招虞人以旌，不至❸，將殺之。『志士不忘在溝壑，勇士不忘喪其元❹。』孔子奚取焉？取非其招不往也❺。如不待其招而往，何哉！且夫枉尺而直尋者，以利言也。如以利，則枉尋直尺而利，亦可為與❻？昔者趙簡子，使王良與嬖奚乘，終日而不獲一禽。嬖奚反命曰：『天下之賤工也❼。』或以告王良，良曰：『請復之。』彊而後可。一朝而獲十禽。嬖奚反命曰：『天下之良工也。』簡子曰：『我使掌與女乘。❽』謂王良。良不可，曰：『吾為之範我馳驅，終日不獲一；為之詭遇，一朝而獲十❾。詩云：「不失其馳，舍矢如破。❿」我不貫與小人乘，請辭⓫。』御者且羞與射者比；比而得禽獸，雖若丘陵，弗為也⑫。如枉道而從彼，何也！且子過矣：枉己者，未有能直人者也。⑬」

註釋

❶陳代——孟子弟子。

❷「不見諸侯」八句——（您）不會見諸侯，好像是拘於小節。現在若去見他們，大則可以推行王道，小則可以推行霸道。書上有記載：「受一尺的枉曲，得八尺的伸張。」似乎可以一試。尋、八尺。

❸齊景公田，招虞人以旌，不至——田，田獵。虞人、看守苑、囿獵場的小官吏。旌、飾有羽毛的旗子。古代君王有所召喚，必有信物為憑。召喚大夫用旌。召喚士用弓。召喚虞人用皮冠。現齊王用旌召喚虞人，而非皮冠，虞人因而不應召。不到。

❹志士不忘在溝壑，勇士不忘喪其元——元、頭顱。志士不怕死於山溝裡，勇士不懼丟了頭顱。

❺孔子奚取焉？取非其招不往也——孔子稱許他什麼呢？稱許他守禮，不是合於禮的召喚不應召。（這兩句話似乎是稱許虞人的。）

❻且夫枉尺而直尋者，以利言也。如以利，則枉尋直尺而利，亦可為與？——枉尺而直尋，是以謀利的觀點而說的。若枉尋而直尺可以得利，也可以行嗎？

❼趙簡子使王良與嬖奚乘，終日而不獲一禽。嬖奚反命曰：『天下之賤工也』——趙簡子，晉國的大夫趙鞅。王良，善於駕車的人。嬖奚、一個名叫奚的受簡子寵嬖之人。反命、回來覆命。天下之賤工、天下最差勁的御者。

❽我使掌與女乘——女、汝。你。我派他為你駕車。

❾吾為之範我馳驅，終日不獲一。為之詭遇，一朝而獲十——範我馳驅，依照規範駕車奔馳。詭遇、不依規矩。按規矩駕車，一天沒獵獲一隻鳥。不依規矩，一個早晨便獵得十隻鳥。

❿詩云：「不失其馳，舍矢如破——詩經小雅車攻：御馬者，操作純熟，奔馳快速，不失法度。放（舍）出箭去，必能中的。此詩是歌頌周宣王會諸侯田獵於東都的詩。

⓫我不貫與小人乘——貫，習慣。我不習慣同小人一起乘車。

⓬御者且羞與射者比；比而得禽獸，雖若丘陵，弗為也——御者羞於和（違反法度的）射獵者親近。親近而得禽獸，即使如小山那麼高，也不作。

⓭枉己者，未有能直人者也——自身不正的人，是不可能使別人正直的。王良雖是個駕車的車伕，卻羞於和不遵守規矩的射者同車。孟子以此誡人的守法。

七

景春曰：「公孫衍、張儀，豈不誠大丈夫哉？一怒而諸侯懼，安居而天下熄。❶」

孟子曰：「是焉得為大丈夫乎！子未學禮乎？丈夫之冠也，父命之❷；女子之嫁也，母命之，往送之門戒之曰：『往之女家，必敬必戒，無違夫子。』以順為正者，妾婦之道也❸。居天下之廣居，立天下之正位，行天下之大道❹；得志與民由之，不得志獨行其道❺；富貴不能淫，貧賤不能移，威武不能屈：此之謂大丈夫❻。」

註釋

❶公孫衍，魏國人。又名犀首。張儀，戰國時魏人。為秦相。瓦解蘇秦的促使六國連盟的「合縱」。游說六國事秦。他和蘇秦同是鬼谷子的弟子。景春認為：此二人能說動諸侯，或聯合作戰，或反臉相向。他們一怒，便能使諸侯互相攻伐。諸侯都害怕。他們若安居不動，那天下也就平安無事。好像火熄了。所以，他們應可以算是大丈夫。景春，人名。與孟子同時。

❷丈夫之冠也，父命之——男子二十歲而冠。加冠時，父親會給他說一些如何作成人的話。

❸女子之嫁也，母命之，往送之門戒之曰：『往之女家，必敬必戒，無違夫子。』以順為正者，妾婦之道也——女子出嫁，母親會對她訓話。把她送到門口，教誡她說：「離開去汝（女）家，一定要恭敬、謹慎。不要違背丈夫。」以順從為宗旨，才是為人妻的大原則（道）。

❹居天下之廣居，立天下之正位，行天下之大道——住於天下最廣大的宅子（仁）裡（宅仁而處），站在天下最方正的位子（禮）上，行走在天下最偉大的路（義）上。

❺得志，與民由之，不得志，獨行其道——得志時，同人民一起遵大道而行。不得志時，獨善其身。

❻「富貴不能淫」三句——富貴不至於使其人腐化，貧賤不能使其人改變節操。威脅武力不能使其人屈服投降。這才是大丈夫。

八

周霄❶問曰：「古之君子仕乎？❷」

孟子曰：「仕。傳曰：『孔子三月無君，則皇皇如也。出疆必載質。❸』公明儀曰：『古之人三月無君則弔。❹』」

「三月無君則弔，不以急乎？❺」

曰：「士之失位也，猶諸侯之失國家也。禮曰：『諸侯耕助以供粢盛，夫人蠶繅，以為衣服。』犧牲不成，粢盛不潔，衣服不備，不敢以祭。『惟士無田，則亦不祭。❻』牲殺，器皿，衣服不備，不敢以祭，則不敢以宴；亦不足弔乎❼？」

「出疆必載質，何也？」

曰：「士之仕也，猶農夫之耕也；農夫豈為出疆，舍其耒耜哉！❽」

曰：「晉國，亦仕國也，未嘗聞仕如此其急；仕如此其急也，君子之難仕，何也？❾」

曰：「丈夫生而願為之有室，女子生而願為之有家；父母之心，人皆有之❿；不待父母之命，媒妁之言，鑽穴隙相窺，逾牆相從，則父母國人皆賤之⓫。古之人未嘗不欲仕也，又惡不由其道；不由其道而往者，與鑽穴隙之類也。⓬」

註釋

❶周霄——魏人。

❷古之君子仕乎？——古代的君子作官嗎？

❸傳曰：『孔子三月無君，則皇皇如也。出疆必載質。』——皇皇如、心不安貌。坐立不安。質、同贄。初見面時送人的禮物。書上說：孔子三個月沒見國君，便心神不安。離國出疆界去他國，必攜帶用以呈送他國國君的禮物。

❹公明儀曰：『古人三月無君則弔』——古人三個月沒有得到君主的任用，就要去慰問他。

❺三月無君則弔，不以急乎？——三個月沒被君主任用需要慰問，不會太急促一點嗎？

❻禮曰：『諸侯耕助以供粢盛，夫人蠶繅，以為衣服』犧牲不成，粢盛不潔，衣服不備，不敢以祭。『惟士無田，則亦不祭』——粢盛、古時裝在祭器中祭祀上天和祖先的穀類。如稻、粱、麥、黍、稷之類。蠶繅、養蠶抽絲以製衣服。古時諸侯親耕生產祭祀用的穀物。諸侯的夫人們親自養蠶、抽絲供縫製祭祀時穿著的衣服。犧牲用的牲畜若不肥壯（成），祭祀用的穀物否乾淨，祭服不齊備，就不敢舉行祭禮。如果士沒有祭田，也不能行祭禮。

❼牲殺，器皿，衣服不備，不敢以祭，則不敢以宴，亦不足弔乎？——牲畜、器皿、祭服都不齊備，就不敢用來祭祀。因此也就不能舉行宴會。這還不該慰問嗎？

❽士之仕也，猶農夫之耕也；農夫豈為出疆，舍其耒耜哉？——士人之作官，一如農夫之耕田。農夫豈能因為出國而捨棄他的耒耜嗎？（這個譬喻似乎不十分恰當。）

❾君子之難仕，何也？——君子為什麼不容易出任官職呢？

❿丈夫生四句——男孩子出生了，希望給他娶媳婦。女孩子出生了，希望給她找婆家，父母之心都一樣。

⓫不待父母之命，媒妁之言，鑽穴隙相窺，逾牆相從，則父母國人皆賤之——從前男女嫁娶，都由父母之命，媒妁之言。若挖洞相窺，踰牆幽會，父母國人都會看不起。

⓬「古之人未嘗不欲仕也」四句——古人何嘗不想作官，但討厭不由正道。不由正道而取得官職，和那些鑽洞踰牆的人豈非一類？（那當然也會讓人輕視了。）

九

彭更問❶曰：「後車數十乘，從者數百人，以傳食於諸侯，不以泰❷乎？」

孟子曰：「非其道，則一簞食不可受於人；如其道，則舜受堯之天下，不以為泰❸，子以為泰乎？」

曰：「否。士無事而食，不可也❹。」

曰：「子不通功易事，以羨補不足，則農有餘粟，女有餘布；子如通之，則梓匠輪輿，皆得食於子❺。於此有人焉：入則孝，出則悌；守先王之道，以待後之學者；而不得食於子。子何尊梓匠輪輿，而輕為仁義者哉！」

曰：「梓匠輪輿。其志將以求食也。君子之為道也，其志亦將以求食與❻？」

曰：「子何以其志為哉！其有功於子，可食而食之矣。且子食志乎？食功乎❼？」

曰：「食志❽。」

曰：「有人於此，毀瓦畫墁，其志將以求食也，則子食之乎❾？」

曰：「否。」

曰：「然則子非食志也，食功也。❿」

註釋

❶彭更——孟子的弟子。

❷泰、過分。太。孟子身後幾十輛車、從人幾百，到一處受一處諸侯的供養，不是太過分了些？

❸非其道，則一簞食不可受於人；如其道，則舜受堯之天下，不以為泰——孟子答覆彭更說：「若取之不合道理，他人一小筐（簞）的食物也不可接受。若合乎道理，舜從堯那裡接受了整個天下也不過分。

❹彭更再說：「士無事而食，不可也。」——「士人什麼也沒做，白吃人的飯食，那可不成！」

❺（孟子）曰：「子不通功易事」六句——通功易事、交換功夫，流通事物。羨、剩餘。意思是說：假如你不交換技術，不買賣物事，拿剩餘的東西去補助不足的人，則農人有太多賣不出去的粟，織女有許多銷不出去的布。假如你通功易事，那麼木工（梓匠）車匠（輪輿）都能在你處（憑技術、功夫）取得食物了。」

❻彭更不服氣，再問：「木工車工，他們的目的，便在謀食。君子追求道，難道也是以謀食為目

的？」

❼孟子反駁：「你為什麼要管他的目的、他的意圖呢？因為他們為你作了事，有功。可以用飯（來回報）請他們吃。你是因為他們的意圖而給他們吃飯、還是因為他們的工作？」

❽彭更還要辯。「因為他們的目的，他們的意圖。」

❾孟子說：「若有人毀壞你家的屋瓦，亂塗汙你家的粉牆（墁），他的意圖是求食，你給他吃飯嗎？」

❿最後彭更認為廢瓦汙牆的人，雖志在求食，卻不可給他。孟子終於得意的說：「你還是因為人替你工作、有功於你，你才給他飯吃的。不是因為他志在謀食。」

十

萬章問曰：「宋，小國也，今將行王政；齊楚惡而伐之，則如之何？」

孟子曰：「湯居亳，與葛❶為鄰，葛國放而不祀，湯使人問之曰：『何為不祀？』曰：『無以供犧牲也。』湯使遺之牛羊，葛伯食之，又不以祀。湯又使人問之曰：『何為不祀？』曰：『無以供粢盛也。』湯使亳衆，往為之耕，老弱饋食；葛伯率其民，要其有酒食黍稻者，奪之，不授者，殺之；有童子以黍肉餉，殺而奪之。書曰：『葛伯仇餉。』此之謂也❷。為其殺是童子而征之；四海之內，皆曰：『非富天下也，為匹夫匹婦復讎也。』湯始征，自葛載❸；十一征而無敵於天下。東面而征西夷怨，南面而征北狄怨。曰：『奚為後我？❹』民之望之，若大旱之望雨也；歸市者弗止，芸者不變；誅其君，弔其民，如時雨降，民大悅。書曰：『徯我后，后來其無罰。❺有攸不為臣，東征，綏厥士女，篚厥玄黃，紹我周王見休，惟臣附於大邑周。❻』其君子，實玄黃於匪以迎其君子，其小人簞食壺漿，以迎其小人。救民於水火之中，取其殘而已矣。❼太誓曰：『我武惟揚，侵於之疆，則取於殘，殺伐用張，於湯有光。❽』不行王政云爾，苟行王政，四海之內，皆舉首而望之，欲以為君；齊、楚雖大，何畏焉！」

註釋

❶葛——夏嬴姓侯國。（孟子趙註：地當今河南寧陵縣北。放而不祀：放縱而不祭祀先人。

❷「葛伯率其民」九句——湯派亳人去為葛耕種。老弱者為之送飯食。葛伯卻率人邀（要）襲那些帶著酒菜米飯的人。對不肯交出飯菜的人便予以誅殺。有一個男孩去送黍飯和肉，葛伯不但奪去了他的食物，還把小孩也給殺了。書經上說：「葛伯仇餉。」餉、餽也。

❸湯始征，自葛載——載、始。尚書書序「湯征諸侯，葛伯不祀。湯始征之，作湯征。」湯征篇

已佚。

❹奚為后我——為什麼要把我們放在最後呢？當時，各地人民受到統治者的壓迫，都盼望湯王早點來解救他們。好像大旱時盼望下雨一樣。

❺徯我后，后來其無罰——等候我們的王到來。王來了，我們便能擺脫痛苦了（這兩句話和梁惠王中所引「徯我后，後來其蘇。」兩句話，朱熹認為是尚書中商書仲虺之誥中。但今日我們所讀到二十九篇的尚書中，有商書，卻無仲虺之誥。）

❻「有攸不為臣」六句——攸、國名，不肯臣服，（周王）向東討伐。安撫其（綏厥）男女百姓；用筐子裝滿了黑色黃色（玄黃）的幣帛，追隨（紹）我周王，再美不過了。永遠作大周的臣民。

❼其君子，實玄黃於匪，以迎其君子。其小人簞食壺漿，以迎其小人。救民於水火之中，取其殘而已矣——君子裝滿（實）黑色黃色的幣帛於筐中以迎接周的君子。小民用筐盛飯，以壺盛酒，迎接周的小民。救民於水深火熱之中，除去其殘暴之君罷了。

❽太誓曰：『我武惟揚，侵於之疆，則取於殘，殺伐用張，於湯有光。』——發揚我們的威武，攻入於國的疆土。除去殘暴的君主，把該除去的俱予清除。功績比湯王猶顯著。

十一

孟子謂戴不勝曰：「子欲子之王之善與❶？我明告子：有楚大夫於此，欲其子之齊語也，則使齊人傅諸？使楚人傅諸？」

曰：「使齊人傅之。」

曰：「一齊人傅之，衆楚人咻之，雖日撻而求其齊也，不可得矣❷。引而置之莊嶽之間，數年；雖日撻而求其楚，亦不可得矣❸。

子謂薛居州善士也，使之居於王所。在於王所者，長幼卑尊皆薛居州也，王誰與為不善❹？在王所者，長幼卑尊皆非薛居州也，王誰與為善？一薛居州，獨如宋王何？❺」

註釋

❶子欲子之王之善與？——你要你的君王向善嗎？

❷「一齊人傅之，眾楚人咻之，雖日撻而求其齊也，不可得矣——一個齊人為師傅教他齊國話。眾多的楚人以楚語對他喋喋不休的干擾他，雖然天天鞭打他，他也學不好齊語的。

❸引而置之莊嶽之間，數年；雖日撻而求其楚，亦不可得矣——如果將其人安置在（齊國）莊嶽街里中，居留數年，即使每天鞭打他要他說楚國話，也是不能夠的。

❹子謂薛居州善士也，使之居於王所。在於王所者，長幼卑尊皆薛居州也，王誰與為不善？——你說薛居州是個好人，讓他住在王宮中。假如王宮中的大大小小都是薛居州，地位高、低的人都是薛居州，那麼，宋王會同誰作出不好的事來呢？（反之，宋王能同誰作出好事來呢？）

❺一薛居州，獨如宋王何？——只有一個薛居州，單獨能對宋王如何呢？

十二

公孫丑問曰：「不見諸侯，何義？」

孟子曰：「古者，不為臣不見，段干木踰垣而辟之❶，泄柳閉門而不內❷。是皆已甚；迫，斯可以見矣。陽貨欲見孔子，而惡無禮，大夫有賜於士，不得受於其家，則往拜其門；陽貨矙孔子之亡也，而饋孔子蒸豚❸，孔子亦矙其亡也，而往拜之❹；當是時，陽貨先，豈得不見！曾子曰：『脅肩諂笑，病於夏畦。❺』子路曰：『未同而言，觀其色，赧赧然，非由之所知也。❻』由是觀之，則君子之所養，可知已矣。❼」

註釋

❶段干木踰垣而辟之——段干木，魏文侯時的賢人。文侯要看望他，他踰牆而避之。

❷泄柳閉門而不內——泄柳，魯穆公時賢人。穆公來看他，他緊閉大門不接納（內）。在古代，不是臣屬，便不拜見國君。孟子認為，像段干木和泄柳，國君來見，一個跳牆避開，一個杜門不納，都有點過分。急迫之時，也還是可以相見的。論語陽貨篇中載：陽貨是魯國的大夫，想見孔子，又怕失禮（惡無禮）。依照當時的風習：大夫若賜給士以禮物，而士適不在家，則事後士要登門拜謝大夫。

❸陽貨矙孔子之亡也，而饋孔子蒸豚——陽貨覘視孔子不在家（亡），餽贈孔子蒸小豬。意思是要孔子往見。

❹孔子亦矙其亡也，而往拜之——孔子也先看準陽貨不在家時往拜見。

❺曾子曰：『脅肩諂笑，病於夏畦！』——「聳起雙肩，一臉肉麻的奉承笑容，比夏天在田畦中工作還辛苦！」

❻子路曰：『未同而言，觀其色，赧赧然，非由之所知也。』——子路說：「和沒有共同觀點的人交談，看他臉上的顏色。紅紅的，很不自在的樣子。這樣的場合，我仲由不知道！」

❼君子之所養，可知已矣。——孟子說：「由這樣看來，君子如何修養品德，（不輕易見諸侯），就可明白了。

十三

戴盈之❶曰：「什一，去關市之征，今茲未能。請輕之，以待來年然後已，何如❷？」孟子曰：「今有人，日攘❸其鄰之雞者，或告之曰：『是非君子之道。』曰：『請損之，月攘一雞，以待來年然後已。』如知其非義，斯速已矣，何待來年？」

註釋

❶戴盈之、宋國的大夫。
❷什一去關市之征，今茲未能。以待來年然後已，何如？——戴盈之意欲行什一之稅，去關口和市場中的捐稅。他說：「現在不能去掉，且減輕一些，明年再實行。如何？」
❸攘——竊取。

十四

公都子❶曰：「外人皆稱夫子好辯，敢問何也？」

孟子曰：「予豈好辯哉！予不得已也。天下之生久矣❷；一治一亂。

「當堯之時，水逆行，氾濫於中國。蛇龍居之，民無所定。下者為巢，上者為營窟❸。書曰：『洚水警余。❹』——洚水者，洪水也。使禹治之。禹掘地而注之海，驅蛇龍而放之菹❺，水由地中行，江、淮、河、漢是也。險阻既遠，鳥獸之害人者消，然後人得平土而居之。

「堯舜既沒，聖人之道衰。暴君代作，壞宮室以為汙池，民無所安息；棄田以為園囿，使民不得衣食❻；邪說暴行又作；園囿汙地，沛澤❼多而禽獸至。及紂之身，天下又大亂。周公相武王，誅紂伐奄；三年討其君❽，驅飛廉於海隅而戮之❾；滅國者五十，驅虎豹犀象而遠之。天下大悅。書曰：『丕顯哉文王謨！丕承哉武王烈！佑啓我後人，咸以正無缺❿。』

「世衰道微，邪說暴行有作⓫。臣弒其君者有之，子弒其父者有之。孔子懼，作春秋；春秋，天子之事也⓬。是故，孔子曰：『知我者，其惟春秋乎！罪我者，其惟春秋乎！』

「聖王不作，諸侯放恣，處士橫議，楊朱⑬、墨翟之⑭言盈天下；天下之言，不歸楊則歸墨。楊氏為我，是無君也；墨氏兼愛，是無父也；無父無君，是禽獸也⑮。公明儀曰：『庖有肥肉，廄有肥馬；民有飢色，野有餓莩⑯，此率獸而食人也。』楊墨之道不息，孔子之道不著，是邪說誣民，充塞仁義也⑰。仁義充塞，則率獸食人，人將相食。吾為此懼，閑先聖之道，距楊墨；放淫辭，邪說者不得作⑱。作於其心，害於其事；作於其事，害於其政⑲。聖人復起，不易吾言矣。

「昔者禹抑洪水，而天下平；周公兼夷狄，驅猛獸，而百姓寧⑳；孔子成春秋，而亂臣賊子懼。詩云：『戎狄是膺，荊舒是懲，則莫我敢承㉑。』無父無君，是周公所膺也。我亦欲正人心，息邪說，距詖行，放淫辭，以承三聖者㉒。豈好辯哉？予不得已也！能言距楊墨者，聖人之徒也。」

註釋

❶公都子——孟子弟子。

❷天下之生久矣——世界已存在很久了。

❸下者為巢，上者為營窟——野處穴居。下面的，在樹上建巢。在高處的，挖洞穴而居。

❹書曰：洚水警余——洚水、洪水。洪水警告我們。

❺（禹）驅蛇龍而放之菹——菹、多水的沼澤地。禹驅走蛇龍，將牠們放逐到沼澤中。

❻暴君代作，壞宮室以為汙池，民無所安息；棄田以為園囿，使民不得衣食——殘暴的君主一個接一個。把居屋（宮室）破壞掉作成深池，使人民無所安息。棄田地以作園囿，使人民不得衣食。宮室，古來居屋都可稱宮室。後來，只有帝王之居才稱宮室。汙池、豬池。沒有源頭、也沒有出口的深池。

❼沛澤——沛、草木所生也。澤、水也。

❽誅紂伐奄；三年討其君——周公佐武王，三年內消滅了商紂，討伐了東部的奄國。

❾驅飛廉於海隅而戮之——飛廉是紂王寵幸的臣子。

❿書曰：『丕顯哉，文王謨！丕承者，武王烈！佑啟我後人，咸以正無缺——多麼顯耀呀，文王的謀略（謨）。多偉大的繼承者，武王的功烈。保佑啟發我們後輩子孫，都能公正完美，沒有缺點。

⓫世衰道微，邪說暴行有作——（周東遷之後）末世衰運，大道不振。邪說流行，暴行時有發生。

⓬孔子懼，作春秋；春秋，天子之事也——孔子震驚，遂作春秋，春秋褒善貶惡，本來是天子的職責。所以孔子說：「了解我的，可經由春秋這部書。怪罪我的，也只有這部春秋吧。」

⓭楊朱、戰國初魏國人。字子居。有說他曾是老子弟子。遺書不傳。惟散見於列子、孟子諸書中。蕭公權中國政治思想史將他歸入道家。生卒年約為公元前三九五至三三五年。他主張「惟我」。

孟子說他「拔一毛而利天下，不為也。」

⑭墨翟——魯人。生卒年不可考。約當公元前四九〇至四〇三。力主兼愛、節用。現存墨子五十三篇。

⑮「聖王不作」十二句——聖明的君王不出現，諸侯放恣胡為。一般士人政客，亂發意見。楊朱和墨翟的言論滿天下。天下人所講求的，若非屬於楊朱一派，便是屬於墨翟一派。楊主為我，墨主兼愛，惟我是無君。兼愛是無父，無父無君，便是禽獸！

⑯民有饑色，野有餓莩——不到非洲，不知何謂民有饑色。通常是兩頰瘦削，兩眼無神。骨瘦如柴，腹部突出！滿身蒼蠅！無力躺在地上，奄奄一息。實在可憐。餓莩、餓死者的屍體，遍野都有！

⑰楊、墨之道不息，孔子之道不著，是邪說誣民，充塞仁義也——楊朱墨翟的荒謬之言若不平息，孔子之正道若不能發揚，那是荒誕的言論欺騙了人民，仁義之道被阻塞了！

⑱閑先聖之道，距楊墨；放淫辭，邪說者不得作——閑、防禦。衛護。放、放逐。衛護先聖的原則道理，拒絕楊朱墨翟的謬論。抨擊荒唐的言辭，而後邪說謬論便無法得逞了。

⑲作於其心，害於其事；作於其事，害於其政——（上承邪說不得作）若心裡信了邪說，便會影響到行事。邪說壞了事，便會損害到政治。

⑳周公兼夷狄，驅猛獸，而百姓寧——周公兼併夷狄，驅逐猛獸，百姓因而能得到安寧。

㉑詩云：『戎狄是膺，荊舒是懲，則莫我敢承』——詩經魯頌閟宮：膺、抵擋。荊、楚的別號。舒、楚的友邦。敢承——敢於抗拒。打擊戎狄，懲罰楚國與舒國。然後沒有人能抗拒我們。

㉒我亦欲正人心、息邪說，距詖行，放淫辭，以承三聖者——孟子說：我也要端正人們的想法，屏息荒謬的言論，反對偏激的行為，斥退奸滑的言辭。上承大禹、周公和孔子三位聖人。

十五

匡章曰❶：「陳仲子❷，豈不誠廉士哉！居於陵，三日不食，耳無聞，目無見也；井上有李，螬食實者過半矣❸，匍匐往將食之❹，三咽，然後耳有聞，目有見。」孟子曰：「於齊國之士，吾必以仲子為巨擘焉❺。雖然，仲子惡能廉！充仲子之操，則蚓而後可者也❻。夫蚓，上食槁壤，下飲黃泉❼。仲子所居之室，伯夷之所築與？抑亦盜跖❽之所築與？所食之粟，伯夷之所樹與？抑亦盜跖之所樹與？是未可知也。」曰：「是何傷哉！彼身織屨，妻辟纑，以易之也。」曰：「仲子，齊之世家也。兄戴，蓋祿萬鍾。❾以兄之祿，為不義之祿，而不食也；以兄之室，為不義之室，而不居也；辟兄離母❿，處於於陵。他日歸，則有饋其兄生鵝者，己頻顣曰：『惡用是鶂鶂者為哉！⓫』他日，其母殺是鵝也，與之食之；其兄自外至，曰：『是鶂鶂之肉也。』出而哇之⓬。以母則不食，以妻則食之；以兄之室則弗居，以於陵則居之；是尚為能充其類也乎⓭？若仲子者，蚓而後充其操者也！」

註釋

❶匡章——齊國的將軍。曾擊退秦軍，攻破燕國，大敗楚軍。

❷「陳仲子——齊人。《淮南子・氾論篇》載：「陳仲子立節抗行，不入洿君之朝，不食亂世之食，遂餓而死。」評論他是「小節伸而大略屈。」

❸螬食實者過半矣——金龜子的幼蟲已將李子吃掉了一大半了。

❹匍匐往，將食之——爬行而往，拿（將）起來吃。

❺巨擘——大拇指。首出於眾者。

❻充陳仲子之操，則蚓而後可者也——要發揚陳仲子的操行，除非成為蚯蚓才可以。

❼上食槁壤，下飲黃泉——（蚯蚓）上面吃乾枯的泥土，下面飲黃泉中的水。

❽盜跖——春秋末年的大盜。名柳下跖。一說姓展，是展禽——即柳下惠——的兄弟。

❾兄戴，蓋祿萬鍾——陳仲子的兄長叫戴，食蓋地方的俸祿達萬鍾。

❿辟兄離母——避開兄長，離開母親。

⓫己頻顣曰：『惡用是鶃鶃者為哉？——朱註：頻用顰。顣同蹙。（仲子）他自己皺著眉頭說：

「為什麼？（惡）要用這種鶃鶃而叫的東西呢？」

⓬出而哇之——出門嘔吐出（鵝肉）來。

⓭是尚為能充其類也乎？——這樣還能作為推廣廉潔操守的人嗎？

離婁篇（上）

一

孟子曰：「離婁之明❶，公輸子之巧❷，不以規矩，不能成方員❸；師曠之聰❹，不以六律❺，不能正五音❻；堯舜之道，不以仁政，不能平治天下。

「今有仁心仁聞，而民不被其澤，不可法於後世者，不行先王之道也❼。故曰：『徒善不足以為政，徒法不能以自行❽。』詩云：『不愆不忘，率由舊章❾。』遵先王之法而過者，未之有也❿。

「聖人既竭目力焉，繼之以規矩準繩，以為方員平直，不可勝用也。既竭耳力焉，繼之以六律正五音，不可勝用也。既竭心思焉，繼之以不忍人之政，而仁覆天下矣⓫。故曰：『為高必因丘陵，為下必因川澤。』為政不因先王之道，可謂智乎⓬？是以惟仁者宜在高位；不仁而在高位，是播其惡於眾也。

「上無道揆也，下無法守也；朝不信道，工不信度；君子犯義，小人犯刑，國之所存者，幸也⓭。故曰：『城郭不完，兵甲不多，非國之災也；田野不辟，貨財不聚，非國之害也；上無禮，下無學，賊民興，喪無日矣⓮。』

「詩曰：『天之方蹶，無然泄泄⓯。』泄泄，猶沓沓也；⓰事君無義，進退無禮，言則非先王之道者，猶沓沓也。故曰：「責難於君謂之恭，陳善閉邪謂之敬，吾君不能謂之賊⓱。」

註釋

❶離婁——相傳是黃帝時人。視力特別好，能看見百步以外秋毫般的微物。

❷公輸子，即公輸班，魯人。世稱魯班。據說他曾製作攻城用的雲梯。發明並製作刨、鑽等木工用的工具。

❸不以規矩，不能成方員——規、圓規。矩、曲尺。畫圖，需要圓規。畫方，需要曲尺。所以說：視力好到像離婁，技術好過魯班，沒有規、矩，也作不出方圓的。

❹師曠——字子野。春秋時晉國極有名的音樂家。

❺六律——中國古代律制，由低到高，分為十二級：黃鐘、大呂、太簇、夾鐘、姑洗、仲呂、蕤

賓、林鐘、夷則、南呂、無射、應鐘。按上列次序，單數為「律」。雙數為「呂」。

❻五音——中國音階，分宮、商、角、徵、羽五音。又稱五聲。此五音，相當簡譜中的12356。（後來發展出「合四一上尺工凡（六）七音。六為合的高階音」。

❼今有仁心仁聞，而民不被其澤，不可法於後世者，不行先王之道也——現在有些國君，雖有仁心仁名，人民卻未得到恩澤，不能留下榜樣給後世。這是他們不實行先聖之道的緣故。

❽徒善不足以為政，徒法不能以自行——這裡，我們先說一個故事：

漢武帝見鉤弋夫人（趙婕妤）所生的兒子弗陵（漢昭帝）雖只數歲，而身形壯大多智。武帝非常愛他，想立他為太子。但他實在年紀太小，母親又年少，因此猶豫了一些時。一天，他終於下了決定。先是只為了一點小事，武帝譴責鉤弋夫人。夫人脫去簪珥，叩頭謝罪。武帝頭也不回，吩咐將鉤弋夫人送掖庭獄。夫人回顧。武帝說：「快走！」卒將鉤弋夫人賜死。過了些時，武帝想起鉤弋夫人，心中未免有點慚疚。他問左右近侍：「外人對我處置鉤弋夫人的行為有什麼批評？」左右說：「人說『且立其子，何去其母？』」武帝說：「這些人那裡知道：古來國家所以亂，多由主少母壯！女主獨居驕蹇，淫亂自恣，莫能禁止。你們難道忘記了高祖呂后的故事。是以不得不先除去夫人！」（《資治通鑑》卷二十二漢武帝後元元年本人譯白。）

是以我的老師薩孟武先生說：「徒善不足以為政。小善適足以誤國。」《儒家政論衍義・孔子》

本章書孟子說：「只有善心，並不足以治理國家。單有法則，也不一定能實行。」乃是千古名言。周公誅管、蔡，便是武帝去鉤弋夫人的榜樣。

❾詩云：『不愆不忘，率由舊章。』——《詩經・大雅・假樂》：假、嘉、佳。愆、過。差失。「不要私心自大，多所更張，只要遵循舊日的規章就可以了。」

❿遵先王之法而過者，未之有也——遵照先王的規矩而出錯誤的例子，從來沒有過。

⓫聖人既竭目力焉十句——聖人竭盡視力，接著又用圓規、曲尺、水準、繩墨，製造方圓平直（的木具），使用不盡。竭盡聽力，接著用六律校正五音，使音樂不可勝用。竭盡心思，接著施行不坑害人民的德政，仁愛便遍及天下了。

⓬為高必因丘陵，為下必因川澤。為政不因先王之道，可謂智乎？——堆高，必須依靠本來已高的丘陵，挖深，必須藉助本來已深的川澤。治理國家，若不依循先王先聖的規矩，怎麼能算得上聰明呢？

⓭上無道揆也六句——道揆、朱註云：「設以義理度量事物而制其宜。」在上的，不拿大道為準則考慮行事，在下的也就沒有規矩可遵循。朝廷不相信先王治國之道，百官便不信國家所定的法度了。君子不講道義，人民不免觸犯刑法。國家到了這種程度而能不滅亡，那只能說是太幸運了。

⓮故曰下十句——所以說：城池不完善，兵甲不充足，並不是國家的災難。田野不開闢，貨財不積聚，也不是國家的要害。在上的不講禮義，在下的不好學，作亂的人，（賊民者）興起來，國家的喪亡就計日可待了。

⓯「天之方蹶，無然泄泄」——方蹶、顛倒失常。無然、千萬不可。泄泄、音異。多言妄發。「現在上天正在顛倒失常，千萬不可不負責任，亂發議論。」《詩經‧大雅‧板》板，反其常道也。

⓰沓沓——話太多。

⓱責難於君三句——（為臣者）以「仁政」這樣困難的事要求君主負責推行，才稱得起「恭」。向君主陳述善事以阻絕他的邪念，才稱得起「敬」。若認為君主無能（行仁政）者，謂之「賊」。

二

孟子曰：「規矩，方員之至也；聖人，人倫之至也❶。欲為君盡君道，欲為臣盡臣道：二者皆法堯、舜而已矣。不以舜之所以事堯事君，不敬其君者也；不以堯之所以治民治民，賊其民者也❷。孔子曰：『道二，仁與不仁而已矣。』暴其民甚，則身弒國亡；不甚，則身危國削❸，名之曰『幽厲』，雖孝子慈孫，百世不能改也。詩云：『殷鑒不遠，在夏后之世❹。』此之謂也。」

註釋

❶規矩，方員之至也。聖人，人倫之至也——圓規和曲尺，是方圓的標準。聖人，是作人的標準。

❷不以舜之所以事堯事君四句——不以舜事奉堯的作法侍奉君主，那是對國君的不敬重。君主不以堯治民的作法治理人民，那是賊害他的人民。

❸暴其民甚，則身弒國亡；不甚，則身危國削——殘暴人民太過分的國君，他必定會身死國亡。不太過分的，自身也會受到危險，他的國家也會削弱。

❹詩云：「殷鑒不遠，在夏后之世。」——《詩經・大雅・蕩之什・蕩》第八章鑒、鏡。「殷朝可作為借鏡，過去不久。只要看看夏朝的結局，便可知道了。」全詩是：「咨女殷商，人亦有言：『顛沛之揭，枝葉未有害，本實先撥。』殷鑑不遠，在夏后之世。」這是文王說的話：「可歎呀，可歎你這個商君！古人曾說過：『樹木僵仆，樹根便蹶起來了。並不是枝葉有什麼傷害，乃是樹心敗壞的原故。』殷朝的鏡子，過去不久。看看夏朝的結局便知道了。」顛沛、樹之僵仆。揭、高舉。樹根蹶起。撥、敗壞。

三

孟子曰：「三代之得天下也，以仁；其失天下也，以不仁。國之所以廢興存亡者亦然。天子不仁，不保四海；諸侯不仁，不保社稷；卿大夫不仁，不保宗廟；士庶人不仁，不保四體❶。今惡死亡而樂不仁，是由惡醉而強酒。」

註釋

❶天子不仁，不保四海，諸侯不仁，不保社稷。卿大夫不仁，不保宗廟。士庶人不仁，不保四體——天子不仁，不保他的國家。諸侯不仁，不保他的采邑。卿大夫不仁，不能保他的宗廟。士庶人不仁，便不保他的生命了。四海，指國家。社稷：社是土神。稷是穀神。為天子、諸侯所祭。社稷的存亡，顯示國家的存亡。四體、四肢。此處表示「生命」。

四

孟子曰：「愛人不親，反其仁；治人不治，反其智；禮人不答，反其敬❶。行有不得者，皆反求諸己；其身正，而天下歸之。詩云：『永言配命，自求多福。❷』」

註釋

❶「愛人不親」六句——孟子說：「你疼愛別人，別人卻不親近你，你要反省自己的仁愛程度是否不足。你治理人民，人民並沒治理好，你要反省你自己的智慧是否有問題。你敬禮別人，別人不答禮，你要反省自己，你所表現的禮是否不夠恭敬。

❷《詩》云：「永言配命，自求多福。」——《詩經・大雅・文王》：「要以自己的德行與天命相配合，以自求諸般的福祉。」言、語助詞。沒有意義。

五

孟子曰：「人有恆言，皆曰『天下國家。』天下之本在國，國之本在家，家之本在身。」

語譯

孟子說：「人常說：『天下國家。』天下的根本是國。國的根本是家。家的根本是個人。」

六

孟子曰：「為政不難，不得罪於巨室❶。巨室之所慕，一國慕之；一國之所慕，天下慕之。故沛然德教溢乎四海。❷」

註釋

❶巨室——指具有影響力的世臣大夫之家。

❷巨室之所慕，一國慕之；一國之所慕，天下慕之。故沛然德教溢乎四海——如能施仁政，巨室擁護心服，一國都心服。而後天下都心服。德教仁政，自然充滿於四海之內了。

七

孟子曰：「天下有道，小德役大德，小賢役大賢；天下無道，小役大，弱役强，斯二者天也；順天者存，逆天者亡。❶

齊景公曰：『既不能令，又不受令，是絕物也。❷』涕出而女於吳❸。今也，小國師大國，而恥受命焉；是猶弟子，而恥受命於先師也❹。如恥之，莫若師文王；師文王，大國五年，小國七年，必為政於天下矣❺。詩云：『商之孫子，其麗不億；上帝既命，侯於周服。』『侯服於周，天命靡常；殷士膚敏，祼將於京。❻』孔子曰：『仁不可為衆也。』夫國君好仁，天下無敵。❼今也，欲無敵於天下，而不以仁，是猶執熱而不以濯也❽。詩云：

『誰能執熱，逝不以濯❾？』」

註釋

❶「天下有道」九句——孟子說：「天下治理有道，小德的人聽大德人的差遣。小賢的人聽大賢的人差遣。天下治理不道，勢力小的人受勢力大的人役使。勢弱的人受勢力強的人役使。這兩種情況，都是上天所定。順從上天的人才能生存。違反上天的人便會滅亡。」

❷「齊景公曰」三句——「既不能命令別人，又不聽別人的命令。是自絕於物。」

❸涕出而女於吳——（齊景公）只好流著涕淚，把女兒嫁到吳國去。

❹今也，小國師大國，而恥受命焉；是猶弟子，而恥受命於先師也——現今弱國以強國為師卻恥於接受命令。好譬弟子恥於聽老師的命令。

❺師文王，大國五年，小國七年，必為政於天下矣——以文王為師而行仁政，大國只要五年，小國也只有七年，必定能掌握治理天下的大權。

❻「《詩》云：商之孫子」八句——麗、數目。侯、維也。乃也。膚敏、膚，美也。敏、捷也。祼、音灌，祭祀也。將、行也。酌而送之也。京、周京。「商（殷）家的孫子，數目千萬。（商君失德，所以）上帝降命，使他們臣服於周。」「（商的子孫）臣服於周，可見天命是沒有一定

的。殷之舊臣，美偉敏捷，到周的京城來助祭。」

❼仁不可為眾也。夫國君好仁，天下無敵——孔夫子說：「仁的價值，不能以人數的多寡來衡量。一國的國君如好仁，行仁政，那可是天下無敵。」

❽欲無敵於天下而不以仁，是猶執熱而不以濯也——想天下無敵卻不講求仁，就好像手拿滾熱的東西卻不用冷水去澆一下。

❾《詩》云：「誰能執熱，逝不以濯？」——《詩經‧大雅‧桑柔》：逝，助詞。「誰能以手執熱物而不先以冷水澆之？」

八

孟子曰：「不仁者，可與言哉？安其危而利其菑，樂其所以亡者。不仁而可與言，則何亡國敗家之有❶？有孺子歌曰：『滄浪之水清兮，可以濯我纓；滄浪之水濁兮，可以濯我足❷。』孔子曰：『小子聽之：清斯濯纓，濁斯濯足矣，自取之也。❸』夫人必自侮，然後人侮之；家必自毀，而後人毀之；國必自伐，而後人伐之❹。太甲曰：『天作孽，猶可違；自作孽，不可活❺。』此之謂也。」

註釋

❶「不仁者可與言哉？」五句——菑、音哉，災害。孟子說：「不仁的國君，怎麼能同他們說仁道呢？他們神智不清，明明有危險卻安然不理。有了災難還要從中取利。對於那些導致亡國的行為繼續樂而為之。不仁的國君若可用仁道來說服他，哪裡還會有亡國敗家的事？」

❷滄浪——或云是地名。或說是水名。「滄浪的水清啊，可以拿來洗（濯）我帽子上的纓呀。滄浪的水混濁啊，可以拿來洗我的腳啊！」

❸「孔子曰」四句——孔子對他的弟子們說：「小子們聽好：清的水洗帽纓，濁的水洗髒腳。水的清濁不同，作為不同的用途。都是由水本身來決定的。」

❹夫人必自侮，然後人侮之；家必自毀，而後人毀之；國必自伐，而後人伐之——一個人作了侮辱了自己人格的事，然後別人才會侮辱他。一個家庭的分子自相毀壞，然後人們才敢毀壞它。一個國家之內彼此互相征伐，外國才會來攻伐它。

❺〈太甲〉曰——〈公孫丑〉篇第四章已註解過，可參閱。

九

孟子曰：「桀、紂之失天下也，失其民也。失其民者，失其心也。得天下有道：得其民，斯得天下矣。得其民有道：得其心，斯得民矣。得其心有道：所欲，與之聚之；所惡，勿施爾也。❶

「民之歸仁也，猶水之就下，獸之走壙也❷。故為淵敺魚者，獺也；為叢敺爵者，鸇也；為湯武敺民者，桀與紂也❸。今天下之君有好仁者，則諸侯皆為之敺矣；雖欲無王，不可得已。

「今之欲王者，猶七年之病，求三年之艾也。苟為不畜，終身不得❹；苟不志於仁，終身憂辱，以陷於死亡❺。詩云：『其何能淑？載胥及溺❻』，此之謂也。」

註釋

❶得其心有道：所欲，與之聚之；所惡，勿施爾也——得民心者得天下。失民心者失天下。千古不變之理。得民心是有辦法的：滿足人民的需求，不作任何人民厭惡的事或設施（如建園囿）。

❷民之歸仁也，猶水之就下，獸之走壙也——人民之歸向仁君，就像水之往低下處流。野獸往曠野處走。壙、曠。原野也。

❸為淵敺魚者，獺也；為叢敺爵者，鸇也；為湯武敺民者，桀與紂也——敺、古驅字。逐也。叢、樹林。爵、雀也。水獺把魚從深淵裡追趕出來（供人捕捉），鸇（隼一類的猛禽）把鳥雀從樹叢中趕出來（供人民捉取），為商湯王和周武王把人民趕過來的是夏桀王和殷紂王（使湯武得民心而為王。）

❹七年之病，求三年之艾。苟為不畜，終身不得——艾草是針灸所用治病的藥。越陳越乾越有效。病了七年的人需要有三年之久的陳艾草治病，假如你不儲藏（畜，即蓄），永遠沒有三年陳舊的艾草可用。

❺苟不志於仁，終身憂辱，以陷於死亡——國君若不以仁心為本施行仁政，不免一生憂愁受辱，終致身死國亡。

❻「其何能淑？載胥及溺」——淑、善其後也。胥、互相。相與。「如何能善其後呢？那只有使大家同歸於盡了。」《詩經・大雅・桑柔》此詩傷歎政昏臣邪，是非顛倒、民風敗壞！

十

孟子曰：「自暴者，不可與有言也；自棄者，不可與有為也❶。言非禮義，謂之自暴也；吾身不能居仁由義，謂之自棄也。

「仁，人之安宅也；義人之正路也。曠安宅而弗居，舍正路而不由，哀哉！❷」

註釋

❶口出言否定禮義之人，是暴殄自己人格的人。自謂不能存仁行義者，就是自棄之人。我們不可能跟自己損害自己人格的人有所交談，也不可能和不存行義者有所作為。

❷仁是人類最平安的住宅，義是人類最平坦的道路，捨棄大道不走，可哀呀！

十一

孟子曰：「道在爾❶，而求諸遠；事在易，而求諸難。人人親其親、長其長，而天下平。❷」

註釋

❶爾、邇。近處。
❷人人親其親、長其長，而天下平——人人親愛他的父母，尊敬他的長輩，那就天下太平了。

十二

孟子曰：「居下位，而不獲於上，民不可得而治也。獲於上有道：不信於友，弗獲於上矣。信於友有道：事親弗悅，弗信於友矣。悅親有道：反身不誠，不悅於親矣。誠身有道：不明乎善，不誠其身矣❶。是故誠者，天之道也；思誠者，人之道也❷。至誠而不動者，未之有也；不誠，未有能動者也。❸」

註釋

❶孟子這一節書是「連環套」。我們現在倒過來說：一個人能知道什麼是善，便能真心誠意。真心誠意侍奉父母，便能得到父母的歡心。能得到父母的歡心，也就能取得朋友的信任。能取得朋友的信任，也就能獲得長官的信任。

❷誠者天之道也；思誠者，人之道也——誠、上天的自然道理。要完成誠實的功夫，是人應該遵行的道理。

❸至誠而不動者，未之有也；不誠，未有能動者也——至誠而不能感動別人，那是沒有的事。沒有不真誠而能感動人的。

十三

孟子曰：「伯夷辟紂，居北海之濱，聞文王作，興曰：『盍歸乎來！吾聞西伯善養老者。❶』太公辟紂，居東海之濱，聞文王作，興曰：『盍歸乎來！吾聞西伯善養老者。』二老者，天下之大老也，而歸之，是天下之父歸之也；天下之父歸之，其子焉往？諸侯有行文王之政者，七年之內，必為政於天下矣。❷」

註釋

❶伯夷辟紂，居北海之濱，聞文王作，興曰：『盍歸乎來！吾聞西伯善養老。』——辟、避也。濱、海邊。盍、何不。興、崛起。伯夷避開商紂王的暴政，居住在北海濱海地區。聽說周文王崛興，說：「何不歸來呀，我聽說文王善於安養老人。」（聞文王作興，是趙岐斷句。朱熹則以『文王作，興曰。』在作字下斷句。都說得通。）

❷孟子以為：伯夷和姜望（太公）都是德高望重之人，能為天下人的表率。若是他們歸周，其他的老人當追隨他們歸周。老人歸周了，他們的子女還能到別處去嗎？所以孟子說：「諸侯若有效法周文王推行仁政者，七年之內，他必能掌握天下，治理天下。」

十四

孟子曰：「求也❶，為季氏宰，無能改於其德，而賦粟倍他日。孔子曰：『求，非吾徒也，小子鳴鼓而攻之可也。』

「由此觀之，君不行仁政而富之，皆棄於孔子者也。況於為之強戰？爭地以戰，殺人盈野；爭城以戰，殺人盈城：此所謂率土地而食人肉，罪不容於死。❷

「故善戰者服上刑；連諸侯者次之，辟草萊，任土地者次之。❸」

註釋

❶求、冉求，字子有，孔子弟子。季氏、指季康子，魯國卿。宰、家臣。《論語‧先進》篇載：「季氏富於周公，而求也為聚斂而坿益也。子曰：「非吾徒也，小子鳴鼓攻之可也。」」「無能改其德，而賦粟倍他日。」冉求為季康子作家臣，不但無能改變季康子的德性，還為他加倍向人民徵收賦粟！

❷「為之強戰」七句——君子不推行仁政還要為國君斂財益富，都是孔子所厭棄的。更何況為（國君）賣力打仗的人！為爭奪地盤打仗，殺死的人遍於野外。為掠奪城池而戰，殺死的人滿城。這實在是佔領土地而吃人肉，他的罪惡實非一死可了！

❸善戰者服上刑；連諸侯者次之，辟草萊，任土地者次之——唐人詩云：「一將功成萬骨枯！」所以孟子認為：善於打仗者，應該處以極刑。（因為他們殺人如麻。）慫恿諸侯連合作戰的判次一等的刑。開闢草莽、迫使人民耕種土地的人判以又略低一等的刑。辟、闢。開墾也。萊、田廢生

草曰菜。又：萊、即藜。

十五

孟子曰：「存❶乎人者，莫良於眸子，眸子不能掩其惡。胸中正，則眸子瞭焉；胸中不正，則眸子眊焉。聽其言也，觀其眸子，人焉廋哉！❷」

註釋

❶存、省察。瞭：光明。眊、朦朧。廋、隱匿，躲藏。

❷孟子說：「要觀察一個人，最好的辦法是看他的眸子——眼珠。心地光明正大，眸子便明亮。心地不光明正大，眸子便灰暗朦朧。聽他的言談，看他的眸子，他（心中如何）是無法隱藏自己的。

十六

孟子曰：「恭者不侮人，儉者不奪人。侮奪人之君，惟恐不順焉，惡得為恭儉！恭儉豈可以聲音笑貌為哉！」

分析

《論語·學而篇》：有子曰：「恭敬於禮，遠恥辱也。」孟子說：「謙恭為懷的人不會侮辱人。節儉自持的人不會掠奪別人。看不起人民掠奪人民的君主，只怕別人不順從他，他如何懂得謙恭和節儉呢？謙恭和節儉難道可以用聲音和笑臉裝出來嗎？」

十七

淳于髡❶曰：「男女授受不親❷，禮與？」

孟子曰：「禮也。」

曰：「嫂溺，則援之以手乎？」

曰：「嫂溺不援是豺狼也。男女授受不親，禮也；嫂溺援之以手者，權也。❸」

曰：「今天下溺矣，夫子之不援，何也？」

曰：「天下溺，援之以道；嫂溺，援之以手，子欲手援天下乎？」

註釋

❶淳于髡——齊之贅婿、辯士。

❷男女授受不親——古來男子或女子要遞（授）一樣物事給異性，受者不能用手自授者手上接過去。要經過第三者。如：先把東西放在桌上，對方再從桌上拿走。

❸嫂溺援之以手者，權也——嫂嫂要淹水溺斃了，小叔然後用手把她救出水，這是「從權」。例如：男子撫摸女子的身體是「性侵」。但若女子生病求診，男醫生為診病而用手接觸到女方的身體，那也是「從權」合法的，而非性侵。

十八

公孫丑曰：「君子之不教子，何也？」

孟子曰：「勢不行也。教者必以正；以正不行，繼之以怒；繼之以怒，則反夷矣❶。『夫子教我以正，夫子未出於正也。』則是父子相夷也；父子相夷，則惡矣。古者易子而教之❷。父子之間不責善，責善則離，離則不祥莫大焉。❸」

註釋

❶夷——傷害。傷感情。

❷故立法院院長張道藩先生任中央政治學校教育長時，常對學生訓話，要大家不要抽香煙。有一次，他訓話時，一位學生舉手抗議，說：「您要我們不抽煙，為什麼自己卻抽煙？」道藩先生罵道：「我因為曾被開水燙到過，所以要你們小心開水。我因為抽煙，知道抽煙有多少壞處，所以要你們不抽煙！！」那位同學雖然一肚子不服氣，卻無理由反駁。父親教兒子，兒子若不夠聰明，或記憶力不好，或不夠專心，父親不免發怒，因而責罰兒子，傷害到父子之情。所以，古來君子常易子而教。即是甲教乙的兒子。乙卻教甲的兒子。

❸父子之間不責善，責善則離，離則不祥莫大焉——父子之間不勸勉從善而互相責難。互相責備會導致父子間的隔閡與疏離。隔閡與疏離的後果是非常不吉祥、非常可怕的。

十九

孟子曰：「事，孰為大？事親為大。守，孰為大？守身為大。不失其身而能事其親者❶，吾聞之矣；失其身而能事其親者，吾未之聞也。孰不為事？事親，事之本也。孰不為守？守身，守之本也❷。曾子養曾晳，必有酒肉；將徹，必請所與；問『有餘』，必曰『有』。曾晳死，曾元養曾子，必有酒肉；將徹，不請所與；問『有餘？』曰：『亡矣』，將以復進也，此所謂養口體者也。若曾子，則可謂養志也。事親若曾子者，可也。❸」

註釋

❶事——侍奉。守——守著、保持勿失。孰、誰。曾晳，曾子之父。曾元，曾子之子。徹、撤除。亡、無也。

❷孟子認為：從事任何工作，以事親最為重要。要保守任何物事，以守身為最重要。

❸曾子事親——曾晳。吃飯必有酒肉。將吃完了，曾子一定問：「有餘嗎？」曾晳說：「有。」「剩下的給誰？」……曾晳去世了，曾元侍奉曾子飯。也有酒肉。將撤除時，不問餘下的要給誰。曾子問起，曾元說：「沒有了。」因為，準備將剩餘的下次再給曾子吃。這樣只能說是純粹餬口養體。像曾子那樣，才稱得起對父親順心稱意。事親必須要像曾子那樣才可以。

二十

孟子曰：「人不足與適也，政不足與間也，帷大人為能格❶君心之非❷；君仁莫不仁，君義莫不義，君正莫不正；一正君而國定矣。❸」

註釋

❶適——同讁。譴責。責備。間——批評。評論。格——正也。

❷孟子說：「小人不值得去譴責。（他們的）政治也不值得去批評。只有大人才能正國君之非。

❸君主若仁以為懷，臣下莫不以仁為懷。君主之行義，臣下莫不行義。君主端正，人人都正直了。一把國君矯正了，全國便都安定了。

二十一

孟子曰：「有不虞之譽❶，有求全之毀。❷」

註釋

❶虞——預料。

❷孟子說：「（人有）預想不到的讚譽。也有過分苛求的毀謗。」

二十二

孟子曰：「人之易其言也，無責耳矣。」

分析

這章書朱註和俞曲園的解說不同。朱子說：「平常人隨口說話，不知輕重。是他沒曾因放言而受到責罰過。若曾因失言受過責罰過，他便不會輕易發言了。」俞樾《孟子平義》中解釋說：「無責耳矣，乃是說：（小人的亂說話）不值得去責備。」

二十三

孟子曰：「人之患，在好為人師。」

分析

一般人，總自以為是，大放厥詞。似乎他的學識十分了得。譬如：有人說患邊頭痛。他旁邊一定有人會告訴他應如何治理，卻不明白自己根本不是醫生。所以孟子說：「人們的通病，是認為自己可教人如何如何，以老師自命！」

二十四

樂正子❶從於子敖❷之齊。

樂正子見孟子，孟子曰：「子亦來見我乎？」

曰：「先生何為出此言也？」

曰：「子來幾日矣？」

曰：「昔者。❸」

曰：「昔者，則我出此言也，不亦宜乎？」

曰：「舍館未定。」

曰：「子聞之也：舍館定，然後求見長者乎？」

曰：「克有罪。」

註釋

❶樂正子——孟子弟子。

❷子敖——王驩，字子敖蓋邑長官，或稱蓋大夫。

❸昔者——趙岐註：謂數日之前。朱熹注：前天。

語譯

樂正子跟隨王子敖到達齊國，數日之後才去拜見孟子。孟子說：「你也會來看我嗎？」樂正子說：「老師為何這樣說？」孟子說：「你來了幾天？」「前天到。」「那我說的話有什麼不對？」對曰：「住的地方沒找好。」孟子說：「要找好住才來見長者嗎？」樂正子才知道自己作錯了。連忙說：「是我不對，我有罪。」

二十五

孟子謂樂正子曰：「子之從於子敖❶來，徒餔啜也❷。我不意子學古之道，而以餔啜也。❸」

註釋

❶子敖——子敖，齊之貴人，右師王驩。子敖是他的字。

❷餔啜——吃喝。餔、食也。啜、飲也。

❸孟子不高興，罵樂正子：「你跟隨子敖來，徒然吃喝而已。我想不到你學古人之道，只是為了吃喝！」

二十六

孟子曰：「不孝有三，無後為大。舜不告而娶，為無後也，君子以為猶告也。」

分析

古來婚娶，都要經過父母之命，媒妁之言。帝舜不告（父母）而娶，因為他怕絕後。絕後才是三不孝中的大不孝。所以孟子說他：「君子認為，帝舜雖未告也等於已告知父母了。」趙岐註：三不孝一是阿意曲從，陷親不義。二是家貧親老，不為祿仕。三是不娶無子，絕先祖祀。

二十七

孟子曰：「仁之實，事親是也。義之實，從兄是也。智之實，知斯二者弗去是也。禮之實，節文斯二者是也。樂之實，樂斯二者，樂則生矣；生則惡可已也；惡可已，則不知足之蹈之，手之舞之。」

分析

朱註：「孟子認為：仁的實際是孝敬父母。義的實際是順從兄長。智的實際是牢記仁義而不違背。」禮的實際，趙岐註：「節文事親從兄，使不失其節而文其禮敬之容。故中心樂也。」（我們認為趙註說得很勉強。朱註也不如人意。可能原文有誤！）樂的實際是喜歡事親和從兄。快樂便油然而生。快樂生了則何可停止？不能止，則不覺手舞足蹈了。（我們認為這段文字可能有誤。但幾千年傳下來，也難知真相了。）

二十八

孟子曰：「天下大悅而將歸己；視天下悅而歸己，猶草芥也，惟舜為然。不得乎親，不可以為人；不順乎親，不可以為子。舜盡事親之道，而瞽瞍厎豫❶。瞽瞍厎豫而天下化，瞽瞍厎豫而天下之為父子者定：此之謂大孝。❷」

註釋

❶瞽瞍——舜的父親。底豫：招致歡樂。（底、致也。豫、歡樂也。）

❷天下人民都大悅要歸順帝舜。帝舜卻認為是草莽小事。孟子認為：若得不到父母的歡心，不足為人。不能順從父母的心意，不能當好兒子。帝舜竭力盡了侍親之道而使父親瞽瞍得到歡樂。瞽瞍歡樂使天下感化，也為天下為父子者樹立了典範。這才是所謂的大孝。

離婁篇（下）

一

孟子曰：「舜生於諸馮，遷於負夏，卒於鳴條❶；東夷之人也。文王生於岐周，卒於畢郢❷；西夷之人也。地之相近也，千有餘里；世之相後也，千有餘歲。得志行乎中國，若合符節❸❹。先聖後聖，其揆❺一也。」

註釋

❶諸馮、負夏、鳴條——俱是地名，但俱無可考。

❷岐周、畢郢——岐周在今陝西省岐山縣東北部。畢郢在今陝西咸陽縣東部。

❸舜是東方人。文王是西方人。兩地相去千餘里。兩人相去千餘年。兩人都在中國實現了他們的志

向。兩人的際遇，好像符節的相吻合。先聖後聖，道理相同。

❹符節——古時信物，以玉石、金屬、竹、木、或動物之角為之，上刻文字圖案，中間切斷。信約雙方各執一半。兩半合在一起相吻合，便可完成雙方約定的事。

❺揆——道理。準則。趙註：「度也。言聖人之度量同也。」

二

子產❶聽鄭國之政；以其乘輿濟人於溱、洧❷。孟子曰：「惠而不知為政，歲十一月徒杠成，十二月輿梁成❸，民未病涉也。君子平其政；行辟人可也❹，焉得人人而濟之。故為政者，每人而悅之，日亦不足矣。❺」

註釋

❶子產——名公孫僑。春秋時鄭國的賢人。主持鄭國的國政多年。

❷濟人於溱、洧——協助人渡過溱河和洧河。二水俱發源於河南。

❸徒杠——杠、音江，橋。徒杠，徒步可行的橋。（段玉裁《說文解字》注：獨木者曰杠。騈木者

曰橋。）梁——能通車的大橋。歲十一月、十二月——周曆十一月，為夏曆九月。十二月指夏曆十月。

❹行辟人可也——從前官長出巡，鳴鑼開道，使行人避開。辟人，即使人避開。

❺為政者，每人而悅之，日亦不足矣——子產掌國家之大政，若行小惠取悅個人，那他一天也取悅不了幾個人。所以孟子說他：「惠而不知為政。」

三

孟子告齊宣王曰：「君之視臣如手足，則臣視君如腹心；君之視臣如犬馬，則臣視君如國人；君之視臣如土芥，則臣視君如寇讎❶。」

王曰：「禮，為舊君有服；何如斯可為服矣？❷」

曰：「諫行言聽，膏澤下於民；有故而去，則君使人導之出疆，又先於其所往；去三年不反，然後收其里：此之謂三有禮焉❸。如此，則為之服矣。今也為臣，諫則不行，言則不聽，膏澤不下於民；有故而去，則君搏執之，又極之於其所往；去之日，遂收其田里：此之謂「寇讎」，寇讎何服之有？❹」

註釋

❶此章書，孟子闡明君臣間的關係。孔子只說：「君使臣以禮，臣事君以忠。」又說：「君君、臣臣。」孟子進一步的界定君臣間的相互關係。孟子甚至以為：君若不像君，像殷紂王，孟子認為：「賊仁者，謂之賊，賊義者，謂之殘。殘賊之人，謂之一夫。聞誅一夫紂矣，未聞弒其君也。」這是孟子答齊宣王問。據此，我們認為：若是暴君像殷紂王，根本不是君，是一夫。人人得而誅之。

❷禮，為舊君有服；如何斯可為服矣？——按《儀禮》：「以道去君而未絕者，服齊衰三月。」齊宣王問：「那麼要如何才能讓臣子為舊君服孝呢？」

❸「諫行言聽」八句——（君主受臣子）諫諍之言而能付諸實行，也聽取建議，使恩惠利益遍施百姓。臣子有事須離去，君主使人引導他出國。又派遣人員到他將去的地方先作安排。假如臣子去了三年而不返國，（國家）才收回他的土地房屋。這叫做「三有禮」。如此之後，臣子便會為舊君服孝。

❹假如君主既不接受諫諍之言，也不聽取任何建議，下民更得不到恩澤。臣子有故需要離去，君主就把他捆綁治罪（搏執之），而且在他將要去的地方製造重重困難。離開的當天，立刻收回田地

房產。好像「寇仇」。既如寇仇，那還要服什麼孝呢？搏、搏擊、捕捉。執、拘捕。極、困窮。朱註：「窮也，窮之於其所往之國。」

分析

由本章書看，孟子是極力主張君臣相對關係的。我們不願批評他的主張是否正確，但我們對歷代君臣關係抱很悲觀的看法。像明朝的皇帝常常廷杖大臣。清朝的大臣見了皇帝都要自稱奴才！臣事君以忠，歷朝皇帝都一致要求如此。但君使臣以禮一節，似乎很難從二十四史中找到相當比例的案例。唐太宗著《帝範》認為「君可以不君，臣不可以不臣。」相信這是歷代大多數皇帝的想法。

四

孟子曰：「無罪而殺士，則大夫可以去；無罪而戮民，則士可以徙。」

分析

這章書四句話，但沒有主詞：「誰屠殺沒有犯罪的士人？誰殺戮沒有犯罪的庶民？我們假定「他」是君主。

假如國君濫殺沒有犯罪的士人，大夫便可以離開（政府）了。假如國君殺戮沒有犯罪的庶民，那麼士人便可遷徙到別國去了。

五

孟子曰：「君仁莫不仁，君義莫不義。」

分析

孟子說：「君主施行仁政，便沒有不仁之人。君主行義，也就不會有不義之人。」

論語顏淵篇：子曰：「政者、正也。子帥以正，孰敢不正。」本章書孟子說的話似係根據孔子的話而作的。

社會法則和自然定律不能相比。譬如：水燒到一百度一定沸騰。但社會法則不可能百分之百。若然，孔子的弟子不可能有一個不仁不義之徒。然而：冉求為季氏宰而倍稅賦，（〈離婁〉篇第十章）。宰我為臨菑大夫，與田常作亂，以夷其族，孔子恥之。（《史記》卷六十七〈仲尼弟子列傳〉）俱是事實。是以讀者不宜以偏概全。

六

孟子曰：「非禮之禮，非義之義，大人弗為。」

分析

孟子說：「本質上不是禮的禮，本質上不是義的宜，有品德的人不會做出來的。」例如：阿諛奉承，並不是禮。山寨盜匪大塊吃肉，大碗喝酒，口說義氣，實際上不是義。孔子說：「君子貞而不諒！」不諒，不守小信也。君子不可因守小信而誤大事。和孟子的話可對照。

七

孟子曰：「中也養不中，才也養不才❶，故人樂有賢父兄也。如中也棄不中，才也棄不才，則賢不肖之相去，其間不能以寸。」

註釋

❶中也養不中，才也養不才——朱熹注：「無過不及之謂中。足以有為之謂才。養、謂涵育薰陶，使其自化也。」品德修養俱好的人教導品德修養俱不好的人。有才能的教化無才能的人。所以，人都希望有賢父兄。

分析

假如有品德有修養的人厭棄沒有品德沒有修養的人。有才能的人拋棄沒才能的人。那麼，賢良的人和不肖的人相差微乎其微矣。（間不能以寸。）

八

孟子曰：「人有不為也，而後可以有為。」

分析

孟子說：「一個人能知道什麼不可作，他便能知道什麼應該作，然後可以成為有作為的人了。」朱熹注引程子的話：「有不為，知所擇也。唯能有不為，是以才可以有為。無所不為者，安能有所為耶？」

九

孟子曰：「言人之不善，當如後患何？」

分析

孟子說：「高談別人的缺點，招來後患，要如何處理呢？」以現今法律而言，散播別人不善的話，若無確切證據，受害者可控告散播惡言者以誹謗。那是要吃官司的！

十

孟子曰：「仲尼不為已甚者。」

分析

孟子說：「孔子不做太過分的事。」不為已甚，便是「中」。

十一

孟子曰：「大人者，言不必信，行不必果；惟義所在。」

分析

孟子說：「一個有品德有修養的人，說話不一定要守信用。行事也不必一定要有結果，一切以「義」為本，隨機應變。」

這和孔子所說的「君子貞而不諒」意思是相通的，「不諒」、不守小信。

十二

孟子曰：「大人者，不失其赤子之心者也。」

分析

孟子主張「性善」，人一生下來，都帶「善根」。所以，他認為兒童個個天真無邪。孟子說：「有修養有品德的人，他的心是像兒童一般天真而沒有邪念的。」

十三

孟子曰：「養生者不足以當大事：惟送死可以當大事。」

分析

孟子認為：父母在生世，供養父母，並不能算是大事。為父母送終，為父母守孝，繼承遺志，才算是大事。

十四

孟子曰：「君子深造之以道，欲其自得之也❶。自得❷之，則居之安❸；居之安，則資之深；資之深，則取之左右逢其源。故君子欲其自得之也。」

註釋

❶君子深造之以道，欲其自得之也——君子要修養道德、增進學問，必須經由正當的途徑，才能真正達到目的，得之於心。

❷自得：落落實實的得到。記得唸大學時，有一位同學，平常吃喝玩樂。到考試前幾天，便臨時抱佛腳，強記一些書。考試成績，他也能拿到六七十分。但考試過後，他對於所強記過的書便也記不起來了。兩兄弟同時學醫，同時任第一年住院醫師。哥哥是正正當當、落落實實學的醫。任何問題來了，他馬上可以根據所學，立即判斷。弟弟「取之不以其道」。問題來了，他若不問哥哥或總醫師，便得到圖書室翻閱參考書了！

❸自得之，則居之安——既然深造是按正道得來的，然後心安理得，有恃無恐。居之安，便能積聚

經驗。經驗多了，要應付任何事都易如反掌，左右逢源了。所以，君子深造，必求自得。

十五

孟子曰：「博學而詳說之❶，將以反說約也。❷」

註釋

❶博學而詳說之——我們研求一門學問，必須從多方面下手，內容力求廣泛，研理力求精細，分析力求中肯，結論力求平實。所以孟子說：「要求淵博卻能詳細解說。」

❷將以反說約也——我們研求一門學問，像註❶所說，融會貫通了，而後才可以用簡單（約）的語言扼要說出來。也就是我們要常說的深入淺出。反說約也——朱熹註：「欲其融會貫通，有以反而說到至約之地耳。」可參考。

十六

孟子曰：「以善服人者，未有能服人者也。以善養人，然後能服天下；天下不心服而王者，未之有也。」

分析

用仁義去屈服人，是不能讓人心服的。拿仁義去教化人，才能讓天下人心服。無法使天下人心服而妄想王天下，那是不可能、不會發生的事。

依照孟子的說法：君主只有仁德還不足服人、不足王天下（王讀去聲，動詞。王天下，君臨天下也。）他必須教化（養）人民。

十七

孟子曰：「言無實不祥❶❷；不祥之實，蔽賢者當之❸。」

註釋

❶言無實不祥——一個人說空話，說話不實在，那是不吉利的。

❷趙岐註：「凡言皆有實。孝子之實，養親是也。善之實，仁義是也。」

❸不祥之實，蔽賢者當之——無實質之言，或掠人之善，或飾人之惡，都讓別人討厭。所以說不祥。（會引起禍災，故曰不祥。）這種不祥，應由掩蓋賢人善行的人負擔。蔽、掩蓋。

十八

徐子曰：「仲尼亟稱於水曰：『水哉！水哉！❶』何取於水也？❷」

孟子曰：「源泉混混❸，不舍晝夜，盈科而後進❹，放乎四海；有本者如是，是之取爾❺。苟為無本，七八月之間雨集，溝澮皆盈❻；其涸也，可立而待也。故聲聞過情，君子恥之。❼」

註釋

❶「水哉、水哉！」——「水啊，水啊！」孔子讚歎水的話。
❷何取於水也？——水有什麼可取？
❸源泉混混——混混，湧出狀。混音滾。
❹盈科而後進——科，小坑洞。填滿洞坑之後再向前進。
❺是之取爾——孔子便是因為如此才稱讚水的。
❻溝澮皆盈——澮：田間水道。
❼聲聞過情，君子恥之——名聲超過實際，君子認為是恥辱。

語譯

徐辟問孟子：「孔夫子極端稱讚水，他說：『水啊，水啊！』他認為水有什麼可取之處呢？」

孟子說：「有源頭的泉水，滾滾奔流，不分晝夜，填滿坑、洞，直流入四海之中。有源有本，才能如是。孔子可能就是取這個特點。若是沒有本源，譬如七八月之間大雨，大溝小溝都積滿了。

但不一會便乾涸了。所以說：名聲超過實際，君子認為恥辱的事。」

十九

孟子曰：「人之所以異於禽獸者幾希❶；庶民去之，君子存之❷。舜明於庶物，察於人倫，由仁義行，非行仁義也。❸」

註釋

❶孟子曰：「人之所以異於禽獸者幾希！」——孟子說：「人和禽獸實在差得很少。」意思是說：人知仁義，禽獸不知。這「幾希」，便是仁義。

❷庶民去之，君子存之——人類和禽獸相差別的這一點點東西——仁義，庶民拋棄它。君子卻保存它。

❸「舜明於庶物」四句——帝舜深明事物的道理，觀察人倫的關係，遵照仁、義的道理行事，並不是假仁義之名邀譽。

二十

孟子曰：「禹惡旨酒❶，而好善言。湯執中，立賢無方❷。文王視民如傷，望道而未之見❸。武王不泄邇，不忘遠❹。周公思兼三王以施四事❺；其有不合者，仰而思之，夜以繼日，幸而得之，坐以待旦。」

註釋

❶旨酒——美酒。

❷執中，立賢無方——持中正之道。舉任賢才，不拘資格。如：不任出自何方何鄉。

❸文王視民如傷，望道而未之見——文王看庶民好像他們已經受了傷似的要好好的養護。遵守大道卻好似（而）沒見到大道。（而在此讀「如」意亦為「好似」。之所以如此行事，以其不自滿之故。）

❹武王不泄邇，不忘遠——據趙岐注：「近指朝臣，遠謂諸侯。」泄、狎也。武王不狎呢近臣，不忘諸侯。

❺周公思兼三王，以施四事──周公想兼備三代聖王的長處，實施四事：一為惡旨酒而好善言。二為執中道而立賢無方。三為視民如傷。四為不泄邇，不忘遠。

二十一

孟子曰：「王者之跡熄而詩亡❶，詩亡然後春秋作。晉之乘，楚之檮杌❷，魯之春秋，一也。其事則齊桓、晉文，其文則史。孔子曰：『其義則丘竊取之矣。❸』」

註釋

❶王者之跡熄而詩亡──《漢書・藝文志》說：「古有采詩之官。王者所以觀風俗、知得失，自考正也。」〈食貨志〉說：「孟春之月，群居者將散，行人振木鐸徇於路，以采詩。」我們讀《禮記・王制》篇載：天子五年一巡狩……命大師陳詩，以觀民風。」或云：「古者，民間求詩，鄉移於邑，邑移於國，國以聞於天子。」無論真相如何，似乎自周平王東遷之後，采詩的行動也就沒有了。所以孟子才感嘆：「聖王采詩的事跡停息了，然後孔子作了《春秋》。」

❷乘、檮杌──都是「歷史」。和「春秋」一樣。晉國稱「乘」，楚國稱「檮杌」。

❸孟子說：「這三種書都一樣，它們所記的，不外齊桓公、晉文公的事蹟。文字則是歷史文。孔子說：『史書褒善、貶惡的大義，我孔丘已經私自取用了。』」

二十二

孟子曰：「君子之澤，五世而斬；小人之澤，五世而斬❶。予未得為孔子徒也，予私淑諸人也❷。」

註釋

❶君子之澤，五世而斬；小人之澤，五世而斬——孟子說：君子的流風遺澤，大約經五代便沒有了。（斬、斷絕。）普通人的流風遺澤也是，澤、朱註：「猶言流風餘韻也。」

❷予未得為孔子徒也，予私淑諸人也——我未得為孔子弟子，我私淑孔子。（世謂宗仰其學而未及從學者，曰私淑弟子。淑、善也。）

二十三

孟子曰：「可以取，可以無取；取，傷廉。可以與，可以無與；與，傷惠。可以死，可以無死，死，傷勇。」

分析

本章書旨在教人慎作決定，以維護廉、惠、勇等美德為原則。

孟子說：「可以拿，也可以不拿，拿了，傷廉德。可以給，也可以不給。給了，損害到恩惠。可以死，也可以不死。死了會傷害到勇德。

外交官進口豪華轎車，兩年之後賣出，可大賺一筆。但如此作法，雖不違法規，卻不免「取之傷廉」。年富力強的乞討，給他錢，傷惠。等於是默許他不工作，不上進。自以不給為是。得了人家的賜與，為感恩，替對方殺人，而後自殺。他可以死，也可以不必為人殺人而死。即使死了，也有損勇德。

二十四

逢蒙❶學射於羿❷，盡羿之道；思天下惟羿為愈己，於是殺羿。

孟子曰：「是亦羿有罪焉。」

公明儀曰：「宜若無罪焉？」

曰：「薄乎云爾，惡得無罪！鄭人使子濯孺子侵衛，衛使庾公之斯追之。子濯孺子曰：『今日我疾作，不可以執弓，吾死矣夫！』問其僕曰：『追我者誰也？』其僕曰：『庾公之斯也。』曰：『吾生矣。』其僕曰：『庾公之斯，衛之善射者也。夫子曰「吾生」，何謂也？』曰：『庾公之斯學射於尹公之他，尹公之他學射於我。夫尹公之他，端人也，其取友必端矣。』庾公之斯至，曰：『夫子何為不執弓？』曰：『今日我疾作，不可以執弓。』曰：『小人學射於尹公之他，尹公之他學射於夫子。我不忍以夫子之道，反害夫子。雖然，今日之事，君事也，我不敢廢。』抽矢叩輪，去其金，發乘矢❸而後反。❹」

註釋

❶逢蒙——又《莊子・山木》作蓬蒙。《荀子・王霸》作蠭門，《漢書・藝文志》作逢門。古之善射者。他曾向羿學射，曾是羿的家眾。後來幫助寒浞殺死羿。

❷羿——堯時的射官。《淮南子・本經》篇：「堯乃使羿誅鑿齒於疇華之野。」他是有窮國的君主。（鑿齒是一種猛獸。）

❸乘——四。古來一車四馬，故以乘為四數。

❹「抽矢叩輪」三句——把箭扣在車輪上，除去金屬箭頭，射了四箭而反。

分析

我們看武俠小說：師傅武藝高超，通常慎選徒弟。若人品不端的人，一旦學會了高深的武藝，不免作姦犯科。羿教會了逢蒙射箭，結果反被逢蒙殺死。所以孟子說：「是亦羿有罪焉！」雖然是「薄乎云爾。」（罪不大就是了。）他若像尹公之他，自己是「端人」，即公正忠誠的人，便不會選不是端人的學生，也就不會被學生所殺了。他的罪是不會觀察人。不知人。

二十五

孟子曰：「西子蒙不潔，則人皆掩鼻而過之❶；雖有惡人，齋戒沐浴，則可以祀上帝。❷」

註釋

❶西子——春秋時越國美女。在此泛指美女。假如一位美女染上了惡疾，一身爛瘡，躺在地上，路人還不掩鼻而過？

❷惡人能齋戒沐浴，便是心誠，祭祀上帝，亦無不可。惡人只要向善，「放下屠刀、立地成佛。」意思相通。

分析

本章書孟子勸人為善，內心純潔，比徒有外表者要高尚的多。

二十六

孟子曰：「天下之言性也，則故而已矣；故者，以利為本❶。所惡於智者，為其鑿也❷。如智者若禹之行水也，則無惡於智矣。禹之行水也，行其所無事也。如智者，亦行其所無事，則智亦大矣。天之高也，星辰之遠也，苟求其故，千歲之日至❸，可坐而致也。❹」

註釋

❶天下之言性也，則故而已矣；故者，以利為本——孟子說：「天下之人研究萬物的性理，只要能從其以往事跡上推求就可以了。以往的事跡，是按自然的性理作根本。利、順利

❷所惡於智者，為其鑿也——所以厭惡那些自作聰明的人，因為他們堅持己見又穿鑿附會。

❸日至——夏至。冬至。禮雜記：「孟獻子曰：『正月日至，可以有事於上帝，七月日至，可以有事於祖。』疏：『正月，周正月，建子之月也。日至，冬至日也。七月，周七月建午之月，日至，夏至日也。

❹「禹之行水」四句——智者像大禹，順著水的本性治水，那就無人批評他的智慧了。禹的治水，

舉重若輕。智者若能像大禹那樣舉重若輕行事，那他的智慧可大了。天是那麼高，星是那麼遠，假如我們從其以往的現象上去推究，一千年以前的冬至夏至都可推算得出來。

二十七

公行子❶有子之喪，右師❷往弔。入門，有進而與右師言者，有就右師之位而與右師言者。孟子不與右師言。右師不悅，曰：「諸君子皆與驩言，孟子獨不與驩言，是簡驩也。❸」孟子聞之，曰：「禮：朝庭不歷位而相與言，不踰階而相揖也❹。我欲行禮，子敖以我為簡，不亦異乎！❺」

註釋

❶公行子——齊國大夫。
❷右師——蓋大夫王驩。驩字子敖。
❸是簡驩也——是簡慢我王驩呀！
❹朝庭不歷位而相與言，不逾階而相揖——依禮，朝廷中不可跨過席位交談，不可越過石階來相揖。

❺子敎以我為簡——（孟子說）我是遵禮而行，而王子敎卻說我簡慢，真是奇哉怪也。

二十八

孟子曰：「君子所以異於人者，以其存心也。君子以仁存心，以禮存心。仁者愛人，有禮者敬人。愛人者，人恆愛之；敬人者，人恆敬之。

「有人於此，其待我以橫逆❶，則君子必自反❷也：我必不仁也，必無禮也；此物奚宜至哉！❸其自反而仁矣，自反而有禮矣，其橫逆由是也。君子必自反也：我必不忠。自反而忠矣，其橫逆由是也；君子曰：『此亦妄人也已矣！如此則與禽獸奚擇哉？於禽獸又何難焉！❹』

「是故，君子有終身之憂，無一朝之患也。乃若所憂則有之。舜，人也，我亦人也；舜為法於天下❺，可傳於後世，我由未免於為鄉人也，是則可憂也。憂之如何？如舜而已矣❻。

「若夫君子所患，則亡矣。非仁無為也，非禮無行也。如有一朝之患，則君子不患矣。❼」

註釋

❶橫逆──兇橫粗暴。

❷自反──自我檢討。

❸此物奚宜至哉？──如此之事何以會發生（到來）呢？

❹與禽獸奚擇哉？於禽獸又何難焉？──和禽獸有什麼分別呢？對於禽獸又有什麼好計較的？（奚、如何。擇、選擇。區別。難、朱熹注：又何難焉？言不必與之計較也。）

❺「舜為法於天下」六句──舜是人，我也是人。舜為天下人樹立了榜樣，名傳後世。而我不能免於作鄉下人，這才值得憂慮。

❻憂之如何？如舜而已矣──憂愁又能怎麼樣？向舜學習而已。

❼「非仁無為也」四句──不仁的事不作，無禮的事不作。萬一有一天來個禍患，君子也坦然無懼，不會發愁。

二十九

禹、稷當平世，三過其門而不入，孔子賢之。顏子當亂世，居於陋巷，一簞食，一瓢飲，人不堪其憂，顏子不改其樂，孔子賢之。

孟子曰：「禹、稷、顏回同道❶。禹思天下有溺者，由己溺之也；稷思天下有饑者，由己饑之也。是以如是其急也。禹、稷、顏子易地則皆然。今有同室之人鬥者，救之，雖被髮纓冠而救之，可也。鄉鄰有鬥者，被髮纓冠而救之❷，則惑也，雖閉戶可也。」

註釋

❶同道——朱熹注：「聖賢之道，進則救民，退則修己，其心一而已矣。」

❷被髮纓冠而救之——來不及整衣冠，披頭散髮，也要解救他們。（急天下之急的禹、稷便會如此作。）

分析

孟子以為，若是鄉鄰鬥毆，來不及整衣冠便跑去解勸，便是不懂事（惑也）。關起門來不理會便是。（退而自修的顏子會如此。）

三十

公都子曰：「匡章，通國皆稱不孝焉；夫子與之遊，又從而禮貌之，敢問何也？」

孟子曰：「世俗所謂不孝者五：惰其四肢，不顧父母之養❶，一不孝也；博弈、好飲酒，不顧父母之養，二不孝也；好貨財、私妻子，不顧父母之養，三不孝也；從耳目之欲，以為父母戮，四不孝也；好勇鬥狠，以危父母❸，五不孝也。章子有一於是乎？

「夫章子，子父責善而不相遇也❹。責善，朋友之道也；父子責善，賊恩之大者❺。

「夫章子，豈不欲有夫妻子母之屬哉？為得罪於父，不得近；出妻，屏子❻，終身不養焉。其設心以為不若是，是則罪之大者。是則章子已矣！」

註釋

❶惰其四肢，不顧父母之養——四肢懶惰，不顧奉養父母。
❷從耳目之慾，以為父母戮——戮、羞辱。放縱耳目的欲望，使父母蒙羞。
❸好勇鬥狠，以危父母——喜歡打打殺殺，好勇鬥狠，連累父母。
❹子父責善而不相遇也——兒子規勸父親，其父不聽，因而把父子的關係弄僵了。
❺責善，朋友之道也；父子責善，賊恩之大者——責人向善，乃是交友之道。父子間以善相責，最傷感情。
❻出妻，屏子——匡章因為得罪了父親，家人不得團聚，因而棄妻、逐子，終身得不到侍奉。他自己認為：如不棄妻逐子，他的罪過會更大！

三十一

曾子居武城，有越寇。或曰：「寇至，盍去諸？」曰：「無寓人於我室，毀傷其薪木。❶」寇退，則曰：「修我牆屋，我將反。」寇退，曾子反。左右曰：「待先生如此其忠且敬也！寇至，則先去以為民望，寇退，則反；殆於不可！❷」

沈猶行❸曰：「是非汝所知也！昔沈猶有負芻❹之禍，從先生者七十人，未有與焉。」

子思居於衛，有齊寇。或曰：「寇至，盍去諸？」子思曰：「如伋去，君誰與守？」孟子曰：「曾子、子思同道。曾子，師也，父兄也；子思，臣也，微也。曾子、子思易地則皆然。」

註釋

❶無寓人於我室——寓，使人居住。動詞。莫要讓人住我的房子。

❷寇至，則先去以為民望，寇退則反，殆於不可——這是譏刺曾子，認為他不應在寇來前便一走了之。有負民望。

❸沈猶行——沈猶，複姓，魯之著氏。

❹負芻——人名。其人作亂。趙岐註：「時有作亂者曰負芻，來攻沈猶氏。」但朱熹卻註云：背柴打草者。

語譯

曾子住在武城。越國的軍隊來寇城。有人對曾子說：「敵寇來了，何不（盍）離去？」

曾子說：「不要讓別人住在我屋裡。不要破壞屋旁的樹木。」

敵人撤退了，他便說：「修理好我的牆屋，我將返回。」

敵人走了，曾子回來了。左右的人卻說：「武城人對待先生忠心恭敬。敵人要來，他卻先行離開為民立了壞榜樣，敵人一退，他就馬上回來。似乎不太恰當吧？」

沈猶行說：「這不是你們所能了解的。從前我也遭到寇亂之禍，跟隨先生的七十多人都避開了。沒有一人遭到災難。」

子思居住在衛國時，齊軍來寇。有人說：「敵寇來了，何不離去？」子思說：「假如我離去，誰同衛君一同守城呢？」

孟子說：「曾子、子思所守的大道是一樣的。曾子為武城人作師，等於父兄之輩。所以要去要留都不會遭到非難。子思微小，又是臣子。委質為臣子，自當死難，所以不離去。若兩人易地而處，他們也會作出一樣的事。」

三十一

儲子❶曰：「王使人瞯❷夫子，果有以異於人乎？」孟子曰：「何以異於人哉？堯、舜與人同耳。」

註釋

❶儲子——齊人。

❷瞯——偷窺。窺探。

三十二

齊人有一妻一妾而處室者，其良人出，則必饜酒肉而後反；其妻問其所與飲食者，則盡富貴也。

其妻告其妾曰：「良人出，則必饜酒肉而後反；問其與飲食者，盡富貴也；而未嘗有顯者來❶。吾將瞷良人之所之也。❷」

蚤起，施從良人之所之❸。徧國中無與立談者❹，卒之東郭墦間之祭者，乞其餘❺；不足，又顧而之他：此其為饜足之道也❻。

其妻歸，告其妾曰：「良人者，所仰望而終身也。今若此！」與其妾訕❼其良人，而相泣於中庭。而良人未之知也，施施❽從外來，驕其妻妾。

「由君子觀之，則人之所以求富貴利達者，其妻妾不羞也而不相泣者，幾希矣！」

註釋

❶未嘗有顯者來——從來沒有什麼名人顯要來我們家。

❷吾將瞷良人之所之也——我打算偷看他（丈夫）去什麼地方。良人、丈夫。

❸施從良人之所之——施、施者，邪施而行，不欲使良人覺也。施、音移。通迤。衺行也。

❹偏國中無與立談者——滿城之中，沒有一個人同他立談。

❺卒之東郭墦間之祭者，乞其餘——墦、墳墓。最後去東郭墳墓間，向祭墓者乞討殘酒剩菜。不夠，再向別人乞討。

❻此其為饜足之道也——這就是他能酒足肉飽的辦法。饜、飽、足。

❼訕——謗毀也。與其妾訕其良人——妻和妾譏笑丈夫（良人）。

❽施施——喜悅自得的樣子。

分析

若有官員貪汙，得到錢財，卻告訴妻妾是他堂堂正正賺來的，公司董事長、或者總經理，盜竊公款，掏空公司，他們有了錢，但他們的妻、子卻不知道。這些人，他們的行為，難道和孟子所說的「齊人」有什麼不同嗎？

孟子的這篇「小說」是拿來警告一些不義之徒的。這些人若讀了孟子的「齊人」故事而仍不知自己反省的，相信他們「走多了夜路，總會有一天碰到鬼。」

萬章篇（上）

一

萬章❶問曰：「舜往於田，號泣於旻天❷。何為其號泣也？」

孟子曰：「怨慕也。❸」

萬章曰：「『父母愛之，喜而不忘；父母惡之，勞而不怨。❹』然則舜怨乎？」

曰：「長息問於公明高❺曰：『舜往於田，則吾既得聞命矣；號泣於旻天，於父母，則吾不知也。』公明高曰：『是非爾所知也。』夫公明高以孝子之心，為不若是恝❻❼，我竭力耕田，共為子職而已矣，父母之不我愛，於我何哉？帝使其子九男二女，百官牛羊倉廩備，以事舜於畎畝之中❽。天下之士多就之者❾，帝將胥天下而遷之焉❿。為不順於父母，如窮人無所歸⓫。天下之士悅之，人之所欲也，而不足以解憂；好色，人之所欲，妻帝之二女，而不足以解憂；富，人之所欲，富有天下，而不足以解憂；貴，人之所欲，貴為天子，而不足以解憂。人悅之、好色、富貴，無足以解憂者；惟順於父母可以解憂。人少，則慕父母；知好色，則慕少艾⓬；有妻子，則慕妻子；仕則慕君，不得於君則熱中⓭。大孝終身慕父母。五十而慕者，予於大舜見之矣⓮。」

註釋

❶萬章——齊人。孟子弟子。

❷旻天——旻、音閩。秋天。旻天、蒼天。

❸怨慕也——怨、怨自己未能獲得父母的歡心。慕、思慕父母親。

❹「父母愛之」四句——《禮記・祭義》篇中說：「父母愛之，喜而不忘。父母惡之，懼而無怨。」同篇中又說：「思慈愛忘勞。」都是曾子說「孝」的話。萬章的話，可能便是根據《禮記》而說的。

❺長息問於公明高——長息是公明高的弟子。公明高是曾子的弟子。

❻恝——無憂無慮的樣子。不在乎。

❼為不若是恝——不該如此不在乎。

❽「帝使」三句——帝堯派他的九男二女，跟百官，帶著牛、羊、在田野中侍候帝舜。

❾天下之士多就之者——天下的士人也紛紛往就帝舜。

⑩帝將胥天下而遷之焉——胥——完全。悉。帝堯將全部天下遷就帝舜。

⑪為不順於父母，如窮人無所歸——因為得不到父母的順心，有如窮人之無家可歸。

⑫少艾——指年輕美貌的人。

⑬仕則慕君，不得於君則熱中——出仕的人愛慕君主。若得不到君主的寵信，不免心中焦躁發燒。

⑭大孝終身慕父母。五十而慕者，予於大舜見之矣——帝舜年五十而就帝位。（朱熹注：舜攝政時，年五十也。）

分析

孟子說：舜貴為天子，富有四海，取了堯的兩個女兒為妻，得到萬民的擁戴，這都是人們所追求的。但舜是最孝順的人，終身愛戴父母。由於沒能使父母順心，這才憂愁號哭。舜繼位天子時已五十歲。是以孟子說：「一個人到了五十歲還懷戀父母的，我在聖人帝舜身上發現到了！」

二

萬章問曰：「《詩》云：『娶妻如之何？必告父母。❶』信斯言也，宜莫如舜。舜之不告而娶，何也？❷」

孟子曰：「告則不得娶。男女居室，人之大倫也。如告，則廢人之大倫，以懟父母，是以不告也。❸」

萬章曰：「舜之不告而娶，則吾既得聞命矣；帝之妻舜而不告，何也？❹」

曰：「帝亦知告焉則不得妻也。」

萬章曰：「父母使舜完廩，捐階，瞽瞍焚廩。❺使浚井，出，從而揜之❻。象曰：『謨蓋都君咸我績，牛羊父母，倉廩父母，干戈朕，琴朕，弤朕，二嫂使治朕棲❼。』象往入舜宮，舜在牀琴❽。象曰：『鬱陶❾思君爾。』忸怩❿。舜曰：『惟茲臣庶，汝其於予治。⓫』不識舜不知象之將殺己與？」

曰：「奚而不知也？象憂亦憂，象喜亦喜。」

曰：「然則舜偽喜者與？」

曰：「否。昔者有饋生魚於鄭子產，子產使校人畜之池。校人烹之⓬，反命曰：『始舍之，圉圉焉；少則洋洋焉；攸然而逝。⓭』子產曰：『得其所哉！得其所哉！』校人出，曰：『孰謂子產智？予既烹而食之，曰：得其所哉！得其所哉！』故君子可欺以其方，難罔以非其道。彼以愛兄之道來，故誠信而喜之。奚偽焉？」

註釋

❶娶妻如之何？必告父母——《詩經・國風・齊・南山》：第三章第三四兩句。齊宣公與其妹文姜通姦。文姜嫁與魯桓公後，兄妹持續姦情。而魯桓公竟縱妻所欲。《南山》之詩，乃譏刺三人而作。萬章以此詩為證，似乎有欠考慮。（筆者在非洲多年。非洲人結婚，也是必告父母。原來非洲男孩娶妻，須用牛隻向女方下聘，換取妻子。若父母不同意，兒子便無法取得牛隻。沒有牛隻，當然便討不到老婆了。）

❷萬章認為：對於南風中幾章詩，其中意思，帝舜應該（宜）比誰都懂得。他為什麼還要不告父母便討老婆呢？

❸「告則不得娶」七句——「舜的父母不會准許舜娶妻的，所以舜不敢告訴父母。但男女嫁娶，同住一起，是人間的大道理所在。若告知父母，這個大道理便廢掉了。（繼之為）對父母的怨懟。所以，只好（從權）不告知。」懟、怨恨。

❹帝之妻舜而不告，何也？——帝堯「以女兒給舜為」妻，「妻」在此是動詞。「妻」舜、作為舜的妻子。

❺父母使舜完廩，捐階，瞽瞍焚廩——廩、穀倉。捐階、撤去梯子。瞽瞍、舜的父親。父母叫舜修

繕穀倉，（舜進了倉房），他的父親移去梯子，並放火燒穀倉。（意思是要燒死舜。）

❻使浚井，出，從而揜之——浚井、挖掘深井。浚通濬、通。揜、遮閉。覆蓋。瞽瞍使舜掘井。（舜逃）出，隨即用土覆蓋把井堵死。（意欲將舜悶死。）

❼「象曰」七句——（舜的異母弟）象說：「謀害舜都是我的功績。牛羊分給父母，倉廩分給父母。干戈給我，琴給我。強弓給我。兩位嫂嫂打理我的牀鋪。」謨、謀。蓋、害也。都君、指舜。舜所居處，一年成聚。二年成邑。三年成都。《史記》卷一〈五帝本紀〉：（舜）「一年而所居成聚，二年成邑，三年成都。」張守節〈正義〉：「謂村落。」三年成都，舜遂有都君之名。績、功勞。弤、雕弓。朕、我。古人可自稱「朕」。後來演變成皇帝自稱之專用字。棲、床鋪。

❽象往入舜宮，舜在牀琴——象去到舜的住宅（宮），舜坐在牀上彈琴。

❾鬱陶——思念的樣子。

❿忸怩——慚愧不安的樣子。

⓫惟茲臣庶，汝其於予治——惟、思。我想著這些臣子與庶民。於予治，幫我治理吧。

⓬有人餽贈一條活魚給鄭子產，子產叫管理池沼的小吏（校人）把魚放在池中養，小吏卻把魚烹而食之。

⓭開始把牠放進池裡，一副沒精打彩的樣子，而後洋洋得意的樣子，悠然游走了。圉、音語。圉圉、困而不舒的樣子。

⑭君子可欺以其方，難罔以非其道——你可以用常情常理的方法捉弄他，卻不可以用違背常理的手段矇騙他。

語譯

萬章問孟子：「《詩經》上說：「娶媳婦要如何？必先稟父母。」相信這兩句話的人，可能誰也比不上帝舜。但舜不告訴他們的父母便討妻房，那是怎麼回事呢？」

孟子說：「若告訴父母，舜便娶不成老婆了。夫婦是五倫中的大倫。若告知，便廢掉了大倫，造成對父母的怨恨，是以不曾告訴。」

萬章說：「舜之不告而娶，道理我懂了。帝堯把女兒嫁給舜也不哼聲，那又是怎麼回事呢？」

「帝堯也知道：他若先說出來，他也無法將女兒配給舜為妻。」

萬章說：「舜的父母叫他去修穀倉，等到他爬進穀倉了，瞽瞍立即拿走進倉的樓梯，放火燒穀倉。他們又差舜去淘井，舜入井後，他們立即填土封井，不知舜已逃出。（舜的異母兄弟）象說：『謀殺舜是我的功績。牛羊歸父母。倉廩歸父母。干戈等武器、琴、雕弓，都歸我。兩位嫂嫂讓她們替我舖床。』（舜沒有被殺死。）於是象走到舜的住處，舜正坐在床上彈琴。象說：『我好想念你。』卻不免愧容滿面，神色慌張。舜卻說：『我（彈琴）心裡想的是臣子和百姓。你幫我忙管理吧！』我（萬章自己）真不明白：舜究竟知不知道他的兄弟想謀殺他？」

孟子說：「怎麼會不知道呢？象發愁，他也發愁。象喜歡，他也喜歡。」

萬章說：「那麼，舜是假裝高興的囉？」

孟子說：「不是，從前有人送了一條活魚給子產。鄭子產。子產叫管理池塘的小吏將魚放入池中養。誰知這小吏卻將魚烹來吃掉了。他卻向子產復命說：『剛剛放進水池裡，魚還是半死不活的樣子。接著便洋洋得意的、悠然游走了。』子產說：『牠可找到好地方了！牠可找到好地方了！』小吏出來，對人說：『誰說子產聰明呢？魚早已經被我吃進肚子裡了。他還一個勁說：得其所哉！得其所哉！』——所以說：人可以想方法以常情捉弄他，卻不能以違背道理的手段矇騙他。象裝出敬兄愛兄的姿態，所以舜才會信以為真、並喜歡他。怎麼會是假裝的呢？」

分析

《論語・雍也篇》中，宰我問孔子：「假如有人向仁者報告說：『井中有一個人掉在裡面。他會跳下去救人嗎？』」孔子說：「你為什麼要如此作法呢？君子可以立刻跑過去找人救援，卻不會把自己也陷在井中。你可以欺之以方，卻不可能用詭計欺騙他！（因為，他不會上當。）」

孟子的「君子可欺以其方，難罔以非其道。」實是孔子理論的申論。

三

萬章問曰：「象日以殺舜為事，立為天子則放之，何也？❶」

孟子曰：「封之也；或曰，放焉。❷」

萬章曰：「舜流共工於幽州，放驩兜於崇山，殺三苗於三危，殛鯀於羽山，四罪而天下咸服。誅不仁也。象至不仁，封之有庳。有庳之人奚罪焉？仁人固如是乎？在他人則誅之，在弟則封之？❸」

曰：「仁人之於弟也，不藏怒焉，不宿怨焉，親愛之而已矣。親之，欲其貴也；愛之，欲其富也。封之有庳，富貴之也。身為天子，弟為匹夫，可謂親愛之乎？」

「敢問或曰放者，何謂也？❹」

曰：「象不得有為於其國，天子使吏治其國而納其貢稅焉，故謂之放。豈得暴彼民哉？雖然，欲常常而見之，故源源而來。『不及貢，以政接於有庳』❺，此之謂也。」

註釋

❶象天天想殺舜，舜立為天子，只流放象，萬章認為刑罰太輕，所以問孟子。

❷孟子說：「是封他，或說流放。」

❸萬章聽了孟子的話，更為困惑。於是他再問：「舜把共工流放到幽州。把驩兜流放到崇山。把三苗誅殺於三危，把治水不力的鯀處決於羽山。這四個誅不仁者的案子天下無不欽服。象是一個謀殺親兄的最不仁的人，居然把他封到有庳，有庳之人有什麼罪要接納象？舜是仁人，仁人那可以如此個作法，對於別人便予以誅死，對自己的弟弟反而封地！」共工、水官名。世襲。堯時之共工氏，荒淫怠事。與驩兜、三苗、鯀，稱四兇。舜言於堯，滅四兇。

❹敢問或曰放者，何謂也？——孟子說：「天子有派官吏治理有庳，繳納賦稅。象那能暴虐他的百姓？所以謂之放。」（也因有官吏治理其他之故，舜想常常看見他的兄弟，而象也得源源而來。源源，如流水之與源通。）

❺「不及貢，以政接於有庳」——所以說：「不必等到諸侯朝貢天子的時候，隨時可接見有庳的國君，商談政事。」

四

咸丘蒙問曰：「語云：『盛德之士，君不得而臣，父不得而子。舜南面而立，堯帥諸侯北面而朝之，瞽瞍亦北面而朝之；舜見瞽瞍，其容有蹙。』孔子曰：『於斯時也，天下殆哉，岌岌乎！』不識此語誠然乎哉？❶」

孟子曰：「否，此非君子之言，齊東野人之語也。堯老而舜攝也❷，堯典曰：『二十有八載，放勳乃徂落；百姓如喪考妣，三年，四海遏密八音。❸』孔子曰：『天無二日，民無二王。』舜既為天子矣，又帥天下諸侯，以為堯三年喪，是二天子矣！」

咸丘蒙曰：「舜之不臣堯，則吾既得聞命矣。詩云：『普天之下，莫非王土；率土之濱，莫非王臣。❹』而舜既為天子矣，敢問瞽瞍之非臣如何？❺」

曰：「是詩也，非是之謂也，勞於王事，而不得養父母也。曰：『此莫非王事，我獨賢勞也。❻』故說詩者，不以文害辭，不以辭害志；以意逆志，是為得之。如以辭而已矣❼。雲漢之詩曰：『周餘黎民，靡有孑遺。』信斯言也，是周無遺民也❽。孝子之至，莫大乎尊親，尊親之至，莫大乎以天下養，為天子父，尊之至也；以天下養，養之至也，詩曰：『永言孝思，孝思維則❾』，此之謂也。書曰：『祗載見瞽瞍，夔夔齋栗，瞽瞍亦允若』，是為父不得而子也。⑩」

註釋

❶咸丘蒙，孟子的弟子。咸丘，複姓。他聽人說：「『道德修養極高的人，國君不能以他為臣，父親也不能把他作兒子看待。舜當了天子，南面而立，堯帥領了各路諸侯由北面朝見他。舜的父親瞽瞍也北面而朝之。舜看見父親，不覺顯出愁苦不安的樣子。』孔子說：『在這個時候，天下可危險得很，險哉！』不知道這些話是不是真的？」岌、高。岌岌、形容高。也由高而衍伸出「危險」的意思。

❷孟子說：「你聽來的話不是事實，是齊東野人說的話。堯帝年事高，智力體力，都有所不便，由帝舜攝位而已。」（攝位，有如後世的冢宰。）（「齊東野人之語」宋代周密，原籍山東，其祖隨康王南渡，遂定居江南。他寫了一本書，叫「齊東野語」示不忘本。其書甚典麗，甚具參讀價值。）書名即由孟子的話演申而來。

❸帝堯名放勳。徂落、逝也。如喪考妣，好像死了爹娘。四海、天下。遏、停止。密、通謐。安靜。八音：三字經匏、土、革、木、石、金、絲與竹，乃八音。八音，泛指音樂。

❹「普天之下」四句——《詩經・小雅・北山之什・北山》溥天之下，莫非王土，率土之濱，莫非

王臣。（大夫不均，我從事獨賢。）溥、通普。率土之濱：循著土地的邊際。（大夫分配勞役不均，我的工作特別辛苦（賢）。）

❺咸丘用這章詩問孟子：「舜都已經作天子了，那他的父親瞽瞍竟不是他的臣民，那他算什麼？」

❻〈北山〉一詩作者歎「有的人享樂，有的人辛勞。大家都是王的臣子，獨我奔波辛苦，想要供養父母，都不得機會。」全詩的主題，就是「莫非王事，獨我辛勞。」

❼孟子批評說：「所以說，解說詩的人，不要因文字而損害語句。不要從語句而曲解著者的本意。要從詩的精神逆度著者的本意，才算真正理解。」

❽所以，孟子認為解詩，不可斷章取義。他說《詩經・大雅・蕩之什・雲漢》一詩有云：「周餘黎民，靡有孑遺！」意思是說：「周朝剩餘的平民，沒有一個人生存！」從字面上看上面兩句詩，意思是說「周朝的黎民已經死得一個都不剩了！」這當然不是事實。

❾永言孝思，孝思維則——《詩經・大雅・文王之什・下武》：永久能盡孝於先人，他的孝思可以供人民效法。這是讚美周武王孝於文王的詩。

❿書曰：祇載見瞽瞍，夔夔齋慄，瞽亦允若——見偽《古文尚書・大禹謨》。祇、恭敬。載、事。夔夔、敬慎恐懼貌。允、信也。若、順也。允若，信而順之。「恭恭敬敬地見瞽瞍，態度謹慎，手腳發抖。瞽瞍也信賴安詳。」

五

萬章曰：「堯以天下與舜，有諸？」

孟子曰：「否，天子不能以天下與人。」

「然則舜有天下也，孰與之？」

曰：「天與之。」

「天與之者，諄諄然命之乎？❶」

曰：「否，天不言，以行與事示之而已矣。❷」

曰：「以行與事示之者，如之何？」

曰：「天子能薦人於天，不能使天與之天下；諸侯能薦人於天子，不能使天子與之諸侯；大夫能薦人於諸侯，不能使諸侯與之大夫。昔者堯薦舜於天，而天受之，暴之於民，而民受之。故曰：『天不言，以行與事示之而已矣。❸』」

曰：「敢問『薦之於天，而天受之，暴之於民，而民受之』，如何？」

曰：「使之主祭，而百神享之，是天受之；使之主事而事治，百姓安之，是民受之也❹。天與之，人與之。故曰：『天子不能以天下與人。』舜相堯，二十有八載，非人之所能為也，天也。堯崩，三年之喪畢，舜避堯之子於南河之南。天下諸侯朝覲者，不之堯之子而之舜；訟獄者，不之堯之子而之舜；謳歌者，不謳歌堯之子而謳歌舜；故曰：『天也。』❺夫然後，之中國踐天子位焉。而居堯之宮，逼堯之子，是篡也，非天與也❻。《泰誓》曰：『天視自我民視，天聽自我民聽。❼』此之謂也。」

註釋

❶天與之者，諄諄然命之乎？——天給他時，是否再三叮囑交給他的嗎？

❷孟子說：「天不說話，但因舜的行為和所辦的事來表示罷了。」

❸天子能向天推薦人，但不能使天授與他天下。諸侯能荐人於天子，不能使天子把職位送給諸侯。大夫能荐人於諸侯，不能使諸侯與之大夫。從前，堯向天推薦舜；而天受之。向人民公布，人民也接受了。所以說：天不言，以行與事示之而已矣。

❹堯使舜主祭，而百神來享。這是表示上天接受舜。使舜掌理國事，他也辦得妥妥當當，人民都很安心。這是表示人民接受他。

❺帝舜為避開帝位讓堯的兒子。但天下諸侯朝觀，不去堯的兒子而到舜的地方。民事刑事案件都向舜裁治而不找堯的兒子。歌頌的人只歌頌舜而不是堯的兒子。所以說：「這是上天的意思。」

❻而居堯之宮，逼堯之子，是篡也，非天與也——而、如。假如住堯的宮，逼走堯的兒子，那是篡位，不是天與。

❼《泰誓》中：「天視自我民視，天聽自我民聽。」見諸《偽古文尚書》。

六

萬章問曰：「人有言：至於禹而德衰，不傳於賢，而傳於子，有諸？❶」

孟子曰：「否，不然也。天與賢，則與賢；天與子，則與子❷。昔者，舜薦禹於天，十有七年，舜崩，三年之喪畢，禹避舜之子於陽城，天下之民從之，若堯崩之后不從堯之子而從舜也。禹薦益於天，七年，禹崩，三年之喪畢，益避禹之子於箕山之陰。朝覲訟獄者不之益而之啓，曰：『吾君之子也。❸』謳歌者，不謳歌益而謳歌啓，曰：『吾君之子也。』丹朱之不肖，舜之子亦不肖。舜之相堯，禹之相舜也，歷年多，施澤於民久❹。啓賢，能敬承繼禹之道。益之相禹也，歷年少，施澤於民未久。舜、禹、益相去久遠，其子之賢不肖，皆天也，非人之所能為也。莫之為而為者，天也；莫之致而至者，命也❺。匹夫而有天下者，德必若舜禹，而又有天子薦之者，故仲尼不有天下❻。繼世以有天下，天之所廢，必若桀紂者也❼，故益、伊尹、周公不有天下。伊尹相湯以王於天下，湯崩，太丁未立，外丙二年，仲壬四年。太甲顛覆湯之典刑；伊尹放之於桐，三年太甲悔過，自怨自艾，於桐處仁遷義，三年，以聽伊尹之訓己也，復歸於亳❽。周公之不有天下，猶益之於夏、伊尹之於殷也。孔子曰：『唐虞禪，夏后、殷、周繼，其義一也。』❾」

註釋

❶禹傳子不傳賢，傳言禹之德行不足。萬章以問孟子。

❷孟子說：不是如此。天與賢，則傳賢。天與子，則傳子。

❸禹薦益於天……——夏禹薦益於天。七年之後，夏禹去世。益去箕山之陰，避禹之子啟。但朝覲者、訴訟者，都去啟那兒。歌頌的人，也只歌頌啟。都說：「是我們聖君的兒子。」

❹堯的兒子丹朱不肖，舜的兒子也不肖。舜相堯，禹相舜，經歷了很多年，恩澤施於人民也很久。所以人民都歸他們。

❺夏禹的兒子啟賢能，而益相禹歷年不多，恩澤施於民者不多。所以人民向啟，而不向益。一位天子的兒子賢或不肖，都是由天，不是人力能辦得到。沒有想到要這樣做卻做到了，這是天意。沒有想達到的目的卻達到了，這是命運。

❻孟子認為：庶人必須要有舜、禹一樣的超高道德，還得有天子的推薦，才能得天下。孔子沒有天

子推薦，雖然道德高，學識高，也沒作天子。益、伊尹、周公也沒作天子。

❼承繼父親而有天下，一定要有夏桀、殷紂這樣的暴君，才會為天所廢。

❽伊尹相湯——伊尹任商湯王的丞相。湯王去世，太丁未立而夭。外丙立二年。仲壬四年。太甲相繼。但太甲頑劣，破壞湯的典型。伊尹放逐他到桐。三年，太甲洗心革面，自怨自艾。在桐地方，按仁義行事。三年之後，能聽伊尹的教訓，才又回到亳當天子。

❾孔子說：「唐堯禪位於虞舜，舜禪於夏禹、三代讓賢。夏、商、周三代子孫世襲，道理是相同的。」

七

萬章問曰：「人有言：伊尹以割烹要湯，有諸？❶」

孟子曰：「否，不然。伊尹耕於有莘之野，而樂堯、舜之道焉。非其義也，非其道也，祿之以天下，弗顧也；繫馬千駟，弗視也。非其義也，非其道也，一介不以與人，一介不以取諸人❷。湯使人以幣聘之。囂囂然❸曰：『我何以湯之聘幣為哉！我豈若處畎畝之中，由是以樂堯、舜之道哉！』湯三使往聘之，既而幡然❹改曰：『與我處畎畝之中，由是以樂堯、舜之道，吾豈若使是君為堯、舜之君哉！吾豈若使是民為堯、舜之民哉！吾豈若於吾身親見之哉！天之生此民也，使先知覺後知，使先覺覺後覺也。予，天民之先覺者也，予將以斯道覺斯民也，非予覺之而誰也！』思天下之民，匹夫匹婦，有不被堯、舜之澤者，若己推而內之溝中；其自任以天下之重如此！故就湯而說之，以伐夏救民❺。吾未聞枉己而正人者也，況辱己以正天下者乎❻！聖人之行不同也；或遠或近，或去或不去；歸潔其身而已矣。吾聞其以堯、舜之道要湯，未聞以割烹也❼。伊訓曰：『天誅造攻自牧宮，朕載自亳。❽』」

註釋

❶人說：伊尹用廚藝邀湯王的寵幸，有那麼回事嗎？——割烹、切肉烹煮，即今日所謂的廚藝。日本至今用「割烹」表示「料理」。要、邀也。

❷孟子說：「伊尹在有莘地方的郊野耕種。而以堯、舜的大道為所好。若不以堯舜的標準、不合於義、不合於道，雖把天下的財富都給他，他也不屑一顧。把四千匹良馬繫在一處，他也看都不看。不合乎堯舜之道，不合乎堯舜之義，一根草也不願送人，也不願受人一根草！（一介、介芥通。介、小草。）

❸囂囂然——朱熹注：「無欲自得之貌。」不動心、不動情的樣子。

❹幡然——變動貌。（幡是長方形旗子，風吹動，翻來翻去。如一幡，一面白，一面黑。風吹動，或為白色，或為黑色。完全倒過來。幡然，由白變黑，或由黑變白。一反以往的態度。伊尹原說

「不」，現在轉變成說「好」，豈不是以白變黑，像幡一樣改變過來。）

❺故就湯而說之——因此去湯處而說服湯，討伐夏桀，拯救人民。

❻我沒聽說枉曲自己而能指正別人的，何況貶辱自己以正天下？

❼聖人的操行是不同的，或遠、或近，或去或不去，總歸要潔身自持。我聽說他是以堯舜之道邀得湯的青睞，不是用割烹。

❽《偽古文尚書．伊訓》天誅造攻自牧宮，朕載自亳——「天的懲罰從夏桀的宮室開始。我（伊尹自稱）自己，從亳（殷的首都）開始。造、開始。牧宮，湯宗廟。湯為牧伯，故稱其祖廟為牧宮。

八

萬章問曰：「或謂孔子於衛主癰疽，於齊主侍人瘠環：有諸乎？❶」

孟子曰：「否，不然也，好事者為之也。於衛主顏讎由❷。彌子之妻，與子路之妻，兄弟也❸」。彌子謂子路曰：『孔子主我，衛卿可得也❹。』子路以告，孔子曰：『有命。』孔子進以禮，退以義，得之不得曰：『有命』❺。而主癰疽與侍人瘠環，是無義無命也❻。孔子不悅於魯衛，遭宋桓司馬，將要而殺之，微服而過宋❼。是時孔子當阨❽，主司城貞子，為陳侯周臣。吾聞觀近臣，以其所為主，觀遠臣，以其所主❾。若孔子主癰疽與侍人瘠環，何以為孔子！」

註釋

❶主、以××為居停主人，動詞。萬章問三句——癰疽、衛靈公的寵幸宦官。瘠環、侍人、即寺人、也是宦官。齊國的太監。萬章問：「孔子在衛則住在宦官癰疽家，在齊又住在侍人瘠環家，人說如此真的嗎？」

❷孟子立予否認？孔子在衛住在顏讎由家。

❸彌子之妻，與子路之妻，兄弟也——彌子，衛靈公的寵臣彌子瑕。兄弟、姊妹也。

❹彌子瑕對子路說：「孔子若住我家，會得到『卿』的位子。」

❺孔子進不忘禮，退不忘義。得與不得，但曰：「聽命運！」

❻假如借住癰疽與侍人瘠環的家裡，那是既不顧義也不顧命的作法。

❼孔子在魯、衛都不得意。再遭遇到宋國的司馬桓魋要攔截殺他，因之改變裝束穿過宋國。

❽阨——困窮、危迫。孔子在困難之中，寄住在司城貞子家，為陳侯周的臣子。

❾吾聞觀近臣，以其所為主，觀遠臣，以其所主——我聽說：觀察在朝的近臣，看他曾留住什麼樣的客人。觀察遠臣，看他寄住在什麼樣人的家。

九

萬章問曰：「或曰：『百里奚，自鬻於秦養牲者，五羊之皮食牛，以要秦繆公。』信乎？❶」孟子曰：「否，不然，好事者為之也。百里奚，虞人也。晉人以垂棘之璧，與屈產之乘，假道於虞以伐虢；宮之奇諫，百里奚不諫。知虞公之不可諫❷。而去之秦，年已七十矣，曾不知以食牛干秦穆公之為汙也，可謂智乎？不可諫而不諫，可謂不智乎？知虞公之將亡，而先去之，不可謂不智也。時舉於秦，知穆公之可與有行也，而相之，可謂不智乎❸？相秦而顯其君於天下，可傳於後世，不賢而能之乎❹？自鬻以成其君，鄉黨自好者不為，而謂賢者為之乎？❺」

註釋

❶百里奚——春秋時虞人，字井伯。少貧，流落不偶。後事虞公為大夫。晉國滅虞，百里奚被俘。將以為秦穆公夫人媵。百里奚深以為恥，逃走至宛，被楚鄙人抓住。穆公聽說他有賢名，拿五羖羊皮贖他，授以國政。相秦七年，秦乃得稱霸。人號稱他五羖大夫。羖、黑色公羊。萬章聽說：

百里奚把自己賣給秦國養牲口的人，得到五張羊皮，放牛，藉此引起秦穆公的注意。（要、邀。惹起注意。）果有其事嗎？

❷晉國想滅虢國，擬借道虞國，他們拿了垂棘地方出產的玉璧，和屈地所產的良馬四匹（乘為四匹）送給虞公。宮之奇進諫虞公，以為不可借道。百里奚不諫，他知道虞公不可能會從諫。

❸孟子說明百里奚是如何聰明的人。他說：「百里奚去秦國，年已七十。他難道不知拿牧牛來干秦穆公之為汙濁的行為，那能算得上聰明？明知不可諫，便不諫，可謂不聰明嗎？知虞一定會被晉滅亡，及早離開，不可以說是不聰明。及時在秦國發展，知道穆公是可以有為的君主，而任其宰相，難道是不聰明？」

❹百里奚相秦，使穆公稱霸於天下。他若不賢德，能辦得到嗎？

❺孟子的結論是：把自己賣掉（鬻）去成全君主，一般鄉里中清白的人都不肯（如此屈身辱己），賢者豈能這樣作嗎？

萬章篇（下）

十

孟子曰：「伯夷，目不視惡色，耳不聽惡聲；非其君不事，非其民不使；治則進，亂則退；橫政之所出，橫民之所止，不忍居也；思與鄉人處，如以朝衣朝冠坐於塗炭也。當紂之時，居北海之濱，以待天下之清也。故聞伯夷之風者，頑夫廉，懦夫有立志❶。

「伊尹曰：『何事非君？何使非民？』治亦進，亂亦進。曰：『天之生斯民也，使先知覺後知，使先覺覺後覺。予，天民之先覺者也。予將以此道覺此民也。』思天下之民，匹夫匹婦有不與被堯、舜之澤者，若己推而內之溝中，其自任以天下之重也❷。

「柳下惠，不羞汙君，不辭小官；進不隱賢，必以其道。遺佚而不怨，阨窮而不憫；與鄉人處，由由然不忍去也。『爾為爾，我為我，雖袒裼裸裎於我側，爾焉能浼我哉？』故聞柳下惠之風者，鄙夫寬，薄夫敦❸❹。

「孔子之去齊，接淅而行；去魯。曰：『遲遲吾行也，去父母國之道也。』可以速而速，可以久而久，可以處而處，可以仕而仕：孔子也。❺」

孟子曰：「伯夷，聖之清者也；伊尹，聖之任者也；柳下惠，聖之和者也；孔子，聖之時者也❻。孔子之謂集大成。集大成也者，金聲而玉振之也。金聲也者。始條理也；玉振之也者，終條理也。始條理者，智之事也；終條理者，聖之事也❼。智，譬則巧也；聖，譬則力也。由射於百步之外也；其至，爾力也？其中，非爾力也❽。」

註釋

❶伯夷的為人，眼不看惡色，耳不聽惡聲。不是他心目中可敬信的君主，他不肯事奉。不是他認為可教化的人民，他不會指使。政治清明，他才仕進。政治混亂，他便告退。行暴政之國，暴民所處之國，他不願居住。和鄙俗的俚人坐在一起，就像穿了朝衣、戴了禮帽而坐在泥路或炭灰中（一樣難過）。紂王橫暴統治之時，他逃到北海海邊，等待天下清明。聽到伯夷事蹟作風的人，貪頑的人也變得廉潔了。懦弱的人也開始堅強起來、立定志向了。

❷伊尹的作風又另樹一幟。他說：「哪樣的國君不可侍奉？哪種百姓不可支使？」治時固然要任官，亂世也一樣要任官。他又說：「上天生育這麼些人，使先知者啟發那些後知者。使先覺者去

喚起那些後覺的人。我、正是先覺者。我將以聖賢之道來領導這些人民。」伊尹認為天下的人民，匹夫匹婦，有一個人沒有沾到堯、舜的德澤，就好像這個人是被他推到溝裡去的。他是如此的把施仁政於天下人民的重擔一肩挑。

❸柳下惠不以侍奉壞的君主為羞恥，也不因官小而辭去。進用時從不隱藏自己的智慧才能，遭到遺棄也不怨恨。處於困窮也不發愁。和鄙俗的人相處，也很自在的不忍離開。他認為：「你是你，我是我。雖然你赤身裸體在我身側，你怎能汙染我呢？」所以，孟子說：聽到柳下惠作風的，鄙陋的人心胸開闊了。刻薄的人也敦厚起來了。

❹頑夫——趙岐注：「玩貪之夫。」毛奇齡四書賸言認為「頑」字古皆是「貪」字。貪婪不知足也。內，納。遺佚，遺失。憫，憂。阨窮而不憫：處於困窮之中卻不愁。袒裼，露臂也。裸，赤體無衣。裎，脫衣露體也。浼，汙也。寬——心胸開闊。敦——敦厚。接淅而行——朱熹注：「接，猶承也。淅、漬米水也。漬米將炊，而欲去之速，故以手承水取米而行，不及炊也。」金聲——鑄鐘發出的聲音。玉振——玉磬收束的餘韻。朱熹注：「先擊鑄鐘以宣其聲。俟其既闋（止），而後擊特磬以收其韻。宣以始之，收以終之。

❺孔子離開，淘了米煮飯也等不及，用手接著濕米便動身。離開魯國時他卻說：「慢慢的走吧，這才是離開自己的祖國應有的態度。」孟子說：「要快就快，要久就久。該隱居就隱居，該作官便作官。這才是孔子。

❻孟子認為：伯夷是聖人中之清高者。伊尹是聖人中之最負責者。柳下惠是聖人中之最隨和者。孔子是聖人中識時務者。

❼「金聲也者」八句——條理：戴震孟子字義疏證說：「在物之質曰肌理，曰腠理、曰文理。得其分，則有條而不紊、謂之條理。」拿金鐘聲開始是什麼意思呢？就是啟發眾音的脈絡。拿玉磬聲結束是什麼意思呢？就是集結諸音的脈絡。啟發是智的表現。

❽智，譬則巧也。聖，譬則力也——智，好譬是技巧。聖，好譬是力量。例如射箭到百步之外，靠力。射中的，便靠技巧了。

十一

北宮錡問曰：「周室班爵祿也，如之何？❶」孟子曰：「其詳不可得聞也。諸侯惡其害己也，而皆去其籍❷。然而軻也，嘗聞其略也。天子一位，公一位，侯一位，伯一位，子、男同一位：凡五等也❸。君一位，卿一位，大夫一位，上士一位，中士一位，下士一位：凡六等❹。天子之制，地方千里；公、侯，皆方百里；伯七十里；子、男五十里：凡四等。不能五十里，不達於天子；附於諸侯，曰附庸❺。天子之卿受地視侯，大夫受地視伯，元士受地視子、男❻。大國地方百里；君十卿祿，卿祿四大夫，大夫倍上士，上士倍中士，中士倍下士，下士與庶人在官者同祿，祿足以代其耕也。次國地方七十里，君十卿祿，卿祿三大夫，大夫倍上士，上士倍中士，中士倍下士，下士與庶人在官者同祿，祿足以代其耕也。小國地方五十里；君十卿祿，卿祿二大夫，大夫倍上士，上士倍中士，中士倍下士，下士與庶人在官者同祿，祿足以代其耕也。耕者之所獲：一夫百畝，百畝之糞，上農夫食九人，上次食八人，中食七人，中次食六人，下食五人；庶人在官者，其祿以是為差。」

註釋

❶ 北宮錡——衛國人。班——動詞。定等級。北宮錡問孟子：「周氏定官爵和俸祿的等級，是怎樣的呢？」

❷ 孟子說：「詳細的情形不知道。諸侯怕會不利於自己，把有關檔籍都除去了。」

❸ 爵分五等：天子是一級，公一級，侯一級，伯一級、子和男是同一級。

❹ 祿分六級：君是一級，卿一級，大夫一級。上士一級，中士一級。（君應該是指一國的君主、諸侯）

❺ 治理的土地不滿五十里者，不能直接上達天子。只能附屬於諸侯。稱為「附庸」。

❻ 授地——天子之卿所受的封地跟侯一樣，大夫所受封地跟伯一樣，上士的封地跟子和男一樣。

十二

萬章問曰：「敢問『友』。」孟子曰：「不挾長，不挾貴，不挾兄弟而友；友也者，友其德也，不可以有挾也❶。孟獻子，百乘之家也，有友五人焉：樂正裘、牧仲，其三人則予忘之矣❷。獻子之與此五人者友也，無獻子之家者也；此五人者，亦有獻子之家，則不與之友矣。非惟百乘之家為然也，雖小國之君亦有之。費惠公曰：『吾於子思，則師之矣，吾於顏般，則友之矣；王順、長息，則事我者也。』❸非惟小國之君為然也，雖大國之君亦有之。晉平公之於亥唐也，入云則入，坐云則坐，食云則食；雖蔬食菜羹，未嘗不飽，蓋不敢不飽也❹。然終於此而已矣；弗與共天位也，弗與治天職也，弗與食天祿也：士之尊賢者也，非王公之尊賢也❺。舜尚見帝，帝館甥於貳室，亦饗舜，迭為賓主。是天子而友匹夫也❻。用下敬上，謂之貴貴，用上敬下，謂之尊賢；貴貴尊賢，其義一也。」

註釋

❶孟子說：「交朋友是取其品德，不可有所自恃（挾）。不自恃年高。不自恃職位高。不自恃兄弟

的勢力。」

❷孟獻子——魯國的大夫。名仲孫篾。樂正裘、牧仲。我們查閱漢書卷二十古今人表，孟獻子列入第四等（共九等）。即中上。（上上為聖人。上中為仁人。上下為智人。）和他同列入第四等的有樂正裘、牧中。可能即是樂正裘和牧仲。百乘之家，有車百輛，馬四百匹，那是大家了。

❸費惠公——顏師古云：費音秘。費惠公列入古今人表中第四等。他的名字後面是顏敢、王慎和長息。可能便是孟子所說的顏般、王順三人。費惠公說：「我以子思為師，以顏般為友。王順、長息卻是侍奉我的人。」

❹晉平公和亥唐間的關係。他去看亥唐，亥唐叫他進去，他才進去。叫他坐才坐。叫他吃飯就吃。而且不管是粗茶淡飯，他一定吃飽。因為交情不淺，不敢不吃飽。按：晉平公時，朝中賢臣甚多。亥唐晉人，不願為官，隱於窮。平公有事要請教他，致禮而相見。漢書古今人物表中，列為第六等（中下）。

❺晉平公對亥唐，只如上列所述。沒有和他共列官位，不給他官職，不給他食俸祿。這是士人對賢者的尊敬，不是王公對賢者的尊敬。

❻尚——同「上」。貳室，有別於正宮。不是正屋。偏屋。舜拜見帝堯，堯也請舜吃飯，相互間是主、賓的關係。是天子和普通人作朋友。甥、女婿也叫甥。女婿稱岳父為外舅。

語譯

萬章問：「不敢請問交朋友如何。」

孟子說：「交友不倚仗年歲大，不倚仗地位高，也不倚仗兄弟的財富地位。所謂交友，是以其人的德性而交，不能倚仗任何物事。從前孟獻子，是家有馬車百乘的大夫，他有五個友人。他們是樂正裘、牧仲。另外三人的名字我忘了。獻子跟他們交，完全忘記自己是百乘之家的大夫。此五友，也不理睬獻子的財富和地位。小國的國君交友也例似。費國的惠公曾說：『我把（朋友中的）子思看成師長。對顏般，看成朋友。王順和長息，卻是侍奉我的人。』不但小國之君，大國之君也是。晉平公對於亥唐，亥唐叫平公進，便進。叫他坐，便坐。叫他吃飯便吃。雖然是粗飯菜湯，平公也一定吃飽。由於交情，不敢不吃飽。僅此而已。畢竟他沒和亥唐同列官位、同治國家、同受俸祿。這是士人對賢者的尊敬。不是王公對賢者的尊敬。舜拜見堯帝，堯帝讓這位女婿住在副宮中，也請他吃飯。相互間是主人和客人的關係。這是天子跟普通人交友的例子。地位低的人尊敬地位高的人，乃是尊崇貴人。地位高的人尊敬地位低的人，是尊敬賢人。崇貴、尊賢，道理是相同的。」

十三

萬章曰：「敢問交際何心也？」

孟子曰：「恭也。」

曰：「『卻之卻之為不恭』，何哉？❶」

曰：「尊者賜之，曰：『其所取之者，義乎，不義乎？』而后受之，以是為不恭，故弗卻也❷。」

曰：「請無以辭卻之，以心卻之，曰：『其取諸民之不義也』，而以他辭無受，不可乎？❸」

曰：「其交也以道，其接也以禮，斯孔子受之矣。❹」

萬章曰：「今有禦人於國門之外者，其交也以道，其餽也以禮，斯可受禦與？❺」

曰：「不可。〈康誥〉曰：『殺越人於貨，閔不畏死，凡民罔不譈。❻』是不待教而誅者也。殷受夏，周受殷，所不辭也；於今為烈，如之何其受之？❼」

曰：「今之諸侯取之於民也，猶禦也。苟善其禮際矣，斯君子受之，敢問何說也？❽」

曰：「子以為有王者作，將比今之諸侯而誅之乎？其教之不改而后誅之乎？夫謂非其有而取之者盜也，充類至義之盡也。孔子之仕於魯也，魯人獵較，孔子亦獵較。獵較猶可，而況受其賜乎？❾❿」

曰：「然則孔子之仕也，非事道與？」

曰：「事道也。」

「事道奚獵較也？」

曰：「孔子先簿正祭器，不以四方之食供簿正。⓫」

曰：「奚不去也？」

曰：「為之兆也，兆足以行矣⓬，而不行，而后去，是以未嘗有所終三年淹也。孔子有見行可之仕，有際可之仕，有公養之仕⓭。於季桓子，見行可之仕也；於衛靈公，際可之仕也；於衛孝公，公養之仕也。」

註釋

❶卻之卻之為不恭，何哉？——拒絕不收，再拒絕不收，是不恭敬。為什麼？

❷尊者賜之，至故弗卻也——由於是長輩所賜的東西，你要先考慮：「他所取的禮物，是合乎義、還是不合乎義？而後再接受。這是看輕他送禮物的誠意了，是不恭敬的。所以不拒絕。」

❸「請無以辭卻之」至「不可乎？」——不用直接的語言推辭不受，而從心裡拒絕：「他的禮物是從百姓那兒用不義的手段取來的。再以其他的言詞來拒絕。可以嗎？」

❹其交也以道，接也以禮，斯孔子受之矣——（假如）他以道相交，以禮相接。如此，孔子也會接受了。

❺「今有禦人於國門之外者」四句——現在有人在郊野搶劫他人的財物，他按規矩同人交往，按禮數送人禮物——搶劫來的贓物——，如此可以接受嗎？

❻〈康誥〉曰：殺越人於貨，閔不畏死，凡民罔不譈。——越、隕。倒。於、取也。或、財貨。閔、尚書作啟、勉。譈、尚書作憝。殺也。（見孟子趙岐註）全意是說：「殺倒人而奪取他們的財貨，盡力為非作歹而不怕死，凡是人民莫不切齒痛恨（譈）（都願把他殺死）。（屈萬里：《尚書釋義》。）

❼「是不待教而誅者也」六句——這些人是不必教育便可處以死刑的。（這種規矩）殷繼承夏，周繼承殷，現在情形更烈。（這種禮物）如何可以接受呢？

❽「今之諸侯」五句——今日的諸侯，榨取人民，猶如攔路劫財。假如他們善於交際的禮節，君子便接受（他們的禮物），敢問這又該如何個解說？

❾子以為有王者作一段——你以為有聖王興起，便會把現今的諸侯全部誅殺掉嗎？或者先予教育，不聽而後誅殺之？（我們）通常說：不是自己所有的財物而取之，便是強盜，這是最廣義的解

釋。孔子在魯國服官時，魯人有獵較的風俗。孔子也參加這種搶奪獵物的「競爭」。搶奪獵物都可參與，何況是接受贈與！

❿ 交際，朱熹注：「際、接也。交際謂人以禮儀幣帛相交接也。」禦，朱熹注：「止也。止人而殺之，且奪其貨也。」即現今所謂的攔路搶劫。譈，憎恨、怨恨。充類至義，朱熹注：「夫禦人於國門之外無非其有而取之，二者固皆不義之類。然必禦人乃為真盜。其謂非有而取為盜者，乃推其類至於義之至精至密之處而極言之耳。」充類，充其類，推廣到極點。至義、極其義，這四個字是說：阻擋住人而強取其財物是「盜」，非其有而取之也叫盜。那是把盜的意義採用極其廣闊的解釋。獵較，田獵相較奪禽獸，得之以祭，時俗所尚，以為吉祥，孔子不違而從之，所以小同於世也。

⓫ 孔子先簿正祭器，不以四方之食供簿正。——孔子先用簿記載明了祭祀器皿，不用四方（外方）的祭品供祭祀用。（如此，獵較所得獵物根本不能派上用場。這種風俗便自然會漸漸停止了。）

⓬ 為之兆也，兆足以行矣而不行，而後去，是以未嘗有三年淹也——兆、開始。肇。孔子開始先試試。試試沒有用，那麼他便離去了。是以孔子不曾在一處淹留三年的。（淹、停留。）

⓭ 見行可之仕，有際可之仕，有公養之仕——朱熹注：「際可，接遇以禮也。公養，國君養賢之禮也。」見行可，見道可行也。

十四

孟子曰：「仕非為貧也，而有時乎為貧；娶妻非為養也，而有時乎為養❶。為貧者，辭尊居卑，辭富居貧。辭尊居卑，辭富居貧，惡乎宜乎？抱關擊柝❷。孔子嘗為委吏矣❸，曰：『會計當』而已矣；嘗為乘田矣，曰：『牛羊茁壯長』而已矣❸。位卑而言高，罪也。立乎人之本朝而道不行，恥也。❹」

註釋

❶孟子說：「作官不是因為貧窮。但有時卻是因為貧窮。娶妻不是為了孝養父母，而有時也是為了孝養父母。」

❷因為貧窮而作官，就該辭高官，居低位。拒厚祿，領薄俸。辭高官，居低位。拒厚祿，領薄俸，怎麼處置才適宜呢？當個小門吏，或打更小吏吧。

❸孔子曾當過委吏——管倉廩的小官。經常要說：「收支數字當核實了。」他也曾做過管牲畜的小吏——乘田。時常要說：「牛羊都長得很茁壯了。」

❹位卑而言高，罪也。立乎人之本朝而道不行，恥也——官卑職小的人高談治國方針，是罪過。身在朝廷之中任官而不能推行治國之道，那是羞恥！

十五

萬章曰：「士之不託❶諸侯，何也？」
孟子曰：「不敢也。諸侯失國，而後託於諸侯，禮也。士之託於諸侯，非禮也。」
萬章曰：「君饋之粟，則受之乎？」
曰：「受之。」
「受之何義也？」
曰：「君之於氓也，固周之。❷」
曰：「周之則受，賜之則不受，何也？」
曰：「不敢也。」
曰：「敢問其不敢何也？」
曰：「抱關擊柝者，皆有常職以食於上❸。無常職而賜於上者，以為不恭也。」
曰：「君饋之，則受之，不識可常繼乎？」

曰：「繆公之於子思也，亟問，亟餽鼎肉。子思不悅❹。於卒也，摽使者出諸大門之外，北面稽首再拜而不受❺，曰：『今而后知君之犬馬畜伋。❻』蓋自是臺❼無餽也。悅賢不能舉，又不能養也，可謂悅賢乎？」

曰：「敢問國君欲養君子，如何斯可謂養矣？❽」

曰：「以君命將之，再拜稽首而受。其後廩人繼粟，庖人繼肉，不以君命將之❾。子思以為鼎肉使己僕僕爾亟拜也，非養君子之道也。堯之於舜也，使其子九男事之，二女女焉，百官牛羊倉廩備，以養舜於畎畝之中，後舉而加諸上位❿。故曰：王公之尊賢者也。」

註釋

❶託——寄食，投靠。

❷君之於氓也，固周之——氓，來自他國的移民。周、周濟。君主對於外來移民原本就要予以周濟的。

❸抱關擊柝者，皆有常職以食於上——抱關者、守門人。擊柝者、打更的更夫。他們都有職務，所以由上面給養。

❹繆公之於子思也，亟問，亟餽鼎肉。子思不悅——亟、音器。頻頻的。屢次問候。鼎肉——朱熹

注：「熟肉。」繆公常常問候子思，送給他熟肉。子思不高興。

❺於卒也，摽使者出諸大門之外，北面稽首再拜而不受——卒、最後。終於。摽、麾。揮手把使者請出大門。再拜，卻不接受餽贈。

❻君之犬馬畜伋——子思，名孔伋。他認為繆公的作法，是把他當作犬馬一樣畜養。

❼臺——楊樹達謂：「臺當讀始。意思也當始字解。」朱熹注謂：「臺、賤官。主使令者。」朱熹是根據趙岐註。我們認為楊說為是。「自是臺無餽也。」從現在開始不再餽送熟肉了。

❽國君欲養君子，如何斯可謂養矣？——請注意：「畜」與「養」的不同。家有犬、馬，我們給他吃的食物，這是「畜」。父母在堂，兒女供養父母，可不能只把食物差人端上，而要子女親自侍候老人家進餐。這才是養。而且「色難」要有誠心孝順的態度相對。（好顏色相對。）

❾廩人繼粟，庖人繼肉——開始時，以君主之名送肉送米，受者必稽首接受。接著，由掌管米倉的人續送米，掌廚房的人續送肉，不用君主的名字。受者也就不必再稽首拜受。

❿后舉而加諸上位——后、後來。後來，帝堯提升舜擔任高職位。

語　譯

萬章問：「士不能依靠諸侯過日子，為什麼呢？」

孟子說：「不敢。諸侯失去了自己的國，而後寄居另一諸侯的國中，是合乎禮的。士若寄託他國的諸侯是不合禮的。」

萬章問：「國君送給他糧食，可以接受嗎？」

孟子說：「可以接受。」

「什麼理由可以接受呢？」

「國君對外來移民，常予周濟。」

「周濟可以接受，賜與不可接受，又是什麼道理？」

「不敢。」

「何謂不敢？」

「門吏、更伕，都有工作，才受上面的給養。沒有做事，而接受上面的賞賜，是不恭敬的。」

「國君送東西給他就接受，可否經常如此呢？」

「從前繆公對於子思，經常派人去問候，經常贈與熟肉，子思不高興。最後，他把使者攆出門外，朝北叩頭，一再作揖，拒絕接受。說：『從今後，才知道國君是把我當犬、馬一樣看待而畜我！』從此才不再給子思送東西了。愛賢人而不能舉用，又不能奉養，能稱上是喜愛賢士嗎？

萬章又說：「請問：國君要如何做法，才算是奉養賢士呢？」

孟子說：（略。）

十六

萬章曰：「敢問不見諸侯，何義也？」

孟子曰：「在國曰市井之臣，在野曰草莽之臣，皆謂庶人。庶人不傳質為臣，不敢見於諸侯，禮也。❶」

萬章曰：「庶人，召之役，則往役；君欲見之，召之，則不往見之，何也？」

曰：「往役，義也；往見，不義也。且君之欲見之也，何為也哉？」

曰：「為其多聞也，為其賢也。」

曰：「為其多聞也，則天子不召師，而況諸侯乎？為其賢也，則吾未聞欲見賢而召之也❷。繆公亟見於子思，曰：『古千乘之國以友士，何如？』子思不悅，曰：『古之人有言曰：事之云乎，豈曰友之云乎？❸』子思之不悅也，豈不曰：『以位，則子，君也；我，臣也；何敢與君友也？以德，則子事我者也，奚可以與我友？❹』千乘之君求與之友而不可得也，而況可召與？齊景公田，招虞人以旌，不至，將殺之。志士不忘在溝壑，勇士不忘喪其元。孔子奚取焉？取非其招不往也。❺」

曰：「敢問招虞人何以？」

曰：「以皮冠。庶人以旃，士以旂，大夫以旌。以大夫之招招虞人，虞人死不敢往；以士之招招庶人，庶人豈敢往哉？況乎以不賢人之招招賢人乎❻？欲見賢人而不以其道，猶欲其入而閉之門也。夫義，路也；禮，門也。惟君子能由是路，出入是門也。《詩》云：『周道如底，其直如矢；君子所履，小人所視。❼』」

萬章曰：「孔子，君命召，不俟駕而行；然則孔子非與？」

曰：「孔子當仕有官職，而以其官召之也。」

註釋

❶。庶人不傳質為臣，不敢見於諸侯，禮也。——庶人要見國君，不送見面禮，不敢謁見。這是禮。傳質——傳送禮物。質、同贄。

❷若欲見見識廣博的人（多聞），天子都不可以召喚他的老師。若要見賢人，諸侯更不可以用召喚。

❸（魯）繆公幾次（亟）見子思，問他：「古來千乘之國，國君以士為友，，何如？」子思不高興。他說：「古人說：國君『事』士人為師，何可『友之』？」

❹孟子分析子思的話：「拿地位來說，繆公是君，子思是臣，臣何可與君為友？若以德行來說，繆公應該以子思為師而事之，何可友之？」

❺齊景公田獵，用旌（飾有羽毛的旗子）召喚管理獵場的虞人，旌是用來招換大夫的，虞人官太小，不敢回應。有志之士不在乎棄屍山溝。勇士不頭顱（元）被砍。孔子為什麼肯定他，肯定他不懼殺頭而不肯回應不合理的招換。

❻依制：招虞人用皮冠。招庶人以旃（曲柄之旗），招士以旂（旗上繪龍且有鈴者），招大夫以旌。孟子的結論是，招賢人，必以招賢人的方式。要見賢人而不按規矩，好似要人進屋卻把門關起來。

❼師云：「周道如底，其直如矢。君子所履，小人所視。」見《詩經・小雅・小旻之什・大東》：周道，大路。底、同砥。磨刀石，譯文：大路像磨刀石一樣的平，像弓箭一般的直。君子的行為，小人們都看得清清楚楚。

十七

孟子謂萬章曰：「一鄉之善士，斯友一鄉之善士；一國之善士，斯友一國之善士；天下之善士，斯友天下之善士。以友天下之善士為未足，又尚論古之人。頌其詩，讀其書，不知其人可乎！是以論其世也：是尚友也。」

分析

孟子說：「一個鄉的優秀之士和一個鄉的優秀之士交朋友。一個國的好人和一個國的好人為朋友。天下的好人和天下的好人為友，若認為還不夠，可以上溯到古代人物，吟頌他們的詩，研討他們的書。然而，不知道他們為人，可以嗎？是以再要研究他們所處的時代。這就是和古人交了朋友。

我們覺得：孟子這一段話，可能是演繹孔子所說的：「無友不如己者。」（《論語・學而》

十八

齊宣王問「卿」。

孟子曰：「王，何卿之問也？」

王曰：「卿不同乎？」

曰：「不同，有貴戚之卿，有異姓之卿。」

王曰：「請問貴戚之卿。」

曰：「君有大過則諫，反覆之而不聽，則易位。」王勃然變乎色。

曰：「王勿異也。王問臣，臣不敢不以正對。」王色定，然后請問異姓之卿。

曰：「君有過則諫，反覆之而不聽，則去。」

分析

齊宣王問孟子有關卿相的問題。三代的官，有卿、大夫和士三級。卿有上、中、下之分。孟子對宣王說：「有貴戚之卿，有異姓之卿。二者的差別：「國君有大過錯，貴戚之卿進諫。三番兩次進諫，國君不聽，就另立國君。」宣王聽了，臉色大變。孟子立即解釋說：「大王既然問，臣子當然要誠實回答。」宣王的臉色平和下來。再問：「異姓的卿呢？」孟子說：「異姓的卿，向國君進諫。多次進諫，國君不聽，那就只好辭職離去。」

告子篇（上）——凡二十章

（註：告子，名不可考。與孟子同時代之學者。）

一

告子曰：「性，猶杞柳也；義，猶桮棬也；以人性為仁義，猶以杞柳為桮棬❶。」

孟子曰：「子能順杞柳之性，而以為桮棬乎？將戕賊杞柳，而後以為桮棬也❷？如將戕賊杞柳而以為桮棬，則亦將戕賊人以為仁義與❸？率天下之人而禍仁義者，必子之言夫！❹」

註釋

❶告子說：「人性如同樹木中柔軟的杞柳。義理如同彎曲木頭以作成的杯盤。以人性行仁義之事，有如用杞柳作杯盤。」杞柳、楊柳科，落葉樹。人取其細條，以火逼使柔屈，編成箱篋。桮、

杯。盃。飲器。桮棬，沒有雕飾的木杯盤。

❷人能順著杞柳的自然性質作成杯盤嗎？還是要殘害杞柳的本性、才能作成杯盤呢？戕，殺。戕賊，殘害。

❸如果要殘害杞柳的形、性才能作成杯盤，那麼，也要殘害人的本性才可以作出合乎仁義的事呢？

❹孟子指出告子的錯誤所在。結論是：依照告子的說話，那是帶領天下的人去禍害仁義！

語譯

告子說：「人性就像（可以使之彎曲的）杞柳。義理就好像（用杞柳彎曲製成的）杯盤。用人性去行仁義，就像用杞柳製成桮棬（杯盤）。」

孟子說：「您能夠順著杞柳的本性製成桮棬嗎？還是要毀傷杞柳之後才能製成桮棬呢？如果要毀傷杞柳才能用來製成桮棬，那不是要毀人性才能實行仁義呢？帶著天下的人去禍害仁義，那就是你的高見囉！」

二

告子曰：「性，猶湍水也：決諸東方則東流，決諸西方則西流。人性之無分於善不善也，猶水之無分於東西也。❶」

孟子曰：「水信無分於東西，無分於上下乎？人性之善也，猶水之就下也；人無有不善，水無有不下❷。今夫水：搏而躍之，可使過顙，激而行之，可使在山，是豈水之性哉，其勢則然也。人之可使為不善，其性亦猶是也。❸」

註釋

❶告子認為：人性沒有善和不善之分，就好像湍急的水，東邊有缺口，便向東邊流。西邊有缺口，便向西邊流。

❷孟子駁他：水固然不分東西，但分上下。人性的善，就好像水的向下。人無有不善，水無有不下。

❸用手拍打水，水可能濺得很高，甚至高過額頭（顙）遏住水流，（像水壩攔住水。）可使它留在山裡，甚至逆流上山。這是情勢所迫，當然不是水的本性。假如為情勢所迫，人也可以做壞事，像水被激在山一樣。這就是孟子性善學說的一部分。

語譯

告子說：「人性好比急流的水。東方出現缺口，便向東流，把缺口開到西邊，它就向西流。人性沒有善不善，就好像水是不分東西一樣。」

孟子說：「水確實不分東西，無分高下嗎？人性的向善，就像水向下。人沒有不善，水沒有不下。但一經拍打，水可能濺得很高，高過人的額頭。若用戽斗汲取，水還可以引上山。這豈是水的本性？是情勢使它變成這樣的。人可以被慫恿作壞事。本性可變成使壞，也是同樣的道理。」

三

告子曰：「生之謂性❶。」

孟子曰：「生之謂性也，猶白之謂白與？❷」

曰：「然。」

「白羽之白也，猶白雪之白；白雪之白，猶白玉之白與？」

曰：「然。」「然則犬之性，猶牛之性；牛之性，猶人之性與？」

註釋

❶告子說：「天生的本質就叫性。」

❷孟子駁他：天生的本質叫性，白羽、白雪、白玉的白都一樣？犬的性，如牛之性。牛之性，猶如人之性？」

四

告子曰：「食色，性也。仁，內也，非外也；義，外也，非內也。」

孟子曰：「何以謂仁內義外也？」

曰：「彼長而我長之，非有長於我也；猶彼白而我白之，以其白於外也，故謂之外也。」

曰：「異於白馬之白也，無以異於白人之白也；不識長馬之長也，無以異於長人之長與？且謂長者義乎？長之者義乎？」

曰：「吾弟則愛之，秦人之弟則不愛也，是以我為悅者也，故謂之內。長楚人之長，亦長吾之長，是以長為悅者也，故謂之外也。」

曰：「耆❶秦人之炙❷，無以異於耆吾炙，夫物則亦有然者也，然則炙亦有外與？」

註釋

❶耆——同嗜。喜歡。好。

❷炙——烤肉。

語譯

告子說：「飲食男女，是人的本性。仁是內在的品質，不是表現在外的。義是表現外在的行為，不是內在的品質。」

孟子說：「怎麼叫做仁是內在的品德，而義是外在的表現？」

「他年紀大於我，我以長輩對待他。這就是義。我看見白的東西，白的外表讓我想起：這是白的。我便以白看待它。所以說：這是外在的。」

孟子說：「白馬的白，無異於白人的白，不知道對老馬的尊敬，和對於年長者的尊敬是否沒有不同呢？是年長的『義』，還是尊敬長者的人『義』？」

告子說：「我的弟弟，我愛他。秦人的弟弟，我便不愛了。愛是自我內心出發的，以我為中心，所以叫內。尊敬楚國的長者，我也尊敬我的長者，這是以『長』為中心，所以為外。」

孟子說：「愛好秦人所作的燒肉，和愛好我自己所作的燒肉。物也有相同的地方。難道好吃燒肉也分內外？」

（我們猜想告子的意思可能是：父子天性，母親愛孩子，都是從內心出發的，他認為那便是仁。看到長輩予以尊敬，因經驗而分別黑白等，由外界事物所誘發的內心感應，便是義。）但他實在沒說清楚：能分別顏色如何可稱之為「義」呢？

五

孟季子❶問公都子曰：「何以謂義內也？」

曰：「行吾敬，故謂之內也。」

「鄉人長於伯兄一歲，則誰敬？」

曰：「敬兄。」

「酌則誰先？」

曰：「先酌鄉人。」

「所敬在此，所長在彼，果在外，非由內也。」

公都子不能答，以告孟子。

孟子曰：「敬叔父乎？敬弟乎？彼將曰：『敬叔父。』曰：『弟為尸❷，則誰敬？』彼將曰：『敬弟。』子曰：『惡在其敬叔父也？』彼將曰：『在位❸故也。』子亦曰：『在位故也。』庸敬❹在兄，斯須❺之敬在鄉人。」

季子聞之，曰：「敬叔父則敬，敬弟則敬，果在外，非由內也。」

公都子曰：「冬日則飲湯❻，夏日則飲水，然則飲食亦在外也？」

註釋

❶孟季子——焦循《孟子正義》中說：「趙岐注未有『孟』字，而〈疏〉直以『季任』當之。知當時所據經文，實亦未有『孟』字。」故不知為何人。或謂「可能是孟子之兄弟。」若然，他為何不直接問孟子，而要經由公都子？

❷弟為尸，則誰敬——假如弟弟當了祭祀儀式中受祭的代理人（即「尸」），那該敬誰？

❸在位——在受祭之位。代表受祭的神靈或死者。

❹庸敬——庸、常常。庸敬，常常敬。

❺斯須——須臾。一會兒。
❻湯——熱水。

語譯

孟季子問公都子：「何以說義是內在的東西？」
曰：「恭敬出自內心，故是義內。」
「鄉人長於你大哥一歲，該先敬誰？」
曰：「敬兄。」
「酒宴時斟酒，先斟給誰？」
「鄉人。」
「內心敬的是兄長，斟酒時卻先敬別人，可見義是外在的，不是內在的。」
公都子答不出來，請教孟子。
孟子說：「尊敬叔父還是尊敬兄弟？他一定會說：『尊敬叔父。』假如弟弟是上祭時任尸，那麼，先敬誰？他一定說『敬弟。』你問他：『為什麼要說敬叔父呢？』他會答：『所處地位的關係。』你也可以說：『所處場合故也。平常敬兄，臨時場合敬鄉人。』」

季子聽說了，說：「敬叔父是敬，敬弟弟也是敬，果然是外在的。」

公都子說：「冬天喝熱水，夏天喝涼水，難道飲食也是外在的嗎？」

六

公都子曰：「告子曰：『性無善無不善也。』或曰：『性可以為善，可以為不善。是故文武❶興，則民好善，幽厲❷興，則民好暴。』或曰：『有性善，有性不善。是故以堯為君而有象；以瞽瞍為父而有舜；以紂為兄之子，且以為君，而有微子啟、王子比干。』今曰『性善』，然則彼皆非與？」

孟子曰：「乃若其性，則可以為善矣，乃所謂善也。若夫為不善，非才之罪也。惻隱之心，人皆有之；羞惡之心，人皆有之；恭敬之心，人皆有之；是非之心，人皆有之。惻隱之心，仁也；羞惡之心，義也；恭敬之心，禮也；是非之心，智也。仁義禮智，非由外鑠❸我也，我固有之也，弗思耳矣。故曰：『求則得之，舍則失之。』或相倍蓰❹而無算者，不能盡其才者也。《詩》曰：『天生蒸民，有物有則。民之秉彝，好是懿德。❺』孔子曰：『為此詩者，其知道乎！故有物必有則；民之秉彝也，故好是懿德。』」

註釋

❶文武——周文王、周武王。

❷幽、厲——周幽王、周厲王。

❸鑠——朱熹注：「鑠、以火銷金之名，自外以至內也。」

❹蓰——五倍。

❺好是懿德四句——《詩經・大雅・蒸民》蒸民：庶民。則：法則。秉：執。彝、常。好：喜愛。懿德：美德。「上天生下了眾百姓，有事物，必有法則。人民的常性，都喜歡好的德性。」

七

孟子曰：「富歲子弟多賴，兇歲子弟多暴。非天之降才爾殊也，其所以陷溺其心者然也❶。

「今夫麰麥，播種而耰之，其地同，樹之時又同；浡然而生，至於日至之時，皆熟矣；雖有不同，則地有肥磽，雨露之養，人事之不齊也❷。

「故凡同類者，舉相似也；何獨至於人而疑之？聖人與我同類者。故龍子曰：『不知足而為屨，我知其不為蕢也！』屨之相似，天下之足同也❸。口之於味，有同耆也，易牙先得我口之所耆者也；如使口之於味也，其性與人殊，若犬馬之於我不同類也。則天下何耆皆從易牙之於味也？至於味，天下期於易牙，是天下之口相似也，惟耳亦然❹。至於聲，天下期於師曠，是天下之耳相似也。惟目亦然❺，至於子都，天下莫不知其姣也；不知子都之姣者，無目者也❻。

故曰：口之於味也，有同耆焉；耳之於聲也，有同聽焉；目之於色也，有同美焉。至於心，獨無所同然乎？心之所同然者，何也？謂理也。義也。聖人先得我心之所同然耳。故理義之悅我心，猶芻豢之悅我口。❼」

註釋

❶「孟子說」四句——豐年，子弟多有依賴之心。荒年，子弟多半有暴力傾向。這不是天生的才質不同，是環境所陷溺之故。（賴，阮元認賴、懶相通。意思是說：豐年的子弟傾向懶惰。）

❷麰麥：大麥。耰：磨田器。此處為動詞：播種以後磨土使可以掩蓋種子。浡然而生：浡然、興作貌。很茂盛地生長出來。日至：夏至。肥磽：肥沃與瘦瘠。例如種大麥，同一地點，同一時間種

麥子長得很好。夏至時，麥都成熟了。雖然有點不同，是因為地有肥瘠，雨露不均，人事勤惰等因素。

❸「故凡同類者」九句——是故凡是同一類的東西，大致情況相似，為什麼對人類卻採懷疑態度呢？聖人和我們同一類。故龍子說：「不知道腳的大小而編草鞋，我知道他不會編成一個草籃子（蕢）。」草鞋都相似，人的腳也都相同。

❹「口之於味」，至「惟耳亦然」——口的對於味道，大家都有相同的嗜好（耆）。古來名廚師易牙早就弄清楚了人們口的嗜好。若人的口味各殊，好像犬、馬和我們不同類。那麼天下之人怎麼會欣賞易牙（所煮菜餚）的口味呢？至於味，天下都期盼能達到易牙的水準。是因為天下人的口都相似、耳朵也是相同的。

❺至於聲，天下期於師曠，是天下之耳相似也。惟目亦然——師曠、朱熹注：「能審音者也。言師曠所知音則天下皆以為美也。」

❻至於子都，天下莫不知其姣也。不知子都之姣者，無目者也——子都、朱熹注：「古之美人也。」《詩經‧山有扶蘇》「不見子都，乃見狂且。」子都是古之美男子。漢詩：「昔有霍家奴，姓馮名子都。」後人以子都代表美男子。一如以西施之代表美女。姣、好。天下都知道子都「姣好」，不知道子都的美，那是沒有眼睛。

❼本章書孟子作結論說：美味，大家的口都好吃。美聲，大家的耳朵都愛聽。美色，大家的眼睛都

喜歡看。大家的心，難道沒有相同愛好嗎？有。那就是理。就是義。聖人先知道眾人的心的所同好，所以理、義能使人心高興，一如家畜的肉能使我們的嘴滿足。」芻豢：草食曰芻，牛羊是也。穀食曰豢，犬豕是也。芻豢、泛指家畜。

八

孟子曰：「牛山❶之木嘗美矣。以其郊於大國也，斧斤伐之，可以為美乎？是其日夜之所息，雨露之所潤，非無萌蘖❷之生焉；牛羊又從而牧之，是以若彼濯濯❸也；人見其濯濯也，以為未嘗有材焉，此豈山之性也哉？

「雖存乎人者，豈無仁義之心哉！其所以放其良心者❹，亦猶斧斤之於木也。旦旦而伐之，可以為美乎？其日夜之所息，平旦之氣，其好惡與人相近也者幾希；則其旦晝❺之所為，有梏亡之矣❻。梏之反覆，則其夜氣不足以存；夜氣不足以存，則其違禽獸不遠矣。人見其禽獸也，而以為未嘗有才焉者，是豈人之情也哉？

「故苟得其養，無物不長；苟失其養，無物不消。孔子曰：『操則存，舍則亡；出入無時，莫知其鄉。❼』惟心之謂與！」

註釋

❶牛山——齊臨淄縣南的山。

❷萌蘖——小芽。（喻微小之物。）

❸濯濯——無草木的樣子。光禿禿的。

❹放其良心——心無檢制，縱肆失度曰放心。

❺旦晝——焦循《孟子正義》：「旦晝，猶云明日。」

❻梏亡——梏、拘禁。束縛。梏亡、因受束縛而消亡。

❼莫知其鄉——不知他走向何處。鄉：通向。

語譯

孟子說：「齊國臨淄東南方的牛山，原生滿了樹木，由於地處市郊，經過人們的砍伐，牛羊的放牧，居然變得光禿禿一片。人們見了，以為牛山是草木不能生長的山。其實不是。「存於人身的，難道沒有仁義的本性？他們白天黑夜發出的善心，清晨培養出的朝氣，使他們的愛憎，與一般人也差不多。然而，第二天的所作所為，（一點善心）又因為受到干擾而喪失了。一而再的受到干擾，漸漸和禽獸相近了。人們還以為他們根本沒有過善良的本質，當然不對。（善性）如得到培育，如何會不生長？失去培育，如何不消亡？孔子說：「抓緊就能發展。放棄就會消失。出入不定時，誰知道他向那裡走？」這可能是說的心性吧!?

九

孟子曰：「無或❶乎王之不智也，雖有天下易生之物，一日暴之❷，十日寒之，未有能生者也。吾見亦罕矣，吾退而寒之者至矣，吾如有萌焉何哉！❸「今夫弈之為數，小數也；不專心致志，則不得也。弈秋❹，通國之善弈者也。使弈秋誨二人弈：其一人專心致志，惟弈秋之為聽；一人雖聽之，一心以為有鴻鵠將至，思援弓繳而射之。雖與之俱學，弗若之矣。為是其智弗若與？曰：非然也。」

註釋

❶或——通「惑」。

❷暴——暴露在太陽下，曬。

❸吾見亦罕矣——我見（王）的次數很少。我辭出後，那些坑害君王的小人便來了。我如何能使君王的善心萌芽呢？（寒之——寒是動詞。相物（指君王。）在曬了一天之後，使他寒冷的小人便來了！）

❹弈秋——古之善奕者。

語譯

孟子說：「下棋是小技術，假如不專心學，也不可能學好。奕秋是全國下圍棋的第一把好手。若讓他同時教兩人下棋，一人專心聽講，另一人，一邊聽，一邊想：是否大的雁要飛過來了，想持弓箭去射雁。這樣一來，雖然同一位老師教，受同一樣的課程，想射雁的便不如專心致志的學生了。是智慧不相若嗎？當然不是。

十

孟子曰：「魚，我所欲也；熊掌，亦我所欲也；二者不可得兼，舍魚而取熊掌者也。

生，亦我所欲也；義，亦我所欲也；二者不可得兼，舍生而取義者也。生亦我所欲，所欲有甚於生者，故不為苟得也。死亦我所惡，所惡有甚於死者，故患有所不辟也。如使人之所欲莫甚於生，則凡可以得生者，何不用也？使人之所惡莫甚於死者，則凡可以辟患者，何不為也？由是則生而有不用也；由是則可以辟患而有不為也。是故，所欲有甚於生者，所惡有甚於死者，非獨賢者有是心也，人皆有之，賢者能勿喪耳。

「一簞食，一豆羹❶，得之則生，弗得則死。嘑❷爾而與之，行道之人弗受；蹴❸爾而與之，乞人不屑也。萬鍾則不辨禮義而受之，萬鍾於我何加焉！為宮室之美，妻妾之奉，所識窮乏者得❹我與？鄉❺為身死而不受，今為宮室之美為之；鄉為身死而不受，今為妻妾之奉為之；鄉為身死而不受，今為所識窮乏者得我而為之；是亦不可以已乎？此之謂失其本心。」

註釋

❶一豆羹——豆，食器。形似高盤，有蓋。

❷嘑——趙岐注：「嘑爾，猶嘑爾。咄啐之貌也。」即叱喝唾罵的意思。

❸蹴——以腳踐踏。

❹得——與「德」通。
❺鄉——向。一向。向來。

語譯

孟子說：「我愛吃魚，也愛吃熊掌。若二者不可同時享有，我只能選熊掌而放棄魚了。我酷愛生命，也酷愛義。兩者不可同時享有，我寧捨生取義。

「一竹籃飯、一木碗湯。吃了就可以活命。不吃就會餓死。呼呼喝喝叫人吃，路過的窮人也不會要吃。踢人一腳則給人吃，乞丐不屑於接受。但萬鍾厚祿人不分清是否合乎禮義便接受，這萬鍾俸祿對我有什麼好處呢？為了可住豪宅？為了可多置妻妾？為了可拿來向所識窮人施舍而使他們對自己感恩？以往寧死不受的，現在都受了。難道不可以置之不理嗎？這就叫失去了本性！」

十一

孟子曰：「仁，人心也；義，人路也；舍其路而弗由，放其心而不知求，哀哉！人有雞犬放❶，則知求之；有放心，而不知求。學問之道無他，求其放心而已矣。」

註釋

❶放——失去。

語譯

孟子說：「仁是人的心靈。義是人的道路。捨棄道路不走，失去了良心又不知道去找回來！人家有雞或狗走失了，都知道要去找。心丟了卻不知道去找。所以說，學問沒有別的，只是去把丟生掉了的善心找回來而已。」

十二

孟子曰：「今有無名之指，屈而不信❶，非疾痛害事也；如有能信之者，則不遠秦、楚之路，為指之不若人也。指不若人，則知惡之；心不若人，則不知惡：此之謂不知類也。」

註釋

❶屈而不信——彎曲了而伸不直。信、伸直。

語譯

孟子說：「有人無名指彎曲伸不直，也沒痛苦，也不礙事。但若有人把屈指弄得可以伸直，則不怕遠，去秦國、去楚國醫治。因為覺得手指不能和別人相比。手指不如人，便覺厭煩。心靈不如人，卻不知不好，這就叫不知輕重。」（不知類，朱熹注：「言其不知輕重之等也。」）

十三

孟子曰：「拱把之桐梓❶，人苟欲生之，皆知所以養之者；至於身，而不知所以養之者，豈愛身不若桐梓哉？弗思甚也！」

註釋

❶拱把之桐梓——趙岐注：「拱、合兩手也。把，以一手把之也。」桐、落葉喬木。可長到九公尺高。古來用來作琴瑟。梓，落葉喬木。可長到六公尺高。

語譯

孟子說：「細小的桐樹、梓樹，人們如果要使它們長大，都知道如何去培養它們。至於自身的修養，卻不知道如何去進行。難道愛護自己還不如愛護桐樹、梓樹？太沒有好好的想一想呀！」

十四

孟子曰：「人之於身也，兼所愛；兼所愛，則兼所養也；無尺寸之膚不愛焉，則無尺寸之膚不養也。所以考其善不善者，豈有他哉，於己取之而已矣！體有貴賤，有小大；無以小害大，無以賤害貴❶；養其小者為小人，養其大者為大人，今有場師❷，舍其梧檟，養其樲棘❸，則為賤場師焉；養其一指，而失其肩背而不知也，則為狼疾❹人也。飲食之人，則人賤之矣，為其養小以失大也。飲食之人，無有失也，則口腹豈適❺為尺寸之膚哉！」

註釋

❶無以小害大，無以賤害貴──朱熹注：「賤而小者，口腹也。貴而大者，心志也。」

❷場師──現今之園藝技師。古時，管理山地園圃者。

❸舍其梧、檟，養其樲棘──不種梧、檟一類貴重的樹，而培養酸棗和荊棘一類的賤樹。

❹狼疾──狼籍。昏亂、糊塗。焦循《孟子正義》：「狼籍由昏錯，害而不知。此醫之昏憒（務目）？亂者矣。」

❺口腹豈適為尺寸之膚哉！

語譯

孟子說：「人對於自己的身體，無處不愛。所以也就無處不予保養，判斷他保養的方式好不好，就看他偏重哪一部分。身體各部分，有主要、有次要。有小、有大。不能只顧小，而害大。注意次要，卻忽略了主要。著重小處的人，是小人。著重大處的人是大人。管理山田的人但種酸棗、荊棘、卻捨棄貴重的梧桐、檟樹，那是一個愚蠢的場師。為了顧及手指而失去了膀臂，那是個糊塗人。只圖口腹之慾大吃大喝，而受到人的鄙視，便是貪小失大。若說他沒有失去什麼，難道吃喝只是為了滿足口胃那一尺一寸的肌膚嗎！

十五

公都子問曰：「鈞❶是人也，或為大人，或為小人，何也？」

孟子曰：「從其大體為大人，從其小體為小人。❷」

曰：「鈞是人也，或從其大體，或從其小體，何也？」

曰：「耳目之官不思，而蔽於物；物交物，則引之而已矣。心之官則思，思則得之，不思則不得也。此天之所與我者。先立乎其大者，則其小者不能奪也：此為大人而已矣。」

註釋

❶鈞——均。

❷從其大體為大人，從其小體為小人——我們臆測：孟子所說的大體是「心志」。所說的小體是器官。所以他說：依照心的人，是大人。只顧到身體一部分來判斷者，是小人。例如：你眼睛看到的，可能不是事實。你只信任眼睛，而忘了用心去判斷，那便是小人了。

語譯

公都子問：「都一樣是人，為什麼有的是大人，有的是小人呢？」

孟子說：「遵從大體來判斷的是大人，但從小體來決定的是小人。」

公都子再問：「一樣是人，或遵從大體，或聽從小體，為什麼呢？」

孟子說：「眼睛和耳朵兩種器官不會思考，常被事物所矇騙。以物接物，或相引誘迷惑。心的器官會思考，思考便能作決定。不思考便一無所得。上天所賦與我們的器官，要先發揮大器官的功能，小器官便不能影響了。這樣便成為品德高尚的人了。

十六

孟子曰：「有天爵者，有人爵者。仁義忠信，樂善不倦，此天爵也；公卿大夫，此人爵也。古之人，修其天爵，而人爵從之。今之人修其天爵，以要人爵❶；既得人爵，而棄其天爵，則惑之甚者也，終亦必亡而已矣。」

註釋

❶以要人爵——要、邀。求。以求得人爵。

語譯

孟子說：「有天賜的爵位，有人定的爵位。仁、義、忠、信是天爵。公、卿、大夫，是人爵。古人修養天爵，樂善不倦，人爵自然而來。現今的人也修天爵，只是他們的目的是為了獲取人爵。

一日得到了人爵，便棄天爵不顧了！這才是十分糊塗，結果是自取滅亡。」

十七

孟子曰：「欲貴者，人之同心也。人人有貴於己者，弗思耳。人之所貴者，非良貴也。趙孟❶之所貴，趙孟能賤之。詩云：『既醉以酒，既飽以德❷。』言飽乎仁義也，所以不願人之膏粱之味也，令聞❸廣譽施於身，所以不願人之文繡也。」

註釋

❶趙孟——晉國正卿趙盾，字孟。

❷詩云：既醉以酒，既飽以德——《詩經・大雅・既醉》「既蒙君子飲之以美酒，又賜以德言。」

❸令聞——很高的聲望。

語譯

孟子說：「人人都心想尊貴。每人自身便有可貴的地方。只是自己去思考罷了。別人所提的貴，不是良質的貴。晉國的正卿趙盾，他能使人貴，也能使他賤。《詩經》上說：『既蒙君子賜飲美酒，又飽賜以德言。』是說飽以仁義。所以不羡慕別人的膏粱美餚。身負高名廣譽，所以也不羡慕人錦衣繡袍了。」

十八

孟子曰：「仁之勝不仁也，猶水之勝火。今之為仁者，猶以一杯水救一車薪之火也；不熄，則謂之水不勝火。此又與❶於不仁之甚者也，亦終必亡而已矣！」

註釋

❶與——朱熹注「猶助也。」

語譯

孟子說：「仁者能戰勝不仁者，就好像水之能勝火。方今行仁的人，好似用一杯水去救一車木材燃起的大火，撲不熄。便說水不能勝過火。這等於是助長了那些不仁到極點的人，其結果連一點點小仁也會被犧牲掉。」

十九

孟子曰：「五穀者，種之美者也；苟為不熟，不如荑稗❶。夫仁，亦在乎熟之而已矣。」

註釋

❶荑、稗一種草。稗、長於稻田或低溼處，可作家畜飼料。荑稗——焦循《孟子正義》中說：「古從夷從弟之字多通稊，與稗俱堪水旱。種無不熟。北方農家種之以備水旱。

語譯

孟子說：「五穀是非常好的糧食。假如沒成熟，還不如荑、稗！仁也一樣，要成熟才行。」

二十

孟子曰：「羿之教人射，必志於彀❶，學者亦必志於彀。大匠誨人，必以規矩；學者亦必以規矩。」

註釋

❶必志於彀——朱熹注：「志，猶期也。彀、滿弓。」

語譯

孟子說：「后羿（古之善射者）教人射箭，總希望能拉滿弓。學射的人也希望能拉滿弓。高明的木匠教人一定講規矩，學木工的人也必須以規矩為標準。」

告子篇（下）——凡十六章

二十一

任人有問屋廬子曰❶：「禮與食孰重？」

曰：「禮重。」

「色與禮孰重？❷」

曰：「禮重。」

曰：「以禮食，則飢而死，不以禮食，則得食，必以禮乎？親迎，則不得妻，不親迎，則得妻，必親迎乎？」

屋廬子不能對，明日之鄒，以告孟子。

孟子曰：「於答是也，何有❸？不揣其本，而齊其末，方寸之木可使高於岑樓❹。金重於羽者，豈謂一鉤金與一輿羽之謂哉？取食之重者，與禮之輕者而比之，奚翅食重❺？取色之重者與禮之輕者而比之，奚翅色重？往應之曰，『紾❻兄之臂而奪之食，則得食，不紾，則不得食，則將紾之乎？踰東家牆而摟其處子，則得妻；不摟，則不得妻；則將摟之乎？』」

註釋

❶任人有問屋廬子——任、古國名。在今山東濟寧。屋廬子名連，孟子的弟子。

❷色與禮孰重——色、美色。禮、禮義之禮。

❸於答是也，何有？——於音烏，感嘆詞。何有：何氏注云：「不難也。」

❹不揣其本，而齊其末，方寸之木可使高於岑樓——我們認為：這是語意學上命題（Proposition）和命題方程式（Propositional function）的問題。岑樓，朱熹注：是「樓之高銳山者。」我們說「岑樓比寸木高。」這是命題方式，不是命題。假如我們說：「這岑樓比那一百塊積木堆起來還要高一百尺。」這才是命題。一個岑樓若是一百尺高，我們有一萬塊方寸的積木，堆起來，可不比岑樓高得多？孟子的意思是說：不注重本，只注重末，是不對的。

❺奚翅食重——翅、同「啻」。止。奚翅——何止。

❻紾——扭轉。

語譯

任國人問屋廬子：「禮和食物那一樣比較重要？」

答：「禮重要。」

又問：「色和禮呢？」

又答：「禮重。」

任人再問：「要看重禮來找食，便會餓死。不遵守禮便可得到食物。還要重禮嗎？親迎不能討到老婆。不親迎才能討到老婆。還要親迎嗎？」（親迎是禮的規定。）

屋廬子答不上來。第二天，他到鄒，問孟子。

孟子說：「嘿，這有什麼難答的？不說到重要的基本只比末端，方寸之木（若放在高山頂）可使比尖尖的高樓還高。金比羽毛重，當然不是說一個金鉤的金子和一車羽毛相比！拿吃的重要和禮的輕微細節相較，何止是食物更重要？拿婚姻的重要和禮的輕微末節相較，當然是婚姻重要。你去反問他：『若是要扭斷哥哥的手臂才能得到食物，你會去扭斷他的手嗎？你要爬過牆去強行摟抱人家的處女才能得到妻子，否則便得不到。你會爬牆去摟她嗎？』」

二十二

曹交❶問曰：「人皆可以為堯舜，有諸？」

孟子曰：「然。」

「交聞文王十尺，湯九尺，今交九尺四寸以長，食粟而已，如何則可？」

曰：「奚有於是？亦為之而已矣。有人於此，力不能勝一匹雛❷，則為無力人矣；今曰舉百鈞，則為有力人矣。然則舉烏獲❸之任，是亦為烏獲而已矣。夫人豈以不勝為患哉？弗為耳。徐行后長者謂之弟，疾行先長者謂之不弟❹。夫徐行者，豈人所不能哉？所不為也。堯舜之道，孝弟而已矣。子服堯之服，誦堯之言，行堯之行，是堯而已矣。子服桀之服，誦桀之言，行桀之行，是桀而已矣。」

曰：「交得見於鄒君，可以假館，願留而受業於門。」

曰：「夫道若大路然，豈難知哉？人病不求耳。子歸而求之，有餘師。」

註釋

❶曹交——趙岐注：「曹君的兄弟。」但孟子時，曹國已亡多時（王伯厚：困學紀聞：左傳哀公八年，宋滅曹。）《史記》〈曹世・家〉也說宋滅曹。

❷一匹雛——一隻小雞。

❸烏獲——古時的大力士。

❹徐行四句——慢步而行走在長者之後是悌的行為。快步走在長輩前便是不悌的行為。

語譯

曹交自認身高比湯王高，比文王也差不多，卻不能有他們的作為。孟子對他說：「你若徐步走在長者之後，便是悌。快步走在長者之前，便不悌。徐行誰不會呢？只看你肯不肯作。堯舜之道，便只是孝悌。你若穿堯的衣服，說堯的話，行堯的行為便是堯了。你若穿桀的衣服，說他說的話，行他的行為，你便是桀了。道和大路一樣，很容易知道的。只要你肯用功，處處都能找到老師。」

二十三

公孫丑問曰：「高子❶曰：『〈小弁❷〉，小人之詩也。』」

孟子曰：「何以言之？」

曰：「怨。」

曰：「固哉❸，高叟之為詩也！有人於此，越人關弓而射之，則己談笑而道之；無他，疏之也。其兄關弓而射之，則己垂涕泣而道之，無他，戚之也。〈小弁〉之怨，親親也。親親，仁也。固矣夫，高叟之為詩也！」

曰：「〈凱風〉❺何以不怨？」

曰：「〈凱風〉，親之過小者也；〈小弁〉，親之過大者也。親之過大而不怨，是愈疏也；親之過小而怨，是不可磯❻也。愈疏，不孝也；不可磯，亦不孝也。孔子曰：『舜其至孝矣，五十而慕。❼』」

註釋

❶高子——齊人，孟子弟子。

❷小弁——《詩經》〈小雅・小弁〉：弁音盤。快樂的樣子。共八章。學者認是「亂世憂讒畏禍之詩」。茲舉其一，以概其餘：「鹿斯之奔，維足伎伎，雉之朝雊，尚求其雌。譬彼壞木，疾用無枝。心之憂矣，寧莫之知！」意思大約是：「鹿兒奔跑，兩足安舒。野雞晨鳴，在求其雌。身如枯樹，無葉無枝。我心傷悲，人莫之知！」（朱熹注：「周幽王娶申后，生太子宜白。又得褒姒，生伯服。王黜申后，立褒姒。廢宜白，立伯服。於是宜白之傅為作此詩，以敘其哀痛迫切之情。」

❸固哉——固陋之甚也。

❹關弓——滿張其弓備發矢。

❺〈凱風〉——學者謂是「孝子感念母恩報答不盡而自責之詩。」

❻磯——激動。朱熹注：「不可磯，言微激之而遽怒也。」

❼五十而慕——舜帝五十歲還懷戀父母。

語譯

公孫丑說：「高子說〈小弁〉是小人之詩。」

孟子說：「怎麼說？」

答：「怨。」

孟子說：「高老頭解詩太固陋了！越人張好弓、布好箭、要射某人，某人事後談起，談笑自若。因為越人和他非親非故。若是他的親哥哥張弓射他，他提起時不禁流涕流淚。因為兄弟相親之故。〈小弁〉所怨的，乃是親親。愛護親人，是仁的表現。高老頭解詩實在太固執不化！」

「那麼，詩〈凱風〉何以不怨呢？」

「〈凱風〉，因為母親的過錯小。〈小弁〉，則是因為父親的過錯大。父母過錯大而不怨，表示親情薄。父母過錯小而怨，表示更疏遠，更不親了。是不孝。孔子說：『舜是至孝的人，五十歲還懷戀父母。』」

二十四

宋牼❶將之楚，孟子遇於石丘，曰：「先生將何之？」

曰：「吾聞秦楚構兵❷，我見楚王說而罷之。楚王不悅，我將見秦王說而罷之。二王我將有所遇焉。」

曰：「軻也請無問其詳，願聞其指❸。說之將何如？」

曰：「我將言其不利也。」

曰：「先生之志則大矣，先生之號❹則不可。先生以利說秦楚之王，秦楚之王悅於利，以罷三軍之師，是三軍之士樂罷而悅於利也。為人臣者懷利以事其君，為人子者懷利以事其父，為人弟者懷利以事其兄，是君臣、父子、兄弟終去仁義，懷利以相接，然而不亡者，未之有也。先生以仁義說秦楚之王，秦楚之王悅於仁義，以罷三軍之師，是三軍之士樂罷而悅於仁義也。為人臣者懷仁義以事其君，為人子者懷仁義以事其父，為人弟者懷仁義以事其兄，是君臣、父子、兄弟去利，懷仁義以相接也；然而不王者，未之有也。何必曰利？」

註釋

❶宋牼——宋國人，名學者。

❷秦楚構兵——構兵，即搆兵。交兵也。

❸願聞其指——願聽聽你的宗旨、要點。

❹先生之號——先生的觀點。

二十五

孟子居鄒，季任為任處守❶，以幣交，受之而不報❷。處於平陸❸，儲子為相❹，以幣交，受之而不報，他日，由鄒之任，見季子；由平陸之齊，不見儲子。屋廬子喜曰：「連得間矣。❺」問曰：「夫子之任，見季子；之齊，不見儲子，為其為相與？」曰：「非也。《書》曰：『享多儀，儀不及物曰不享。惟不役志於享❻。』為其不成享也。」

屋廬子悅❼。或問之。屋廬子曰：「季子不得之鄒，儲子得之平陸。」

註釋

❶季任為任處守——季任：任國國君的幼弟。任處守，擔任代理，即攝政。

❷以幣交，受之而不報——玉、馬、皮、圭、璧、帛，古來都可稱之為「幣」。季任送孟子厚禮，孟子受了，卻不回報。

❸平陸——今汶上縣距齊都臨淄六百里。

❹儲子為相——儲子任齊國的卿相。

❺連得間矣——連，屋廬子名「連」。間：空隙、漏洞。「我可得到（孟子）的漏洞了。」

❻書曰——《尚書》〈洛誥〉。王國維說：「周公經營雒（洛）邑既已完成，成王到了洛，命周公留守雒邑。史佚因記周公受命時的典禮，及君臣問答之言。故名洛誥。」周公說：「享多儀，儀不及物，惟曰不享。惟不役志於享。」意思是說：「進獻有很多儀式。如果儀式不及所獻的禮物那麼隆盛，那就算他沒來進獻。」

❼屋廬子悅——屋廬子聽了很高興。因為他已了解：季任是攝政，不能到鄒去送禮給孟子。儲子並非國君或代理國君，他卻可以離開京城去平陸面致禮物。因為「儀式沒有所獻的那麼隆重。」所以孟子面見季任致謝，卻在齊國不見儲子。

二十六

淳于髡曰❶：「先名實❷者，為人也；后名實者，自為也。夫子在三卿❸之中，名實未加於上下而去之，仁者固如此乎❹？」

孟子曰：「居下位，不以賢事不肖者，伯夷也；五就湯，五就桀者，伊尹也；不惡汙君，不辭小官者，柳下惠也。三子者不同道，其趨一也。一者何也？曰，仁也。君子亦仁而已矣，何必同？」

曰：「魯繆公之時，公儀子為政❺，子柳、子思為臣，魯之削也滋甚；若是乎，賢者之無益於國也！」

曰：「虞不用百里奚❻而亡，秦繆公用之而霸。不用，削何可得與？」

曰：「昔者王豹處於淇❼，而河西善謳；綿駒處於高唐❽，而齊右善歌；華周、杞梁之妻善哭❾其夫而變國俗。有諸內，必形諸外❿。為其事而無其功者，髡未嘗睹之也。是故無賢者也，有則髡必識之。」

曰：「孔子為魯司寇，不用，從而祭，燔肉不至，不稅冕而行⓫。不知者以為為肉也，其知者以為為無禮也。乃孔子則欲以微罪行，不欲為苟去。君子之所為，眾人固不識也。」

註釋

❶淳于髡——淳于，複姓。他是齊國的贅婿。辯士。

❷名實——名：有道德之名聲。實：治國惠民之功實。

❸三卿——齊係大國，大國有三卿。上卿、亞卿、下卿。或云相、將、客卿。孟子曾處此三卿之中。

❹名實未加於上下而去之——未聞名實下濟於民，上匡其君，而速速離開，仁者如此嗎？朱熹注：「名，聲譽也。實，事功也。」以名實為先的人，是有救國救民的志向者。以名實為次者，在獨善其身。

❺公儀子、子柳——公儀子，魯國博士。名公孫休。子柳，即泄柳。

❻百里奚——春秋時虞國人。仕虞為大夫。晉滅奚，被俘。逃脫。又為楚鄙人所執。秦繆公知其賢，以五羖羊皮贖回他，授以國政。相秦七年而秦霸。人稱五羖大夫。羖，音古。黑的牡羊。

❼王豹處於淇——王豹，衛人。善謳。徒歌曰謳。《太平御覽》引《古樂志》云：「齊歌曰謳，無歌曰歈。楚歌曰豔。淫歌曰哇。」淇，洪、洪水。

❽綿駒處於高唐——綿駒，一作綿駒，齊人，善歌。高唐，今山東禹城西南。

❾華周、杞梁之妻善哭——華周和杞梁，朱熹注：「皆齊臣，戰死於莒。其妻哭之哀，國俗化之皆

善哭。

❿有諸內，必形諸外——內涵的因素，必定表現到外在的形式。

⓫不稅冕而行——稅：解。脫。不脫掉帽子便離去。

這章書是一場十分精彩的舌戰。

語譯

淳于髡譏諷孟子說：「以濟世救民為先者，為人。把救世濟民放在一邊的，是獨善其身。夫子屬三卿之一，既未上輔君王，下濟百姓，現在便要離去，難道仁者是如此的？」

孟子說：「處於下位，已賢而不事不肖的，有伯夷。五次追隨湯王，五次追隨桀王的是伊尹。不討厭汙穢的國君，不辭作小官的是柳下惠。三人不同道，他們的方向一致。那就是「仁」。君子只要方向一致，行為何必相同？」

淳于髡又說：「魯繆公時，公儀子當政，泄柳、子思為助，魯國卻日趨削弱。可見賢人對國家是無益的！」

孟子說：「虞國有百里奚而不用，結果亡國。秦穆公用他，不久便作成霸業。不用，便會亡國，單是削點國土都不可能。」

淳于髡又說：「從前王豹善謳，他居處淇水邊，河西的人便擅長於謳。綿居善歌，他住在高唐，齊國西部地方的人便善於唱歌。華周，杞梁的妻子們善哭，哭她們戰死的丈夫，十分哀痛，因而改變了全國的風俗。內涵有什麼，一定會行諸於外。做了事而看不到功績，我不曾經驗過。所以說：沒有賢人。若有，我一定找得出來。」

孟子說：「孔子在魯國任司寇。得不到信任，沒被重用。參預祭祀之時，祭肉卻沒有，他等不及脫掉帽子便離去了。不知者以為他為肉而去，知道的人才了解他是因為無禮儀才走的。孔子乃是要找個小過錯而離去，不想隨便離去。君子的行為，並不是一般人都了解的。」

二十七

孟子曰：「五霸者❶，三王❷之罪人也；今之諸侯，五霸之罪人也；今之大夫，今之諸侯之罪人也。天子適諸侯曰巡狩❸，諸侯朝於天子曰述職❹。春省耕而補不足，秋省斂而助不給❺。入其疆，土地辟，田野治，養老尊賢，俊傑在位，則有慶❻，慶以地。入其疆，土地荒蕪，遺老失賢，掊克在位❼，則有讓❽。一不朝，則貶其爵；再不朝，則削其地；三不朝，則六師移之。是故天子討而不伐，諸侯伐而不討❾。五霸者，摟諸侯以伐諸侯者也，故曰：五霸者，三王之罪人也。五霸，桓公為盛。葵丘之會❿，諸侯束牲載書而不歃血⓫。

初命曰：『誅不孝，無易樹子⓬，無以妾為妻。』再命曰：『尊賢育才，以彰有德。』三命曰：『敬老慈幼，無忘賓旅。』四命曰：『士無世官，官事無攝⓭，取士必得，無專殺大夫⓮。』五命曰：『無曲防，無遏糴，無有封而不告⓯。』曰：『凡我同盟之人，既盟之后，言歸於好。』今之諸侯皆犯此五禁，故曰：今之諸侯，五霸之罪人也。長君之惡其罪小，逢君之惡其罪大。今之大夫皆逢君之惡，故曰：今之大夫，今之諸侯之罪人也。」

註釋

❶五霸——五霸有三種說法。一是齊桓公、晉文公、宋襄公、秦穆公、楚莊王。一是齊桓公、晉文公、秦穆公、楚莊王、吳王闔閭。還有一說是齊桓公、晉文公、楚莊王、吳王闔閭、越王句踐。

❷三王——指夏禹、商湯、周文。

❸巡狩——巡所守也。

❹述職——述己之所守職。著者任駐外代表時，每隔一個時期便得回國向外交部報告工作情況，便叫述職。

❺春省耕而補不足，秋省斂而助不給——（天子）春天考察耕種而補助不足的人。秋天考察收成（斂）補助歉收的人。

❻慶——賞。
❼掊克在位——掊克：聚斂。掊克在位：搜刮斂財的人在位。
❽則有讓——讓、責讓也。
❾天子討而不伐，諸侯伐而不討——天子用武力是「討」，諸侯動干戈是「伐」。
❿葵丘之會——葵丘、春秋時宋地，在今河南省考城縣東。齊桓公主持此次諸侯在葵丘的會盟。
⓫諸侯束牲、載書、而不歃血——捆綁祭祀用的犧牲（牛羊之類）而沒殺，把盟書放在其上。歃、飲也。（據《索隱》：盟（會）之所用牲。貴賤不同。天子用牛及馬。諸侯以犬及猳、大夫以下用雞。）
⓬無以樹子——樹子：嫡長子，太子。
⓭士無世官，官事無攝——士人的官職不得世襲。官職不可以兼理。
⓮取士必得，無專殺大夫——取士為官，其人必須合格。不得專橫殺戮大夫。
⓯無曲防，無遏糴，無有封而不告——不亂築提防（水淹到別國去了），不得制止（遏）購買糧食（糴）。不得有所封賞而不報告。然而，盟約所訂五等禁令，今日的諸侯誰也不遵守。所以說他們是五霸的罪人。助長君王作惡，其罪尚小，逢迎諸侯作惡，罪就更大了。今日的大夫都迎合諸侯作惡，所以，他們是諸侯的罪人。而五霸脅迫諸侯攻打另一些諸侯，所以說：「他們是三王的罪人。」

二十八

魯欲使慎子❶為將軍。孟子曰：「不教民而用之，謂之殃民。殃民者，不容於堯舜之世。一戰勝齊，遂有南陽❷，然且不可……」

慎子勃然不悅曰：「此則滑釐所不識也❸。」

曰：「吾明告子。天子之地方千里；不千里，不足以待諸侯。諸侯之地方百里；不百里，不足以守宗廟之典籍。周公之封於魯也，為方百里也；地非不足，而儉於百里❹。太公之封於齊也，亦為方百里也；地非不足也，而儉於百里。今魯方百里者五，子以為有王者作，則魯在所損乎，在所益乎？徒取諸彼以與此，然且仁者不為，況於殺人以求之乎❺？君子之事君也，務引其君以當道，志於仁而已。」

註釋

❶慎子——焦循《孟子正義》疑慎子可能是慎到。趙岐只說：「善用兵者。」朱熹注：「魯臣。」名滑釐。

❷孟子曰五句——孟子說：「不訓練人民便用他們來作戰，這是坑害（殃）他們。坑害人民者，在堯、舜之時是不能容忍的。即使一戰便勝了齊國，奪得南陽之地，然且不可……」孟子還沒說完……

❸慎子勃然不悅——慎子突然發怒，說：「這是我不解的！」

❹儉於百里——少於百里。

❺況於殺人以求之乎——何況是用殺人來取得土地呢？

孟子認為：天子的土地方千里，諸侯方百里，足夠了。魯國有五百里的土地，還要犧牲百姓，屠殺敵人，來擴張土地，實在過分。臣子應該把君主引向大道，目的在行仁道，惠百姓。不是犧牲百姓去擴展疆土。

二十九

孟子曰：「今之事君者曰❶：『我能為君辟土地，充府庫。』今之所謂良臣，古之所謂民賊也。君不鄉道❷，不志於仁，而求富之，是富桀也。『我能為君約與國❸，戰必克。』今之所謂良臣，古之所謂民賊也。君不鄉道，不志於仁，而求為之強戰，是輔桀也。由今之道，無變今之俗，雖與之天下，不能一朝居也。」

註釋

❶今之事君者曰——這是依朱熹注四書。他本作「今之事君者皆曰。」多一「皆」字。

❷鄉道——鄉、向也。

❸約與國——邀約相親善之國。和與國結盟約。

語譯

孟子說：「如君侍奉國君的臣子常說：『我能為國君開闢疆土，充實府庫。』若這樣的人稱『良臣』正是古來所謂的『民賊』。君主不向道，不志於仁，臣子要使他富有，哪是讓『桀』富有。使國君增闢疆土，是『助桀為虐』！如此下去，不改變這種甘為「民賊」的風氣，就是把天下給他，他不可能有一天得安居呢！」

三十

白圭曰❶：「吾欲二十而取一，何如？❷」

孟子曰：「子之道，貉道也❸。萬室之國，一人陶，則可乎？」

曰：「不可，器不足用也。」

曰：「夫貉，五穀不生，惟黍生之；無城郭、宮室、宗廟、祭祀之禮，無諸侯幣帛饔飧❹，無百官有司，故二十取一而足也。今居中國，去人倫，無君子，如之何其可也？陶以寡，且不可以為國，況無君子乎？欲輕之於堯舜之道者，大貉小貉也；欲重之於堯舜之道者，大桀小桀也。」

註釋

❶白圭——《史記》〈貨殖列傳〉載：「白圭、周人也……能薄飲食、忍嗜慾，節衣服，與用事僮僕同苦樂。」他說：「吾治生產，猶伊尹、呂尚之謀，孫吳用兵，商鞅行法是也。」但閻若璩謂此一白圭，名白丹，係另一人。

❷二十取一——古時納稅，多取什一。即十分之一。二十取一，等於減半。

❸貉道也——那是「貉」國的辦法。貉，朱熹注：「北方夷狄之國名。」
❹無諸侯、幣帛、饔飧——沒有諸侯的往來，沒有互送幣帛的禮，沒有飲食宴客之禮。

分析

孟子的意思是：過猶不及。他說：「貉國，五穀不生，只有黍。沒有城廓，沒有宮室，沒有宗廟，沒有祭祀之禮，沒有諸侯的禮尚往來，沒有宴客之禮，甚至沒有百官，沒有衙門，所以二十取一便夠國家開支了。我們現在在中國，不講人倫，沒有君子怎麼可以？假如不遵守堯舜什一之道者，國家便成了大貉國、小貉國。若要加重為五一、四一之稅，那便成了大桀、小桀了。二十取一太少。五取一太多。什一之稅，才合乎堯舜之道。

三十一

白圭曰：「丹之治水也愈於禹❶。」

孟子曰：「子過矣。禹之治水，水之道也，是故禹以四海為壑❷。今吾子以鄰國為壑。水逆行謂之洚水❸——洚水者，洪水也——仁人之所惡也。吾子過矣。」

註釋

❶白圭曰：「丹之治水也愈於禹——《韓非子》〈喻志〉：「白圭之行堤也，塞其穴，以無水難。」白圭名丹。他說：「我治水好過大禹。」

❷四海為壑——把四海當作集水之處。

❸洚水——大水。洪水。白圭的治水，把洪水灌到鄰國去，太過分了！

三十二

孟子曰：「君子不亮❶，惡乎執？」

註釋

❶亮——即是「諒」。孔子說：「君子貞而不諒。」諒者，信而不通之謂。君子所以不亮者，非惡乎（討厭）信，惡乎執（固執）也。《論語》中又說：「好信不好學，其蔽也賊。」因為好信不

好學，則執一而不知變通，遂至於賊道。「君子貞而不諒」，正恐其執一而蔽於賊也。友直、友諒、友多聞。多聞由於好學。則不至於賊，孔子又說：「言必信，硜硜然小人哉！」孟子本章書，便是在發明孔子不諒之恉也。（焦循：《孟子正義》）。

語譯

孟子說：「（孔子說的）君子不亮，痛恨固執不通也。」

三十三

魯欲使樂正子為政❶。孟子曰：「吾聞之，喜而不寐。」

公孫丑曰：「樂正子强乎？」

曰：「否。」

「有知慮乎❷？」

曰：「否。」

「多聞識乎？」

曰：「否。」

「然則奚為喜而不寐？」

曰：「其為人也好善。」

「好善足乎？」

曰：「好善優於天下❸，而況魯國乎？夫苟好善，則四海之內皆將輕千里而來告之以善；夫苟不好善，則人將曰：『訑訑，予既已知之矣❹。』訑訑之聲音顏色距人於千里之外。士止於千里之外，則讒諂面諛之人至矣❺。與讒諂面諛之人居，國欲治，可得乎？」

註釋

❶樂正子——姓樂正，名克。魯使他掌理政事。

❷知慮——智慧與處事的能力。

❸好善優於天下——樂聞善言，是樂用善言也，以此治天下，可以優之虞舜是也。何況於魯，能不治乎？人若好善，四海之士，都將不遠千里以善來告之。（參考焦循《孟子正義》）

❹訑訑，予既已知之矣——訑訑：自滿的樣子。「哦，哦，我早已知道了。」

❺士止於千里之外，則讒諂面諛之人至矣——士不來，那麼，奉承阿諛說謊言的人便來了，（他們

來了，國還能治嗎？）

三十四

陳子曰❶：「古之君子何如則仕？」

孟子曰：「所就三，所去三❷。迎之致敬以有禮；言將行其言也，則就之。禮貌未衰，言弗行也，則去之。其次，雖未行其言也，迎之致敬以有禮，則就之。禮貌衰，則去之。其下，朝不食，夕不食，飢餓不能出門戶；君聞之，曰：『吾大者不能行其道，又不能從其言也，使飢餓於我土地，吾恥之。』周之，亦可受也，免死而已矣。」

註釋

❶陳子——趙岐認為是陳臻。

❷所就三，所去三——據朱熹注：第一種，「所謂見行可之仕，若孔子於季桓是也，受女樂而不朝，則去之矣」。第二種，「所謂際可之仕，若孔子於衛靈公是也，故與公於游囿，公仰視蜚雁而后去之」。第三種，「所謂公養之仕也……其曰免死而已，則其所受亦有節矣」。可供參考。

語譯

陳子問孟子：「古來的君子，在什麼情況下才出仕？」

孟子說：「做官的情況有三種。辭官的條件也有三種。君主恭恭敬敬的以禮相迎，表示一定會實行他的主張。如此便可接受官職。禮貌雖然未減，但所主張的卻不付實行，就可辭官而去了。其次是，雖未實行他的主張建言，但恭敬而有禮貌的迎接，便可受官。禮貌沒了，便辭去。最下的是：早上沒吃飯，晚上沒飯吃，餓到無法出門。君主聽到了，說：『從大處講，不能實行你的主張，又不能聽從你的話，使你在我的國土中挨餓。我引為恥！』予以周濟，也勉強可以接受。不過免於餓死而已。」

三十五

孟子曰：「舜發於畎畝之中❶，傅說舉於版築之間❷，膠鬲舉於魚鹽之中❸，管夷吾舉於士❹，孫叔敖舉於海❺，百里奚舉於市❻。故天將降大任於是人也，必先苦其心志，勞其筋骨，餓其體膚，空乏其身，行拂亂其所為，所以動心忍性，曾益其所不能。人恆過，然后能改。困於心，衡於慮，而后作；徵於色，發於聲，而後喻。入則無法家拂士，出則無敵國外患者，國恆亡。然后知生於憂患而死於安樂也。」

註釋

❶ 舜曾經在歷山種莊稼。畎畝：畎是田中溝。畝是田畝。畎畝：田間也。

❷ 傅說（音曰）舉於版築——古來築牆以兩板相夾，置土其中，而以杵築之，故曰版築，傅說出身作土牆。

❸ 膠鬲舉於魚鹽之中——膠鬲早歲從事魚鹽業。

❹ 管夷吾舉於士——管仲從獄官手中被舉用。士是掌獄官。

❺ 孫叔敖舉於海——孫叔敖隱處海濱，楚莊王舉之為令尹。

❻ 百里奚舉於市——百里奚出身交易場所，秦穆公用五頭牡羊把他贖出。

分析

孟子說：「天若要讓一個人承受大任，會先折磨他的心志，勞動他的筋骨，讓他的身體受到飢餓的痛苦，使他的身心疲乏，使他的行為橫受挫折，撼動他的心靈，磨鍊他的性格，同時也增長他承受一切的能力。人常有過錯，過必能改。考驗心志，胸臆橫著許多憂慮。而後才能使他奮發有所作為。表現在臉色中，發揚在言談中，而後才會被人了解，接受。假如一國之內沒有執法之臣和謀略之士，外部也沒有敵國的威脅，這種國家常常會蒙受滅亡的命運。然後才知道：憂慮使人奮鬥而得生存。安樂讓人消極而死亡。

三十六

孟子曰：「教亦多術矣！予不屑之教誨也者，是亦教誨之而已矣。」

分　析

孟子說：「教育也有多種方式，我若不屑教誨一個人，也是一種教誨他的方式。」（因為：我拒絕教他，會使他知恥奮發。豈不也是一種教育之道？）

盡心篇（上）

一

孟子曰：「盡其心者，知其性也；知其性，則知天矣。存其心，養其性，所以事天也。殀壽不貳，修身以俟之，所以立命也。」

語譯

孟子說：「人之所以能夠盡其心力（去行善），是因為他知道人的本性。知道人的本性，也就懂得天命了。（這正是《大學》第一句話：「天命之謂性。」）能夠保有善心，發揚本性，便是回報天了。短命（殀）也好，長壽（壽）也好，始終如一，修身晉德，以待天命。這就是安身立命的大道。」

盡心者，人之有心，為精氣主，思慮可否，然後行之。存心養心，故章稱盡心。

二

孟子曰：「莫非命也，順受其正。是故，知命者不立乎巖牆❶之下。盡其道而死者，正命也；❷桎梏❸死者，非正命也。」

註釋

❶巖牆——危險將倒塌的牆。

❷正命：趙岐注：「命有三名：行善得善曰「受命」。行善得惡曰「遭命」。行惡得惡曰「隨命」。唯順受命為受其正也。」

❸桎梏——腳鍊手銬。指受刑之人。

語譯

孟子說：「（吉凶禍福）都是命。（我們要）順從聽受正當的命（才是正確的）。所以，懂得命的人，不會站在危牆之下。盡了天道而死的人，所受的便是正命。犯罪因而身入囹圄而死的人，不是正命。」

三

孟子曰：「求則得之，舍則失之；是求有益於得也，求在我者也。求之有道，得之有命；是求無益於得也，求在外者也。」

語譯

孟子說：「努力才能得到結果，放棄便會失去。是以努力對於得到結果是有幫助的。因為努力是出自我自己的。努力是有方法的。獲得結果與否卻要聽天由命。這種努力對獲得結果是沒有幫助的。因為努力出諸我身之外。」

本章主旨為：為仁由己，富貴在天。

四

孟子曰：「萬物皆備於我矣，反身而誠，樂莫大焉。強恕❶而行，求仁莫近焉。」

註釋

❶強恕——勉勵自己以寬恕之心待人。

語譯

孟子說：「萬物的當然道理，都具備在我的本性之內。我反省自己，真誠無欺，沒有比這更快樂的了。盡力推行恕道，追求仁的境界。這可是最近的途徑。」

五

孟子曰：「行之而不著焉，習矣而不察焉，終身由之，而不知其道者，眾也❶。」

註釋

❶眾也——指普通人。孫奭注：「非君子者也。」

語譯

孟子說：「作一件事，只知行動，而不了解行動的道理。習慣某些行為卻從不察究其行為的原因。一生一世在走卻不知道在走甚麼路的人，乃是平庸的人。」

六

孟子曰：「人不可以無恥；無恥之恥，無恥矣。」

語譯

趙岐注：「人能恥己之無所恥，是能改行從善之人，終身無復有恥辱之累也。」

孟子說：「人不可以不要臉、不知羞恥。人若能夠把無恥認為是可恥的事，那麼他終身都將遠離恥辱了。」

七

孟子曰：「恥之於人大矣。為機變之巧者，無所用恥焉。不恥不若人，何若人有！」

語譯

孟子說：「羞恥之心對於一個人來說是至關重大的事。玩弄詐騙多變功夫的人，羞恥之心對他們是沒用的。若不以不如別人為恥，如何能趕得上人？」

八

孟子曰：「古之賢王，好善而忘勢。古之賢士，何獨不然！樂其道而忘人之勢。故王公不致敬盡禮，則不得亟見之。見且由不得亟，而況得而臣之乎？」

語譯

趙岐注：「亟，數也。」亟，多次，屢次。

孟子說：「古來賢明的君王喜歡善事（善人）而忘掉自己的權勢。（即把權勢擱在一邊）古來賢明的士人不也如此？樂於實現自己的正道而忘記別人的權勢。是故王公若對賢德之人不致敬禮遇，就不可能立即見到他。（或「不可能多次見到他。」）想見都不容易見到，如何能任用他們作臣子呢？」

劉備三顧茅廬才見到諸葛亮。張飛認為：「以劉皇叔的身分，且身領州牧，要見諸葛亮，傳他來見就是，何必勞駕親自去拜訪？」殊不知劉備深明孟子的話，能「好善而忘勢。」終於見到了諸葛亮。而諸葛亮才心甘情願的作劉備的臣子。

九

孟子謂宋句踐❶曰：「子好遊❷乎？吾語子遊。人知之亦囂囂❸，人不知亦囂囂。」

曰：「何如斯可以囂囂矣？」

曰：「尊德樂義，則可以囂囂矣。故士窮不失義，達不離道。窮不失義，故士得己焉；達不離道，故民不失望焉。古之人，得志，澤加於民；不得志，修身見❹於世。窮則獨善其身，達則兼善天下。」

註釋

❶宋句踐——人名。
❷遊——遊說。
❸囂囂——趙岐注：「自得無欲之貌。」
❹見——現。顯。

語譯

孟子對宋句踐說：「你喜歡到處遊說嗎？我現在跟你談談遊說的事。人了解你的話，你心裡必然自得、高興。若對方不了解你所說的話，你也要心安理得。」

（宋句踐）說：「要如何才能表現得心安理得呢？」

（孟子）說：「尊重自己的德行，欣賞自己的義行，便可以心安理得了。是故士人窮困時不忘義，發達時不離正道。窮困時不忘記義，士人乃能自得其樂。發達時不忘記正道，人民便不會失望。古代的君人，得意時，把恩惠施加於人民身上。不得意時，修己晉德，顯現於當世。窮困之時，加強自己的修養。發達時改善全天下。」

十

孟子曰：「待文王而後興者，凡民也。若夫豪傑之士，雖無文王猶興。」

語譯

孟子說：「要等待文王的教化出現後才能振興向善的人，不過是平庸之人。至於豪傑之士，雖然沒有文王的教化，也能振作向善。」

十一

孟子曰：「附之以韓魏❶之家，如其自視欿然❷，則過人遠矣。」

註釋

❶韓、魏——春秋時晉國的兩大臣。戰國時，韓、趙、魏三家竟滅掉了晉而各自獨立。足見他們聲勢之大。

❷欿然——不自滿的樣子。

語譯

孟子說：「把（晉國）韓、魏兩大臣的家產增益他，而他還是安然不自滿的樣子，則此人遠超過一般人了。」

十二

孟子曰：「以佚❶道使民，雖勞不怨；以生道殺民❷，雖死不怨殺者。」

註釋

❶佚道——佚，樂。佚道：為人民謀求安樂之道。

❷以生道殺民——朱熹注：「本欲生之也，除害去惡之類是也。蓋不得已而為其所當為。」趙岐注：「謂殺大辟之罪者以坐殺人故也。殺此罪人者，其意欲生民也。故雖伏罪而死，不怨殺者。」兩位解說都各具道理。

語譯

孟子說：「為謀求造福人群而役使百姓，百姓雖然勞苦也不會有所怨恨。為維護絕大多數人民的生計安樂，被處死刑而被殺之人，也不會怨恨施刑用刑的人。」

十三

孟子曰：「霸者❶之民，驩虞❷如也！王者之民，皞皞❸如也。殺之而不怨，利之而不庸❹，民日遷善而不知為之者。夫君子，所過者化，所存者神，上下與天地同流，豈曰小補❺之哉！」

註釋

❶霸者——戰國之時，以德服仁者王，以力假人者霸。霸者和王者是相對的。

❷驩虞——歡娛。驩、同歡。虞、假借為娛。

❸皞皞然——自在自得貌。朱熹注：「廣大自得之貌。」焦循《孟子正義》：「皞、義與浩同。……水之廣大為浩浩。天之廣大則為皞皞。」趙岐注：「王者道大法天，浩浩而德難見也。」

❹利之而不庸——庸：酬庸。給了利益卻不（知）酬謝。

❺小補——我們常說：「不無小補。」那是對所得太小的說法。「豈曰小補之哉？」「怎麼能說只是小小的補益呢？」

語譯

孟子說：「霸主的百姓，受了一點小恩惠，便高興得不得了。王者的百姓，自在自得。殺了他也不會怨恨，給了他們利益也不會酬謝。百姓們日受教化，修德遷善，卻不知是誰作了好事使他們如此。殊不知君子所到之處便能使人感化。所存留的是神妙，它和天地一樣運轉，這可不能稱（王者的神妙教化）為只是對人民小有補益吧？」

十四

孟子曰：「仁言❶，不如仁聲❷之入人深也；善政，不如善教之得民也。善政，民畏之；善教，民愛之。善政，得民財；善教，得民心。」

註釋

❶仁言——朱熹注：「謂以仁厚之言加於民。

❷仁聲——朱熹注：「仁聲、仁聞，謂有仁之實而為眾所稱道者也。」

語譯

孟子說：「一個人仁德的言論，不及他所作仁愛行為的聲望感人深切。好的行政不如好的教化之能獲得民心。好的行政，人民懷畏懼之心。好的教化，人民懷喜愛之心。好的行政能得到人民的財賦，好的教化能獲得人心的愛戴。」

十五

孟子曰：「人之所不學而能者，其良能也；所不慮而知者，其良知❶也。孩提之童❷，無不知愛其親也；及其長也，無不知敬其兄也。親親，仁也；敬長，義也。無他，達之天下也。」

註釋

❶良能、良知——朱熹注：「良者，本能之善也。程子曰：「良知良能，皆無所由，乃出於天，不繫於人。」」

❷孩提之童——趙岐注：「孩提、二三歲之間。在襁褓、知孩笑、可提抱者也。」

語譯

孟子說：「人沒有經過學習便能辦得到的，是良能。不必思考便能知道的，是良知。襁褓中的嬰兒沒有不知道愛其父母的。年紀大了，沒有不懂得尊敬其兄長的。愛父母是仁。敬兄長是義。這沒有別的，這仁、義全天下都是有的。」

十六

孟子曰：「舜之居深山之中，與木石居，與鹿豕遊，其所以異於深山之野人者幾希。及其聞一善言，見一善行，若決江河，沛然莫之能禦也。」

語譯

孟子說：「舜居住在深山裡的時候，跟樹木、山石為鄰，跟鹿、豬一起漫遊。他跟深山中未受教育的野人相差得實在不多。等到他聽一句好話，看見一件好事，他由這些言、行所獲得的智慧和力量，就像決了口的江、河，水勢豐沛湍急，無人能抵擋得住。」

十七

孟子曰：「無為其所不為，無欲其所不欲，如此而已矣。」

語譯

孟子說：「莫作不該作的事。莫興起不該有的欲望。能做到這樣便可以了。」

十八

孟子曰：「人之有德、慧、術、知者❶，恆存乎疢疾❷。獨孤臣孽子❸，其操心也危❹，其慮患也深，故達。」

註釋

❶德、慧、術、知——朱熹注：「德慧者，德之慧。術知者，術之知。」趙岐注：「德行、智慧、道術、才智。」——我們認同趙岐注。

❷疢疾——朱熹注：「災患。」——疢、音「趁」。

❸孤臣孽子——孤臣、被疏遠的臣子。孽子、賤婢所生的庶子。是與「寵臣、嫡子」相對而言。

❹危——危難、不安。

語譯

孟子說：「一個人能有德行、智慧、道術、才智，常是得之憂患。遠臣、庶子，經常心懷恐懼不安，深慮禍患，因此而能通達事理。」（以現代語言來說：「他們有危機意識，故能思慮周全。」）

十九

孟子曰：「有事君人者，事是君則為容悅者也。有安社稷臣者，以安社稷為悅者也。有天民者，達可行於天下而後行之者也。有大人者，正己而物正者也。」

語譯

孟子說：「有侍奉君主專為討好君主而得意者。有安定國家的大臣，以安定社稷而高興。有一種求盡天理的人，先觀察一個道理可否行於天下，然後再去實行。更有一種偉大的人，他們先端正自己，而後端正天下的萬物萬事。」

二十

孟子曰：「君子有三樂，而王❶天下不與存焉。父母俱存，兄弟無故，一樂也；仰不愧於天，俯不怍於人，二樂也；得天下英才而教育之，三樂也。君子有三樂，而王天下不與存焉。」

註釋

❶王——讀去聲，動詞。君臨的意思。王天下，君臨天下。

語譯

孟子說：「君子有三件快樂的事。而君臨天下的事不在其中。父母健在，兄弟無災害病痛，一樂也。上無愧於天，下無怍於人，（即是從沒作過傷天害人的事。）二樂也。得天下優秀的子弟為門生，施以教誨，三樂也。君子有這三件快樂的事，而君臨天下不在其中。」

二十一

孟子曰：「廣土衆民，君子欲之；所樂不存焉。中天下而立，定四海之民；君子樂之，所性不存焉。君子所性，雖大行不加焉，雖窮居不損焉，分定故也。君子所性，仁義禮智根於心；其生色也，睟然❶見於面，盎❷於背，施於四體，四體不言而喻。」

註釋

❶睟然——焦循《孟子正義》：「睟、面色潤也。」

❷盎背——背盎然隆厚也。睟面盎背——謂君子之德形於外，其面睟然潤澤，背盎然隆厚也。盎、盛貌。

語譯

孟子說：「廣大的土地和眾多的百姓，是君子所期盼的。但他的真正樂趣不在此。站在天下的中央，安定全國的百姓，君子以此為樂，但他的本性卻不在此。君子的天性，道雖大行於天下，本性也不會少加。即使窮困隱居，本性也不會少減。君子的本性是：仁、義、禮、智俱植根於心，行諸於外的是白潤豐澤的臉色，厚而堅實的背，表現在四肢的動作上，四肢不必以言語吩咐，自然表現得得體。」

二十二

孟子曰：「伯夷辟❶紂，居北海之濱，聞文王作，興曰：『盍❷歸乎來！吾聞西伯善養老者。』太公辟紂，居東海之濱；聞文王作，興曰：『盍歸乎來！吾聞西伯善養老者。』天下有善養老，則仁人以為己歸矣。

「五畝之宅，樹牆下以桑，匹婦蠶之，則老者足以衣帛矣。五母雞，二母彘，無失其時，老者足以無失肉矣。百畝之田，匹夫耕之，八口之家，可以無飢矣。所謂西伯善養老者，制其田里，教之樹畜，導其妻子，使養其老。五十非帛不煖，七十非肉不飽；不煖不飽，謂之凍餒，文王之民，無凍餒之老者，此之謂也。」

註釋

❶辟——避。

❷盍——何不？

語譯

孟子說：「伯夷遠避紂王的暴政，隱居北海濱。聽說文王興起來了，高興的說：『何不歸去呢！我聽說西伯善養老。』太公逃避紂王的虐政，隱居東海濱，聽說文王興起來了，高興的說：『何不歸去，聽說西伯善養老人。』天下有善於養老的人，仁德君子便視他為自己的依靠。

「五畝地的房屋，牆下種桑樹，婦女養蠶紡絲，老年人便可穿絲棉衣服了。五隻母雞，兩隻母豬（彘），不耽誤飼養的時機，老年人便不會缺少肉吃了。一百畝地，男子耕種，八口之家足可有飯吃。所謂西伯善於安養老人，乃是他制定了田畝和住宅的制度，教導人民種桑種糧食並畜養雞、豕，教導媳婦奉養公婆。五十歲以上的人不穿絲綢便無法保暖。七十歲以上的人不吃肉便不能飽腹。不暖不飽，稱為凍、餓。文王的百姓沒有受凍挨餓的老者。這就是文王善於安養老人的說法。」

二十三

孟子曰：「易其田疇❶，薄其稅斂，民可使富也。食之以時，用之以禮，財不可勝用也。民非水火不生活，昏暮叩人之門戶，求水火，無弗與者，至足矣。聖人治天下，使有菽粟❷如水火；菽粟如水火，而民焉有不仁者乎！」

註釋

❶易其田疇——易、治也。疇、耕治之田也。

❷菽粟——菽是豆類。粟是米穀類。

語譯

孟子說：「整頓百姓的田地，按時進食，減輕百姓的稅負，能使百姓富裕起來。按時進食，用錢有節制，錢是用不完的。百姓沒有水火不能生活。黃昏夜晚叩人的大門借水火，沒有不給的，因為水火充足。聖人治天下，要使糧食和水火一樣充足，百姓哪會有不仁愛的呢？」

二十四

孟子曰：「孔子登東山❶而小魯；登太山❷而小天下。故觀於海者難為水，遊於聖人之門者難為言。觀水有術，必觀其瀾；日月有明，容光❸必照焉。流水之為物也，不盈科不行❹；君子之志於道也，不成章不達❺。」

註釋

❶東山——注：「魯城東之高山。」或謂費縣西北之蒙山。

❷太山——泰山。
❸容光——趙岐注：「小郤也。」縫隙。
❹不盈科不行——科，小坑。水不填滿小坑是不會前行的。（不會流向前的）
❺不成章不達——不形成一定的規模。意為：不達到一定的程度是不能通達的。

二十五

孟子曰：「雞鳴而起，孳孳❶為善者，舜之徒也；雞鳴而起，孳孳為利者，蹠之徒也。欲知舜與蹠❷之分，無他，利與善之間❸也。」

註釋

❶孳孳——孜孜——努力不懈。
❷蹠——亦作蹠。人名。據說是柳下惠的兄弟。有眾九千人，橫行天下，侵暴諸侯，掠人牛馬，取人婦女。
❸間——差異。分別。

語譯

孟子說：「舜一類的人，雞鳴天亮即起床，努力作善事。盜跖一類的人，也是黎明即起，努力牟利。要知道舜和跖有什麼分別，沒別的，利和善的區別。

二十六

孟子曰：「楊子❶取『為我』，拔一毛而利天下，不為也。墨子❷『兼愛』，摩頂放踵利天下❸，為之。子莫❹執中，執中為近之；執中無權，猶執一也。所惡執一者，為其賊道也，舉一而廢百也。」

註釋

❶楊子——楊朱、戰國時衛人，字子居，遺書不傳。只在《孟子》《莊子》等書中有引述他的學說。

❷墨子——墨翟，魯人。

❸取為我——朱熹注：「取者，『僅足』之意。取為我者、『僅足於為我』而已。」

❹摩頂放踵——從頭頂到腳跟均磨傷。放、至。到。摩頂放踵，自頭頂到腳踵。

❺子莫——人名。戰國時魯人。

語譯

孟子說：「楊朱主張僅為我便足夠。拔一根汗毛可以對天下有利，也不願意。墨子主張兼愛。只要對天下有利，全身受傷都在所不惜。子莫採取中道的態度。執中的態度比較中肯。但採中道而無權變，不權厚輕重，那是固執拘泥，有損於仁義之道。抓住了一點，卻廢棄了一百點。

二十七

孟子曰：「飢者甘食，渴者甘飲：是未得飲食之正也，飢渴害之也。豈惟口腹有饑渴之害，人心亦皆有害。人能無以飢渴之害為心害，則不及人不為憂矣。」

語譯

孟子說：「飢餓的人，吃什麼都覺得甘美。口渴的人，喝什麼飲料都覺得甘甜。他們未能品味到食物和飲料的真正味道，是饑渴影響了他們。口腹受到饑渴的影響，人心也有時會受到類似的影響。假若人心能擺脫像饑渴對飲食一類的影響，即使生活不如人，也不會憂愁了。

古人「緩步以當車，晚食以當肉。」唐詩：「渴者易為飲，饑者易為食。」的說法，可能是根據孟子這個說法而來的。

二十八

孟子曰：「柳下惠不以三公易其介❶。」

語譯

孟子說：「柳下惠不因為作了三公的大官而改變他廉潔的志節。」（按：介，特、獨。引申為

「特立之行。」）

二十九

孟子曰：「有為者，辟❶若掘井；掘井九軔❷而不及泉，猶為棄井。」

註釋

❶辟若——辟、通譬。辟若、譬如。

❷軔——通仞。八尺曰仭。

語譯

孟子說：「有作為的人，好譬掘井。掘到九仭深還沒有掘到泉水，還是一口棄井。

三十

孟子曰：「堯、舜，性❶之也；湯、武身❷之也；五霸，假❸之也。久假而不歸，惡知其非有也！」

註釋

❶性之——天命之謂性。性之：天生的。堯、舜是天生的聖人。
❷身之——親身體驗到。
❸五霸——春秋時勢力最大的五位諸侯：齊桓公、晉文公、秦穆公、宋襄公、楚莊公。

語譯

孟子說：「堯、舜天性便行仁義之道。商湯王和周武王是由修身養性體驗到而行仁義之道。五霸假仁義而行私。假借久了不歸還，世人如何知道他們不是真有呢？」

三十一

公孫丑曰：「伊尹曰：『予不狎❶於不順。』放太甲於桐❷，民大悅。太甲賢，又反之，民大悅。賢者之為人臣也，其君不賢，則固可放與？」

孟子曰：「有伊尹之志則可；無伊尹之志則篡也。」

註釋

❶狎——朱熹注：「習見也。」不狎、看不慣。

❷放太甲於桐——伊尹相商湯王。湯王崩，太甲破壞了湯的典型，伊尹把太甲放逐到桐。三年。三年之中，太甲悔過遷善，伊尹再把他接回來，繼任天子。

語譯

公孫丑問：「伊尹曾說：『我看不慣不順從義禮的人。』因之，他把天子太甲放逐到桐地方。

人民大悅。太甲改邪歸正，成為賢人，伊尹又把他接回來承繼王位，人民也大高興。作為臣子的，雖是賢人，他的君王不賢，難道可以把君主放逐嗎？」

孟子說：「有伊尹的志節則可以。若沒有伊尹的志節，那便是篡奪！」

三十二

公孫丑曰：「詩曰：『不素餐兮❶。』君子之不耕而食，何也？」

孟子曰：「君子居是國也，其君用之，則安富尊榮；其子弟從之，則孝弟忠信。不素餐兮，孰大於是！」

註釋

❶《詩》曰：「不素餐兮」——《詩經・魏風・伐檀》：「彼君子兮，不素餐兮。」真正有品德的君子，決不肯無能無功白白的享受人家的食物呀！」君子居住在一國中，國君任用他，推行仁政。弟子追隨他，推行孝、悌、忠、信，他所得到的飲食，當然是應該的。

三十三

王子墊❶問曰：「士何事？」

孟子曰：「尚志。」

曰：「何謂尚志？」

曰：「仁義而已矣。殺一無罪，非仁也；非其有而取之，非義也。居惡在？❷仁是也。路惡在？義是也。居仁由義，大人之事備矣。」

註釋

❶王子墊——齊王的兒子。名墊。

❷惡在？——惡、音烏。何也。惡在，在何處。

語譯

齊王的兒子王子墊問孟子：「士該作些什麼？」

孟子答：「要使他的志節高尚。」（尚在此為動詞：使高尚。）

「怎麼使志節高尚？」

「行仁義而已。枉殺一個無罪者是不仁。妄取不是自己該有的財物是不義。士應以仁為居心，以義為大道，高尚的志節達到了，大人的事業便完備了。

三十四

孟子曰：「仲子❶不義與之齊國而弗受，人皆信之。是舍簞食豆羹之義也，人莫大焉亡親戚君臣上下。以其小者信其大者，奚可哉！」

註釋

❶仲子——陳仲子，齊人。朱熹注：「齊人皆信其賢，然但小廉耳。其避兄離母，不食君祿，無人

道之大倫，罪莫大焉。豈可以小廉信其大節、而遂以為賢哉？」

語譯

孟子說：「陳仲子其人，若不合義理將齊國交與他，他也不會接受。人民卻信任他。這只是捨棄一簞飯一碗豆羹的『義』！不要父兄、君臣、尊卑，沒有比這更嚴重的事了。因為他的小節而便相信他的賢德，如何可以呢？」

三十五

桃應❶問曰：「舜為天子，皋陶為士❷，瞽瞍❸殺人，則如之何？」

孟子曰：「執之而已矣。」

「然則舜不禁與？」

曰：「夫舜惡得而禁之？夫有所受之也。」

「然則舜如之何？」

曰：「舜視棄天下猶棄敝蹝也❹。竊負而逃，遵海濱而處，終身訢然❺，樂而忘天下。」

註釋

❶桃應——孟子的學生。
❷士——掌刑法的官。
❸瞽瞍——舜的父親。
❹敝蹝——破舊的鞋子。蹝、屣。
❺訢然——欣然。訢、音欣。

語譯

桃應問孟子：「大舜為天子，任命皋陶作法官。瞽瞍殺人，那麼要怎樣處理？」
孟子說：「拘捕他就是了。」
「難道大舜不會禁止（皋陶）這麼個作法嗎？」
孟子說：「舜怎麼能阻止？（皋陶）是獲得授權的。」
「那大舜要怎麼辦？」

孟子說「大舜丟掉天下也不過像丟掉一雙破舊的鞋子。他會把他父親偷出來，隱姓埋名，沿著海邊走，居住下來，終身快樂。樂到忘記天下的存在。」

（這是標準的儒家說法。《論語》中，孔子便說過：「父為子隱，子為父隱，直在其中矣。」今日我們的刑法，殺害直屬尊親要加重其罪。父犯過，子藏匿父親，即使發現了窩藏犯人之罪，處罰也較輕。這是儒家的本於孝的精神。）

三十六

孟子自范之齊，望見齊王之子，喟然歎曰：「居移氣，養移體，大哉居乎❶！夫非盡人之子與❷？」

孟子曰：「王子宮室、車馬、衣服、多與人同，而王子若彼者，其居使之然也。況居天下之廣居者乎❸！魯君之宋，呼於垤澤之門❹；守者曰：『此非吾君也，何其聲之似我君也？』此無他，居相似也。」

註釋

❶居移氣，養移體，大哉居乎——所居處的地位會改變（移）人的氣質。所得到的奉養會改變人的體質。環境（居）的力量真大呀！

❷夫非盡人之子與？——不都是人的兒子嗎？

❸況居天下之廣居者乎？——（王子住在王宮之中，地位高貴，受人尊重。飲食當然也十分講究，是以，雖然他也是人的兒子，氣質、體質、風度當然都和平常人不同。所以孟子說：）何況居天下之廣居——仁，立天下之正位的人呢？（意思是說：以仁居心，以義行事者，他的風度氣質當然更高了。）

❹呼於垤澤之門——朱熹注：「宋城門名也。」（魯君去宋國，在垤澤門前呼叫守門官守門官聽到叫聲，奇怪的問自己：「這位並不是我們的君主呀，他的聲音怎麼這樣像我們的君主呢？」所以孟子解釋說：「這不是別的原因，是君主所處的地位和環境相似之故。」

三十七

孟子曰：「食而弗愛，豕交之也❶；愛而不敬，獸畜之也❷。恭敬者，幣之未將者也❸；恭敬而無實，君子不可虛拘❹。」

註釋

❶食而弗愛，豕交之也——食，音寺，動詞，以食與人的意思。給人食物而無愛，等於養豬。

❷愛而不敬，獸畜之也——愛而無尊敬的意味，豈不像養寵物？（俗語說：「豕交獸畜」，謂待人沒禮貌。

❸恭敬者，幣之未將者也——古來玉、馬、皮、圭、璧、帛皆稱幣。俱是古人用作餽贈的東西。也就是今日所稱的禮品。恭敬是在禮品還沒送出去前（未將）便要有的表示。

❹恭敬而無實，君子不可虛拘——徒有恭敬的外表而無恭敬的實意。君子對此，不要為虛假的禮貌所留住。

三十八

孟子曰：「形色，天性也。帷聖人然後可以踐形❶。」

註釋

❶踐形——是古人術語。形、色原是人的外在表現。唯有聖人才能通過這外在的形像，用符合道德倫理的標準把這形象予以發揚。

語譯

孟子說：「體形容色，都是上天所命。只有聖人才能把這天命所授的本性以中正的態度表現出來。」

三十九

齊宣王欲短喪❶。

公孫丑曰：「為朞之喪，猶愈於已乎❷？」

孟子曰：「是猶或紾其兄之臂，子謂之姑徐徐云爾❸，亦教之孝弟而已矣。」

王子有其母死者，其傅為之請數月之喪。公孫丑曰：「若此者何如也？」

曰：「是欲終之而不可得也，雖加一日愈於已。謂夫莫之禁而弗為者也。」

註釋

❶齊宣王欲短喪——齊宣王想縮短守孝的日期。

❷為朞之喪，猶愈於已乎？——朞、週年。守孝一年，難道不比完全不守孝要好嗎？

❸是猶或紾其兄之臂，子謂之姑徐徐云爾——是好像有人扭他哥哥的胳膊，你卻勸那人慢一點，輕一點。紾、轉。戾。

語譯

齊宣王想縮短守孝的日子。公孫丑說：「守孝一年，比完全不守孝還要好一點吧！」孟子說：「這就好像有人要扭他哥哥的胳膊，你卻勸他輕一點、慢一點！也要教導他懂得孝順父母、敬愛兄長就是了。」

一位王子死了母親，他的師傅替他請求守孝幾個月。公孫丑問：「像這樣的情況怎麼樣？」孟子說：「這是因為王子想終喪而未得批准，即使多守孝一天也強過不守孝。（我這是）針對無人阻止卻不肯守孝的人如此說的。」

四十

孟子曰：「君子之所以教者五：有如時雨化之者，有成德者，有達財者，有答問者，有私淑艾者：此五者，君子之所以教也❶。」

註釋

❶此五者，君子之所以交也。——朱熹注：「如時雨之化者，若孔子之於顏曾是也。成德。如孔子之於冉、閔。達財，如孔子之於由、賜。達問，若孔、孟之於樊遲、萬章。私淑艾，若孔、孟之陳亢、夷之是也。」私淑艾：私下獲取。淑、拾也。艾、取也。

語譯

孟子說：「君子用來教育人的方法有五種：有像及時雨那樣灌溉的，有成全其品德的。有發展其才能（財通才）的，有解答一難問題的。還有以才學德行影響後人自學獲益的。這五種方法，都是君子教導人的方法。」

四十一

公孫丑曰：「道則高矣、美矣，宜若登天然，似不可及也；何不使彼為可幾及，而日孳孳❶也？」

孟子曰：「大匠不為拙工改廢繩墨，羿不為拙射變其彀❷率。君子引而不發，躍如也；中道而立，能者從之。」

註釋

❶道則高矣、美矣，宜若登天然，似不可及也；何不使彼為可幾及，而日孳孳也？——公孫丑認為「道既高又美，只是和登天一樣，高不可及。何不使道稍微低一點，使一般人都可天天孜孜不倦的攀登呢？」

❷孟子認為：大匠不會因為拙劣的工人而把繩墨改變或廢去，后羿（古之善射者）也不會為笨拙的射手改變彀率。君子張弓而不發，只作成要射的姿態。身、心、弓、矢都調整到中規中矩的狀態，能跟得上的學生便會追隨學習的。」彀率：拉弓所達到的彎曲度。

四十二

孟子曰：「天下有道，以道殉身❶；天下無道，以身殉道，未聞以道殉乎人者也❷。」

註釋

❶天下有道，以道殉身。——朱熹注：「殉、如葬身之殉，以死隨物之名也。身出，則道在必行，道屈，則身在必退。以死相從而不離也。」

❷未聞以道殉乎人者也。——趙岐注：「殉、從也。不聞以正道從俗人也。」

語譯

孟子說：「天下上了正道，拿道義隨著身子去做事。天下若亂了，離開正道了，（君子）寧可為道而死。我沒聽說犧牲道義去屈服人的。」

四十三

公都子曰：「滕更❶之在門也❷，若在所禮而不答，何也❸？」孟子曰：「挾❹貴而問，挾賢而問，挾長而問，挾有勳勞而問，挾故而問：皆所不答也。滕更有二焉。」

註釋

❶滕更——滕君的兄弟。

❷在門——在孟子的門下求學。

❸若在所禮而不答，何也？——（滕更是滕君的兄弟，所以，他應該）在以禮相待的範疇中，你不搭理他，這是什麼原故呢？

❹挾——朱熹注引伊尹氏云：「有所挾，則受道之心不專，所以不答也。」挾：倚仗。（滕更認為自己是君主的兄弟，不免有倚仗哥哥權勢的態度。）

語譯

孟子說：「倚仗權勢發問，倚仗賢能提問，倚仗年長發問，倚仗功勳發問，倚仗故舊提問，我一律不回答。滕更便是倚仗了其中兩項，所以我不答。」

四十四

子曰：「於不可已而已者，無所不已；於所厚者薄，無所不薄也。其進銳者，其退速。」

語譯

孟子說：「把不可以停止的事予以停止，那就沒有任何事不能停止。該重視的人（物）予以輕視，那就沒有任何人（物）不會受到輕視。前進得太激烈的人，退縮得也很快。

四十五

孟子曰：「君子之於物也，愛之而弗仁；於民也，仁之而弗親；親親而仁民，仁民而愛物。」

語譯

孟子說：「君子愛惜萬物，而不是以仁心相待。對於人民，以仁心相待但不親密。疼愛親人，要進而疼愛百姓，以仁心相待。以仁待百姓，也要愛惜萬物。」

四十六

孟子曰：「知者無不知也，當務之為急；仁者無不愛也，急親賢之為務。堯、舜之知而不遍物，急先務也。堯、舜之仁不遍愛人，急親賢也。不能三年之喪，而緦小功之察❶；放飯流歠❷，而問無齒決❸：是之謂不知務。」

註釋

❶而緦小功之察——緦、細麻布。五種孝服中最輕的一種。細麻，用熟布為孝服，為三個月。女婿為岳父母服孝用緦麻。小功，服孝五個月，如外孫為外祖父母服孝用此服。察：朱熹注：「致詳也。」即仔細講求的意思。對於緦麻、小功這等輕孝卻很詳備！

❷放飯流歠——朱熹注：「放飯、大飯。流歠、長飲。不敬之大者也。」放飯流飲：大吃大喝。

❸而問無齒決——卻要研究不宜用牙齒咬斷（肉類）。

語譯

孟子說：「聰明的人沒有不知道的事，總拿當前最重要的事為先。仁人沒有他不愛的人，但總以親近賢人為先。堯、舜的愛不能遍及所有的人，因為他們也急於親近賢人。若不能遵行三年的守孝期，卻從事考究緦麻和小功，不理禮貌的大吃大喝，卻研究用牙齒咬斷肉之不相宜，這就是不識時務！」

盡心篇（下）

四十六

孟子曰：「不仁哉！梁惠王也！仁者，以其所愛及其所不愛；不仁者，以其所不愛及其所愛。」

公孫丑問曰：「何謂也？」

「梁惠王以土地之故，糜爛其民而戰之❶，大敗；將復之，恐不能勝，故驅其所愛子弟以殉之。是之謂：以其所不愛及其所愛也。」

註釋

❶糜爛其民而戰之——使人民拋頭顱灑熱血去打仗。

語譯

孟子說：「仁人拿疼愛親近者的心推廣到疼愛較為疏遠的人。不仁的人把不愛惜疏遠人之心加到自己所親近人的身上。梁惠王為了爭奪土地，不惜糜爛人民的血肉，驅使他們去打仗。不料大敗，還要打下去，又恐打不勝，又驅使所疼愛的子弟去死戰！（殉戰）這正是把不疼愛遠人之心加諸其所疼愛的人的身上。所以說：梁惠王真是大不仁呀！」

四十七

孟子曰：「春秋無義戰；彼善於此，則有之矣。征者，上伐下也；敵國不相征也。」

語譯

孟子說：「春秋之時沒有合乎義的戰爭。只有作戰的一邊稍微有理些而已。天子出兵討伐在下的諸侯才叫『征』。兩個諸侯互相打仗不能叫『征』。

四十八

孟子曰：「盡信《書》，則不如無《書》。吾於〈武成〉❶，取二三策而已矣。仁人無敵於天下；以至仁伐至不仁❷，而何其血之流杵也！❸」

註釋

❶〈武成〉——偽古文《尚書》中的篇名。朱熹注：「武王伐紂，歸而記事之書也。」

❷以至仁伐至不仁——至仁、指周武王。至不仁，指商紂王。

❸血之流杵——古來洗衣，多用搗衣棒拍打。唐詩：「長安一片月，萬戶搗衣聲。」宋賀鑄詞：「萬杵千砧搗欲穿。」古人形容戰事激烈，常說：「血流成河。」「血流飄杵。」也就是「血之流杵」。流血之多，能使木製的搗衣杵飄浮起來。

語譯

孟子說：「《尚書》不能盡信。武王以至仁伐至不仁的紂王，決不可能死去太多的人民，多得所流的血能把搗衣木杵給流走。所以，對於《尚書》中〈武成〉篇，我只能認同兩三節而已。」

（好似今人說：「幾頁而已。」）

四十九

孟子曰：「有人曰：『我善為陳❶，我善為戰』，大罪也。國君好仁，天下無敵焉。南面而征，北夷怨；東面而征，西夷怨，曰：『奚為後我❷？』武王之伐殷也，革車三百兩，虎賁三千人❸；王曰：『無畏，寧爾也，非敵百姓也。』若崩厥角稽首❹。征之為言正也，各欲正己也，焉用戰？」

註釋

❶善為陳——善於列陣。陳、陣相通用。朱熹注：「制行伍曰陳。交兵曰戰。」

❷奚為後我？——為什麼把（解救）我們的事放在後面？

❸革車三百兩，虎賁三千人——革車、兵車。虎賁、武士。勇士。

❹崩厥角稽首——厥、同蹶。頓。角、額角。厥角、頓首。俞曲園《古書疑義舉例‧倒句例》云：「當云『厥角稽首若崩。』今云若崩厥角稽首，亦倒句耳。」

語譯

孟子說：「有人說他能佈陣，善作戰。那都是大罪呀！仁君天下無敵。他征伐南邊，北方的狄人埋怨。他征伐東邊，西方的夷人也埋怨。說：「為什麼不先解救我們呢？」武王伐殷紂王，只不過三百輛戰車，三千名勇士。武王對殷人說：「我們來使你們安寧，不是和你們為敵。」百姓們叩頭觸地，聲響如山崩。征是正的意思。各自端正自己，哪還用得著戰爭呢？」

五十

孟子曰：「梓匠輪輿，能與人規矩，不能使人巧。」

語譯

孟子說：「作木匠的與作車匠的，只能傳授人以規矩，卻不能使人有高超巧妙的技術。」

五十一

孟子曰：「舜之飯糗茹草❶也，若將終身焉；及其為天子也，被袗衣❷，鼓琴，二女果❸，若固有之。」

註釋

❶飯糗茹草——飯、吃。動詞。茹、吃。糗、乾糧。

❷被袗衣——袗、通珍。趙岐注：「袗，畫也。畫衣。黼黻絺繡也。」

❸果——亦作「婐」。女侍。

語譯

孟子說：「大舜吃乾糧、吞野草的時候，好像終身便如此了。等到他作了天子，穿華麗的衣服，彈琴，還有（堯的）兩個女兒侍奉他，好像他本來就如此似的。」

五十二

孟子曰：「吾今而後知殺人親之重❶也：殺人之父，人亦殺其父；殺人之兄，人亦殺其兄：然則非自殺之也？一間耳❷！」

註釋

❶吾今而後知殺人親之重也——我現在知道殺害別人親人是非常嚴重的。（因為，殺人的父者，人也會殺他的父親。殺人兄者，人也會殺他的兄。）

❷一間耳——朱熹注：「一間者，我往彼來，間一人耳。」相差無幾的意思。孟子說：「你殺人之父，人亦殺你的父。你的父雖非你自己所殺，但他是因為殺人之父而造成的，和你自己殺自己的父親相去實在很接近。」

五十三

孟子曰：「古之為關也，將以禦暴。今之為關也，將以為暴。」

語譯

孟子說：「古來設置關卡，是用來抵抗殘暴、防止姦盜。（讓人民受益。）而現今的關卡，目的竟在收稅，反使人民受害。」

五十四

孟子曰：「身不行道，不行於妻子；使人不以道，不能行於妻子。」

語譯

孟子說：「自身不以正道行事，這正道也就不能施行到自己的妻子身上。不以正道使喚人，便也不能使喚妻子。」

五十五

孟子曰：「周於利者❶，凶年不能殺❷；周於德者，邪世不能亂❸。」

註釋

❶周於利者——周、足也。朱熹注：「周，足也。言積之厚，則用有餘。」

❷凶年不能殺——殺、缺乏。困難。凶年也不會困難。

❸周於德者，邪世不能亂——積德深厚的人，世道混亂之時也不能擾亂他的心志。

五十六

孟子曰：「好名之人，能讓千乘之國；苟非其人，簞食豆羹見於色。」

語譯

孟子說：「喜好聲名的人，能把千乘的國家讓給人。但如果不是好名之人，一簞飯、一杯湯給人，也會現出不愉快的臉色。」

五十七

孟子曰：「不信仁賢，則國空虛；無禮義，則上下亂；無政事，則財用不足。」

語譯

孟子說：「不信任仁德賢明的人，國家會空虛。不講求禮義，全過上下會混亂。不好好的行政，國家的財用便會不足。」

五十八

孟子曰：「不仁而得國者，有之矣；不仁而得天下者，未之有也。」

語譯

孟子說：「不實行仁道而得到國家的，確實有過，不實施仁政而能得到天下，可是從沒有過的。」

五十九

孟子曰：「民為貴，社稷次❶之，君為輕。是故，得乎丘民❷而為天子，得乎天子為諸侯，得乎諸侯為大夫。諸侯危社稷，則變置❸。犧牲既成，粢盛既潔，祭祀以時❹，然而旱乾水溢，則變置社稷。」

註釋

❶社稷——社為土神，稷為穀神。古來立國，必立社稷。社稷的存亡，表示國家的存亡。

❷丘民——朱熹注：「田野之民。」或謂「丘」是「眾多」的意思。

❸變置——變更位置。意思是說：「改立。諸侯危及社稷，便另立諸侯。

❹犧牲既成，粢盛既潔，祭祀以時——粢、稷也。通常用以包括五穀。盛：稻也。祭祀用的牛羊犧牲準備好了，用以敬神的五穀也弄整潔了，按時祭祀。

語譯

孟子認為：人民最重要，次為社稷，最後才是國君。是以能得到眾人之心的作天子。得到天子之心的作諸侯。得到諸侯之心的任大夫。諸侯若危及社稷，便把他換掉。準備了各色祭品按時祭神，而乾旱洪水依然成災，便另設社稷。

六十

孟子曰：「聖人，百世之師也；伯夷、柳下惠是也。故聞伯夷之風者，頑夫❶廉，懦夫有立志；聞柳下惠之風者，薄夫敦，鄙夫寬。奮乎百世之上；百世之下，聞者莫不興起也。非聖人而能若是乎？而況於親炙❷之者乎！」

註釋

❶頑夫，玩貪之人。焦循《孟子正義》云：「《呂氏春秋・慎大篇》云：『暴戾頑貪。』是頑亦貪也。」懦夫，懦怯之人。鄙夫，鄙陋之人。薄夫，刻薄之人。

❷親炙——親受教益之謂。

語譯

孟子說：「聖人足為百代的師表。像伯夷、柳下惠便是聖人。聽到人說伯夷的風格的人，貪婪之人也會廉潔起來。懦怯之人也會長了志氣。聽到人說柳下惠風格的人，刻薄者也會變得敦厚，鄙陋的人也會變得寬宏大度了。百代以前舊發的事蹟，百世以後，聽到的人無不感動、振作。若不是聖人，如何能有這樣的影響力？那些曾親受（聖人）教益的人更是不用說了！」

六十一

孟子曰：「仁也者，人也。合而言之，道也。」

分析

孟子說：「仁就是人。仁與人合起來便是道。」

朱熹注：「仁者，人之所以為人之理也。然仁，理也。人，物也。以仁之理合於人之身而言之，乃所謂道也。」

六十二

孟子曰：「孔子之去魯，曰：『遲遲吾行也❶』，去父母國之道也。去齊，接淅而行❷。去他國之道也。」

註釋

❶ 遲遲吾行也——我們走慢一點吧。

❷ 接淅——撈起正在淘洗的濕米。

語譯

孟子說：「孔子離開魯國時，交代：『我們慢慢的走。』這是離開父母之國的態度。離開齊國時，正在淘米都來不及煮飯，把濕米撈起來便啟行。這是離開外國的態度。」

六十三

孟子曰：「君子之戹於陳、蔡之間，無上下之交也。」

語譯

孟子說：「孔子在陳國和蔡國之間受困（厄），是由於他和兩國的君臣沒有交情。」（按：戹，即厄。）

孟子的意思是：孔子並非道窮而受困。

六十四

貉稽曰❶：「稽大不理於口❷。」

孟子曰：「無傷也，士憎茲多口❸。詩云：『憂心悄悄，慍於群小❹』，孔子也。『肆不殄厥慍，亦不隕厥問。❺』文王也。」

註釋

❶貉稽——人名。姓貉，名稽。

❷大不理於口——大不順於口。即是說：被眾人非議。

❸士憎茲多口——士人討厭如此七嘴八舌。

❹《詩》云：『憂心悄悄，慍於群小』——《詩經．邶風．柏舟》：「我憂心不安，被一群小人所怨恨。」悄悄：憂悶的樣子。慍：怨恨。群小：一群小人。

❺「肆不殄厥慍，亦不隕厥問。」——《詩經》〈大雅．綿〉：肆：故也。殄音田，根絕。厥：其。厥慍：他（們）的怨恨。「是故不能根絕他們的慍怒，但亦不斷絕向他們問好往來。」隕：斷絕。

語譯

貉稽向孟子訴苦：「我被許多人議論！」孟子說：「不礙事。士人都討厭這種閒言閒語。《詩經》上說：『我憂心不安，被一群小人所怨恨！』這是孔子。「（我）不能根絕他們的怨恨，但也不曾中斷和他們問候往來。」這是文王。」

六十五

孟子曰：「賢者以其昭昭，使人昭昭；今以其昏昏，使人昭昭❶。」

註釋

❶昭昭：明白。

語譯

孟子說：「賢人先明白了道理，再去使人明白道理。現在人自己昏昏不明白，還要讓別人明白！」

六十六

孟子謂高子曰：「山徑之蹊間❶，介然❷用之而成路；為間❸不用，則茅塞之矣。今茅塞子之心矣。」

註釋

❶山徑之蹊——徑、山上的小道。蹊——人行的路。
❷介然——界限分明。
❸為間——為時不久。

語譯

孟子對高子說：「山間的小道，經常有人走，便成了路。界限分明。稍稍不用它，茅草便生滿了，把道路給堵塞了。你的心現在正被茅草塞住了呢！」

六十七

高子曰：「禹之聲，尚文王之聲。」孟子曰：「何以言之？」曰：「以追蠡❶。」曰：「是奚足哉！城門之軌，兩馬之力與？」

註釋

❶追蠡——追、鐘鈕。是古來鐘所懸掛的地方。蠡、如蟲嚙而將斷的樣子。

語譯

高子說：「夏禹的音樂比文王的音樂為高。」

孟子說：「何以說？」

高子答：「察看鏡鈕毀損的情況。」

孟子說：「這何足為證？城門下的車轍那麼深，難道只是一兩匹馬所拖車壓出來的？」因為，城門狹，只能通過一輛車。城中道路寬，可容九軌，所以車轍只應有城門車轍的九分之一多，自然較淺。禹在文王前千餘年，鐘鈕日久，自當斷絕。文王的鐘，時日尚少，當然較為完整。

朱子認為這章書文義「不可曉」，我們試為解釋如此。

六十八

齊饑。陳臻曰：「國人皆以夫子將復為發棠❶——殆不可復？❷」孟子曰：「是為馮婦也。晉人有馮婦者，善搏虎；卒為善士。則之野❸，有眾逐虎，虎負嵎❹，莫之敢攖❺。望見馮婦，趨而迎之。馮婦攘臂❻下車。眾皆悅之，其為士者笑之❼。」

註釋

❶復為發棠——齊國鬧饑荒，齊國的人民都以為孟子會再度（請求齊王）打開棠邑的穀倉發穀子救災民。棠：地名。發：開倉發糧。復：再度。

❷殆不可復——大概不可能再（如此作吧！）

❸馮婦——男子名，姓馮，名婦。則之也——則有或的意思。或曰某日。則之野：某日到野外。

❹虎負嵎——山曲曰嵎。老虎被逼到山曲，有「憑依險地，負隅頑抗」的意味。

❺莫之敢攖——沒有人敢靠近。

❻攘臂下車——攘臂：揎袖出臂。

❼眾皆悅之，其為士者笑之——大家都歡迎他。但士人卻譏笑他。（焦循說：「笑其不知止也。」《孟子正義》）

六十九

孟子曰：「口之於味也，目之於色也，耳之於聲也，鼻之於臭也，四肢之於安佚也，性也；有命焉，君子不謂性也。仁之於父子也，義之於君臣也，禮之於賓主也，智之於賢者也，聖人之於天道也，命也；有性焉，君子不謂命也。」

語譯

孟子說：「嘴巴好吃美食，眼睛想看好色，耳朵想聽美聲，鼻子好臭香味，四肢喜歡安逸。這是人的本性。但能否如願，要看有沒有好命。（君子之道，則以仁義為先，禮節為制。不以性好而苟求之。）所以君子不認為這些（欲望）是天性。仁的對於父子，義之於君臣，禮節之對於賓主，智慧之對於賢人，天道的對於聖人，雖也由命運決定，卻也是天性。所以君子不說命運。」凡人則歸之命祿，任天而已。君子之道則修仁行義，修禮學智。所以聖人亹亹不倦，不但坐而聽天命。所以說：「君子不謂命也。」

七十

浩生不害❶問曰：「樂正子何人也？」

孟子曰：「善人也，信人也。」

「何謂善？何謂信？」

曰：「可欲之謂善。有諸己之謂信。充實之謂美，充實而有光輝之謂大，大而化之之謂聖，聖而不可知之之謂神。樂正子，二之中，四之下也。」

註釋

❶浩生不害——齊國人。複姓浩生，名不害。

語譯

浩生不害問孟子：「樂正子是什麼樣的人？」

孟子說：「是個善人。是個信人。」

「什麼是善？什麼是信？」

孟子說：「別人對他的行為都有好感，這就叫善。他的行為都是發之於良心、絲毫沒有欺詐的因素，這叫信實。充實自己這些「善行」便是美。自身既充滿了善行，而且能發出光輝，照耀別人，便是偉大。大而能化，化人、化物，便是聖人。聖化到莫可測的境界，便是神。樂正子在善和信二者之間，卻在美、大、聖、神之下。」

七十一

孟子曰：「逃墨❶必歸於楊❷，逃楊必歸於儒。歸，斯受之而已矣。今之與楊墨辯者，如追放豚，既入其苙❸，又從而招之❹。」

註釋

❶墨——墨子。此處指墨子的學說。墨子主張兼愛。無親疏之別。不合人性，也不合禮。

❷楊——指楊朱。楊朱的學說主張「拔一毛而利天下，不為也。」雖違禮，尚得「不敢毀傷」之義。

❸既入其苙——苙、關家畜的馬廄、豬欄、雞籠之類。既把豬關進了豬欄中。

❹又從而招之——招：趙岐注：「捆綁。纏繞。」焦循說：「以言去楊、墨歸儒則可。又復從而罪之，便太過分了。」

語譯

孟子認為：放棄墨子學說的人，必定歸向楊朱門下。若再拋棄楊朱的學說，則必然會轉向儒家。既然歸之儒家，當然只好接受了。現今跟楊、墨兩派辯論的人，好像追尋走失了的豬。即使已把它抓回關入豬欄了，還要用繩子綑綁它的四腳。太過分了。

七十二

孟子曰：「有布縷之征，粟米之征，力役之征。君子用其一，緩其二。用其二而民有殍，用其三而父子離。」

語譯

孟子說：「現在有布帛稅，有糧食稅，有征勞力的力役。君主只能征一種稅，緩征其他二種稅。若同時征兩種稅，百姓便有會餓死的。要是三樣一起征，那就會父子背離，家庭破碎了。」

（按：殍，餓死的人叫「餓殍」）

七十三

孟子曰：「諸侯之寶三：土地、人民、政事。寶珠玉者，殃必及身。」

語譯

孟子說：「諸侯有三件寶，那就是：人民、土地、和政事。若把珠、玉、財貨看成寶，禍患一定會降臨到身上。」

七十四

盆成括❶仕於齊，孟子曰：「死矣盆成括！」

盆成括見殺，門人問曰：「夫子何以知其將見殺？」

曰：「其為人也小有才，未聞君子之大道也，則足以殺其軀而已矣。」

註釋

❶盆成括——朱熹注：「盆成，姓。括、名也。恃才妄作，所以取禍。」盆成括小有才幹，卻沒有學過君子的大道理。恃才妄為，果然如孟子所預測，終被殺頭。

七十五

孟子之滕，館於上宮❶。有業屨❷於牖上，館人求之弗得。或問之曰：「若是乎從者之廋❸也。」曰：「子以是為竊屨來與？」曰：「殆非也。夫子之設科也，往者不追，來者不拒❹。苟以是心至，斯受之而已矣。」

註釋

❶館於上宮——孟子到了滕國，住在上宮。原文用「館」字，似係由滕方招待。館在此為動詞。「招待住在館中」的意思。古來住屋都可稱「宮」，不一定是王宮。上宮究竟是宮？是樓？？是旅邸還是什麼，自來未有定論。

❷業屨——未織完的草鞋。

❸廋——藏匿。

❹來者不拒——有點像孔子的「自行束脩以上，未嘗無誨焉。」

語譯

孟子到了滕國，住上宮。開科講學。只要來聽講的，一律不拒絕。要離開時，隨時可走。館中失去一雙未織完的草鞋，館人疑是孟子的從人藏了起來。孟子說：「你認為他們是為了偷草鞋而來的嗎？即使是有（來偷鞋）心來這裡，我們也只好認了。」

七十六

孟子曰：「人皆有所不忍，達之於其所忍，仁也；人皆有所不為，達之於其所為，義也。人能充無欲害人之心，而仁不可勝用也；人能充無穿窬❶之心，而義不可勝用也；人能充無受爾汝之實❷，無所往而不為義也。士未可以言而言，是以言餂❸之也；可以言而不言，是以不言餂之也，是皆穿窬之類也。」

註釋

❶穿窬——穿壁踰牆以行竊叫「穿窬」。窬、門旁小竇。

❷無受爾汝之實——不受人「你呀、你呀」的輕賤叫喚。意思是：別人用像日文「貴樣」的稱呼輕視你，不要接受。

❸餂——音忝。鈎取。獲得。

語譯

孟子說：「人都會有不忍心作的事。把它發揚到忍心作的事上，便是仁。人都有不肯作的事，把它發揚到肯作的事上，便是義。人能發揚不忍害人之心，仁就用不盡。人能發揚不盜竊之心（貪汙也是盜竊），義也就用不完。人能發揚不受人輕賤之語，他隨處都會行義。不可同他談論的士人，若去同他談論，是用言論去探取別人。應該可以同他談論的士人，你不和他說話，那是用不說話釣人！這都是盜竊一類的行為。」

七十七

孟子曰：「言近而指遠者❶，善言也；守約而施博❷者，善道也。君子之言也，不下帶而道存焉❸。君子之守，修其身而天下平。人病舍其田而芸人之田❹，所求於人者重，而所以自任者輕。」

註釋

❶言近而指遠——言語淺近而意義深遠。

❷守約而施博——所守者簡約，而作為影響深大。

❸不下帶而道存焉——朱熹注：「古人視不下於帶，則帶之上乃目前常見至近之處也。舉目前之近事，而至理存焉。」

❹芸人之田——芸同耘。（按：凡人束帶以腰部，心在帶之上，故云「視不下於帶。」因為：仁守於心。）

語譯

孟子說：「言詞淺近而意義深遠的，是善言。自守簡約而作為影響深大，是善道。君子言談，閒話家常，裡面也存在著道。君子的操守，從自身修身晉德開始，能使天下太平。一般人的毛病是捨棄自己的田，而去為別人的田除草，這是要求別人的多，自己的負擔卻小！」

七十八

孟子曰：「堯舜，性者也❶；湯武，反之也❷。動容周旋中禮者，盛德之至也❸。哭死而哀，非為生者也。經德不回，非以干祿也❹。言語必信，非以正行也❺。君子行法，以俟命而已矣。❻」

註釋

❶堯、舜，性者也——堯、舜是天生聖人。天性便是聖人。

❷湯、武，反之也——商湯王和周武王則是回復本性。（意常是經過修身而回到聖人的天性。）

❸動容周旋中禮者，盛德之至也——行動、容色，應接、都能合乎禮，那是最高的美德。

❹經德不回，非以干祿也——朱熹注：「經：常也。回：曲也。」趙岐注：「經、行也。」意謂堅守美德而不違反，並非為了想作官（干祿）。

❺言語必信，非以正行也——說話務實有信用，並不是為了顯示行為正當。

❻君子行法，以俟命而已矣——君子依照正規行事，以等待命運的安排。

七十九

孟子曰：「說大人，則藐之❶，勿視其巍巍然❷。堂高數仞，榱題數尺❸，我得志，弗為也。食前方丈，侍妾數百人，我得志，弗為也。般樂飲酒❹，驅騁田獵，後車千乘，我得志，弗為也。在彼者，皆我所不為也；在我者，皆古之制也。吾何畏彼哉？」

註釋

❶說大人，則藐之——說：音稅，遊說。遊說諸侯，先看不起他。

❷勿視其巍巍然——不要看重他那高高在上的樣子。

❸堂高數仞，榱題數尺——堂高好幾丈，屋簷才數尺。仞、八尺。榱題、指屋簷的前端。屋簷屋桷的總稱叫「榱題」。

❹般樂飲酒——般樂：大樂。趙岐注：「般、大也。」般樂飲酒，飲酒作樂。

語譯

孟子說：「遊說諸侯，不要被他們的排場唬住。他們大雞大肉，姬妾成群，飲酒作樂，驅騁田獵，這些都是君子得志時不屑作的事，也都是我不會作的事。我們遵守先王的古制，何必畏懼這些諸侯呢？」

八十

孟子曰：「養心莫善於寡欲。其為人也寡欲，雖有不存焉者，寡矣；其為人也多欲，雖有存焉者，寡矣。」

語譯

孟子說：「修養仁心，沒有比減少私慾更好的辦法。一個人若私慾少，雖有道義不存在心裡的時候，但，總是很少的。若是一個人多慾望，他心裡道義存在的便少了！」

八十一

曾晳嗜羊棗，而曾子不忍食羊棗。公孫丑問曰：「膾炙與羊棗孰美？」

孟子曰：「膾炙❶哉！」

公孫丑曰：「然則曾子何為食膾炙而不食羊棗？」

曰：「膾炙所同也，羊棗所獨也。諱名不諱姓，姓所同也，名所獨也。」

註釋

❶膾炙——膾為細切的肉。炙是燔肉。

分析

曾子的父親曾皙（音昔）好吃羊棗。俗稱羊矢棗。曾子曾參是孝子，因此，不忍吃羊矢棗，一方面是避諱（避開與父親名字同音的矢），一方面也怕會因此而苦思父親。避諱不避姓，姓同的太多了。避名，名是個人獨有的。

八十二

萬章問曰：「孔子在陳曰：『盍歸乎來❶！吾黨之小子狂簡，進取，不忘其初❷。』孔子在陳，何思魯之狂士？」

孟子曰：「孔子『不得中道而與之，必也狂狷乎❸！狂者進取，狷者有所不為也。』孔子豈不欲中道哉？不可必得，故思其次也。」

「敢問何如斯可謂狂矣？」

曰：「如琴張、曾皙、牧皮者，孔子之所謂狂矣❹。」

「何以謂之狂也？」

曰：「其志嘐嘐然❺，曰：『古之人！古之人！』夷考其行，而不掩焉者也❻。狂者又不可得，欲得不屑不潔之士而與之，是狷也❼。是又其次也。」「孔子曰：『過我門而不入我室，我不憾焉者，其惟鄉原乎！鄉原，德之賊也❽。』」

曰：「何如斯可謂之鄉原矣？」

曰：『何以是嘐嘐也？言不顧行，行不顧言，則曰：古之人！古之人！❾行何為踽踽涼涼？生斯世也，為斯世也，善斯可矣。❿』閹然媚於世也者，是鄉原也⓫。」

萬子曰：「一鄉皆稱原人焉，無所往而不為原人，孔子以為德之賊，何哉？」

曰：「非之無舉也，刺之無刺也⓬；同乎流俗，合乎汙世⓭；居之似忠信，行之似廉潔；衆皆悅之，自以為是，而不可與入堯舜之道，故曰『德之賊』也。孔子曰：『惡似而非者：惡莠⓮，恐其亂苗也；惡佞，恐其亂義也；惡利口，恐其亂信也；惡鄭聲，恐其亂樂也，惡紫，恐其亂朱也；惡鄉原，恐其亂德也。』君子反經而已矣⓯。經正，則庶民興；庶民興，斯無邪慝矣⓰。」

註釋

❶盍歸乎來——盍、何不。何不歸來呀！

❷吾黨之小子狂簡，進取，不忘其初——「我那些小子（門生）狂放簡傲進取，但沒有忘本。」

❸不得中道而與之，必也狂狷乎！——找不到合乎中道的弟子，只好（退而求其次）找狂狷之士了。」

❹琴張、曾晳、牧皮者，孔子之所謂狂矣——朱熹注：「琴張、名牢，字子張。」曾點，字晳，他是曾子的父親。牧皮，不知何許人。

❺其志嘐嘐然——嘐嘐：趙岐注：「志大言大者也。」嘐、ㄒㄧㄠ，誇語也。

❻夷考其行，而不掩焉者也——夷、助詞，無意義。考查他們的實際行動，和他們所說的又不相吻合。

❼欲得不屑不潔之士而與之，是狷也——想得到有所不為者。這是狷。（不屑不潔，不屑於作不潔之事，即有所不為。）

❽鄉原，德之賊也——見後面孟子的解說。

❾何以是嘐嘐也？至古之人！——鄉原批評狂士說：「為什麼叫嘯、志向大，口氣大，言不顧行，行不顧言。言行不一！開口閉口古人如何如何。」

❿「行何為踽踽涼涼，生斯世也，為斯世也，善斯可矣。」——踽踽涼涼、朱熹注：「獨行不進之貌。涼涼，薄也，不見親厚於人也。」「行動為何如此孤獨涼薄呢？生在這個世界上，在這個世界上行事，平平安安就可以了。」

⓫閹然媚於世者也——朱熹注：「閹，如奄人之奄，閉藏之意也。」掩掩藏藏的討好世人。

⓬非之無舉也，刺之無刺也——要說他的不對，卻又舉不出事實。要攻擊他的言行，卻又無處可攻擊。

⓭同乎流俗，合乎汙世——迎合流俗，迎合汙世。這種人，居心似忠信，行為似廉潔，人人都喜歡，他也自以為是，但不可和堯、舜之道混為一談。所以稱之為「德之賊」。

⓮惡莠，恐其亂苗也——莠、狗尾草。其莖、葉、穗，都和稻相似。孔子不喜歡莠草，因為他讓人誤以為是稻。

⓯君子反經而已矣——朱熹注：「反、復也。經、常也。萬世不易之常道也。」君子回復到常道而已。

⓰經正，則庶民興；庶民興，斯無邪慝矣——慝、ㄊㄜˋ。邪。惡。正常的道路正位了，百姓便會振興。百姓興旺了，邪惡也就沒有了。

語譯

萬章問：「孔子在陳國時說：『為何不回去呢？我的那些學生狂放、有進取之心，不忘本。』孔子當時在陳國，怎麼想起他的那些狂簡小子？」

孟子說：「孔子找不著中庸之士傳授大道，只好退而求其次著眼於狂放和潔身自愛的人了。『狂放不羈之人有進取心。潔身自愛的有所不為。』孔子難道不想找中庸之士、中道之人，實在找不到，只好退而求其次了。」

「請問：什麼樣的人才算狂放不羈之士呢？」

「例如琴張、曾皙、牧皮等，就是孔子所說狂放不羈之士。」

「為什麼說他們狂放呢？」

孟子答：「因為他們志向大，口氣大，動不動就說：『古之人如何如何。』但考察他們的行為，跟嘴裡說的並不相吻合。若是連狂士都找不到，只好找那些不肯作壞事的人了。那又是更次一等了。孔子又說：『從我家大門口經過卻不進我屋裡，但我並不覺得遺憾的，就是那些偽善欺世的鄉愿。他們是破壞道德的人。』

萬章問：「怎麼樣的人才叫鄉愿呢？」

孟子答：「他們批評狂放之士說：『志向大、口氣大，卻言行不一。』又批評潔身自好之士說：『行為多麼孤獨冷漠呢？生於今世，為這個世界工作，相安無事便是了。』他們是低賤諂媚世人的人。他們是鄉愿。」

「全鄉的人都稱他是好人，他所到之處，都處表現得像好人，孔子卻說他是破壞道德的人，為什麼呢？」

孟子說：「要否定他，說不出他的大過錯。要責怪他，他也沒有什麼地方可資指責。他一味討好汙世，迎合流俗。乍看起來，他是一個忠厚老實的人，行動也好像清白無汙點。人們都喜歡他，他也自以為是。但他的作為絕不可入堯、舜之道。所以說是道德的破壞者。孔子說：『很討厭乍看相似、實質卻完全不同的東西。討厭那攪亂禾苗的狗尾草。討厭巧言利嘴善於狡辯的人。討厭說大話的人，怕他們混淆信守。討厭鄭音，怕鄭音會汙染雅樂。討厭紫色弄混了紅色。討厭偽善欺世的鄉愿。怕他們破壞道德。』君子能使一切回歸到正常道路上。正常道路恢復了，百姓便會振作。人民振作了，便能斷絕邪惡之念了。」

八十三

孟子曰：「由堯舜至於湯，五百有餘歲；若禹、皋陶，則見而知之；若湯，則聞而知之。由湯至於文王，五百有餘歲，若伊尹、萊朱❶則見而知之；若文王，則聞而知之。由文王至於孔子，五百有餘歲，若太公望、散宜生❷，則見而知之；若孔子，則聞而知之。由孔子而來至於今，百有餘歲，去聖人之世若此其未遠也，近聖人之居若此其甚也，然而無有乎爾，則亦無有乎爾❸。」

註釋

❶萊朱——湯的賢臣。

❷太公望、散宜生——太公望，呂尚也。號稱師尚父。散宜生，文王四大臣之一。呂尚有勇有謀而為將。散宜生有文有德而為相。

❸然而無有乎爾，則亦無有乎爾——朱子引林氏曰：「孟子言孔子至今，時間不遠。鄒、魯相去，又甚相近。然而已沒有見而知之者矣。則五百年之後，也可能不會有「聞而知之者吧！」

分析

這是孟子的感嘆的話。帝堯、帝舜，天生聖人。夏禹和皐陶，他們是親炙聖人。所以說是「見而知之」。五百年後有商湯王。湯王也是聖人，他不是「見而知之」像大禹和皐陶，他是「聞而知之」的聖人。從商湯到周文王，也是五百餘年。伊尹和萊朱——湯的賢臣，他們是見而知之，親見聖人。文王卻是聞而知之。由文王到孔子，又是五百餘年。呂尚和散宜生也是親事過文王的，是見而知之。孔子卻是聞而知之。孔子到孟子，一百多年了。孟子認為：「去聖人之世，若此其未遠也。近聖人之居，若此其甚也，然而無有乎耳！」

孟子認為：孔子到他的時代不遠，兩人的故居鄒、魯相去又近，居然沒有「見而知之者！」五百年後，也不可能有「聞而知之者」了。孟子傳孔子之學，不敢以聖人自居。自謙也。後世稱孟子為亞聖，也算是「聞而知之者」吧。

新銳文學32　PG1718

新銳文創
INDEPENDENT & UNIQUE

孟子的故事

作　　者　劉　瑛
責任編輯　辛秉學
圖文排版　楊家齊
封面設計　王嵩賀

出版策劃　新銳文創
發 行 人　宋政坤
法律顧問　毛國樑　律師
製作發行　秀威資訊科技股份有限公司
114 台北市內湖區瑞光路76巷65號1樓
電話：+886-2-2796-3638　傳真：+886-2-2796-1377
服務信箱：service@showwe.com.tw
http://www.showwe.com.tw
郵政劃撥　19563868　戶名：秀威資訊科技股份有限公司
展售門市　國家書店【松江門市】
104 台北市中山區松江路209號1樓
電話：+886-2-2518-0207　傳真：+886-2-2518-0778
網路訂購　秀威網路書店：http://www.bodbooks.com.tw
國家網路書店：http://www.govbooks.com.tw

出版日期　2017年7月　BOD一版
定　　價　550元

國家圖書館出版品預行編目

孟子的故事 / 劉瑛著. -- 一版. -- 臺北市 : 新
銳文創, 2017.07
面； 公分
BOD版
ISBN 978-986-94864-5-3(平裝)

1. 孟子 2. 注釋

121.262 106011039

讀者回函卡

感謝您購買本書，為提升服務品質，請填妥以下資料，將讀者回函卡直接寄回或傳真本公司，收到您的寶貴意見後，我們會收藏記錄及檢討，謝謝！如您需要了解本公司最新出版書目、購書優惠或企劃活動，歡迎您上網查詢或下載相關資料：http:// www.showwe.com.tw

您購買的書名：________________________________

出生日期：________年________月________日

學歷：□高中（含）以下　□大專　□研究所（含）以上

職業：□製造業　□金融業　□資訊業　□軍警　□傳播業　□自由業

　　　□服務業　□公務員　□教職　□學生　□家管　□其它_____

購書地點：□網路書店　□實體書店　□書展　□郵購　□贈閱　□其他

您從何得知本書的消息？

□網路書店　□實體書店　□網路搜尋　□電子報　□書訊　□雜誌

□傳播媒體　□親友推薦　□網站推薦　□部落格　□其他__________

您對本書的評價：（請填代號　1.非常滿意　2.滿意　3.尚可　4.再改進）

封面設計____　版面編排____　內容____　文／譯筆____　價格____

讀完書後您覺得：

□很有收穫　□有收穫　□收穫不多　□沒收穫

對我們的建議：________________________________

____

____

____

請貼
郵票

11466
台北市內湖區瑞光路 76 巷 65 號 1 樓
秀威資訊科技股份有限公司　　　收
BOD 數位出版事業部

………………………………………………………………………………

（請沿線對折寄回，謝謝！）

姓　　名：＿＿＿＿＿＿＿＿　年齡：＿＿＿＿　性別：□女　□男

郵遞區號：□□□□□

地　　址：＿＿＿＿＿＿＿＿＿＿＿＿＿＿＿＿＿＿＿＿

聯絡電話：(日)＿＿＿＿＿＿＿＿＿＿(夜)＿＿＿＿＿＿＿＿＿＿

E-mail：＿＿＿＿＿＿＿＿＿＿＿＿＿＿＿＿＿＿＿＿